日本猎头史

宋斌 著

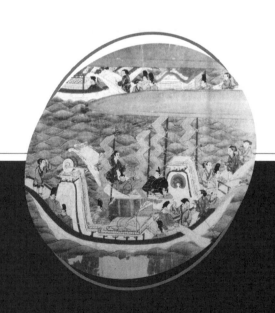

·广州·

版权所有　翻印必究

图书在版编目（CIP）数据

日本猎头史/宋斌著．—广州：中山大学出版社，2017.9
ISBN 978-7-306-06149-2

Ⅰ.①日…　Ⅱ.①宋…　Ⅲ.①人才竞争—历史—日本　Ⅳ.①C964.313

中国版本图书馆 CIP 数据核字（2017）第 197575 号

出版人：	徐　劲
策划编辑：	周建华
责任编辑：	杨文泉
封面设计：	林绵华
责任校对：	谢贞静
责任技编：	何雅涛
出版发行：	中山大学出版社
电　　话：	编辑部 020-84110283，84113349，84111997，84110779
	发行部 020-84111998，84111981，84111160
地　　址：	广州市新港西路 135 号
邮　　编：	510275　　传　真：020-84036565
网　　址：	http://www.zsup.com.cn　E-mail：zdcbs@mail.sysu.edu.cn
印　刷　者：	广州家联印刷有限公司
规　　格：	787mm×1092mm　1/16　12.75 印张　223 千字
版次印次：	2017 年 9 月第 1 版　2017 年 9 月第 1 次印刷
定　　价：	60.00 元

如发现本书因印装质量影响阅读，请与出版社发行部联系调换

前　　言

现代意义上的猎头，亦称为高层次人才寻访服务，系指开放有序的目标组织在管理控制边界以外，搜寻、甄别和吸纳高层次人才的过程。

狭义而言，对于一个国家而言，猎头就是充分利用外部智力、锐意改革、励精图治，实现国家强盛、社会安定和民众富足。这里的外部智力，主要是指本国留学生和外国高端人才。

一

中日之间的交流，已有2000多年的历史。公元前210年，秦始皇派遣术士徐福，出海寻药、到达日本，活动在九州、熊野一带。三国时期，邪马台女王卑弥呼派遣使者出使曹魏，受到皇帝曹丕的封赏。这是最早的官方文字记录。

（一）飞鸟、奈良和平安时代

公元600年，圣德太子远征新罗之际，派遣使者到隋朝，借口朝贡、打探军情，被视为第1批遣隋使。最初的动机，就是刺探军情，了解隋文帝杨坚的立场和态度。眼见隋朝的辽阔与强盛，转以求佛经佛法的名义，多次派出赴隋使节团。

滞留期间，遣隋使游弋长安、广交朋友，不仅修习佛学和儒学，还涉及隋朝和唐朝的政治、经济、文化、技术、医药、艺术，乃至政府机构的设置、法制律令的颁布、军队的管理等。小野妹子、南渊请安、高向玄理、僧旻等人，受到朝廷重用，参与大化改新运动。其中，608年，南渊请安来到隋朝，一住就是32年，耳闻目睹隋朝的灭亡与唐朝的兴起。

遣隋使的传统被继承下来，改为遣唐使。630—907年，在漫长的270多年，日本国正式向唐朝派出外交使团有19次。其中，3次送唐客使，1次迎入唐使，2次因故未能成行，正式到达唐朝13次。规模之大、时间之久、内容之丰富，堪称中日之间政治、经济、军事和文化交流前所未有的国际盛事。

遣唐使是以国家为主体的猎头行为。吉备真备、空海、藤原清河、菩提仙那、藤原常嗣、小野篁、菅原梶成、圆仁、园珍等使节和留学生，归国之后，纷纷跻身到政治、经济、军事和文化的上层，甚至直接进入中央政权神经枢纽。

日本重视直接引进外国高端人才。如在753年，历时12年、第6次东渡的鉴真和尚，随带佛经、论、疏等84部、300余卷到达奈良。这是日本古代史上，空前绝后的，也是代价惨重的猎头行动：5次失败，36人途中死亡，280多人退出，仅有24人不离不弃、如愿以偿。东渡之后，鉴真讲授佛经，创建寺院，被誉为"文化之父""律宗之祖""汉方医药始祖"和"日本神农"。

又如862年，真如亲王聘请唐朝舵师张友信，担任太宰府"唐通事"，汇同金文习、任仲元等人，监造海船。次年，亲王率领僧俗61人，趁东北风升帆航行。《入唐略记》记载，航船"其疾如矢"。仅4天3夜，就顺利到达镇海招宝山附近的甬江口。

(二) 幕府时代

1543年8月，一艘葡萄牙商船，遭遇暴风雨，漂至鹿儿岛县南部的种子岛，与岸上居民发生冲突。这是欧洲与日本域内接触的最早记载。1549年，耶稣会成员方济各·沙勿略，来到鹿儿岛从事传教活动。后渐成风尚，时称"南蛮学"。

织田信长执政期间，利用天主教对抗农民起义，不断获得贸易利益，遂采取保护政策。1587年，继任的丰臣秀吉，发现传教士的影响极大，许多武士信奉天主教义，长崎已经成为教会领地。为了加强中央集权，就将长崎收为直辖地，禁止天主教传播，驱逐外国教士出境，只允许葡萄牙人通商。葡萄牙传教士胡奥·罗德里格斯，被聘为德川家康的外交顾问，先后编纂《大字典》和《小字典》，成为向欧洲介绍日本语言的先驱。

1596年，丰臣秀吉受到西班牙商人的挑拨，借口传教士准备侵略，在长崎处死26名传教士和日人信徒。这就是日本镇压天主教的开端。1633—1639年，鉴于基督教义与武治政权的冲突，德川幕府先后5次颁布"锁国令"。唯有与幕府将军关系密切的荷兰，特许进行贸易，开设商馆。幕府设置"通词"职位，负责交流、翻译事宜。欧洲的文明，经手荷兰传入日本，雅称"兰学"。

1713—1715年，新井白石先后出版《采览异言》和《西洋记闻》，被视为兰学的先驱。1774年，前野良泽、杉田玄白出版《解体新书》，全面介绍西洋医学，标志着兰学的真正诞生。

日本地域狭小、人口众多，政权和民众对邻近的半岛和大陆，始终抱有精神和物质的双重幻想。海岛国家固有的忧患意识、掠夺风俗和投机心态，根深蒂固、反复发作。

1715年，近松门左卫门的大型戏剧《国姓爷合战》上演，幻想日本武士打进明朝的国都南京，建立新的日本国。民众争相观看，连续火爆3年。

汉籍大量输入。1720年以后，来自中国的科学著作逐渐流行，诸如《天工开物》《农政全书》《泰西水法》《职方外纪》《历算全书》《交友论》等。利玛窦的《坤舆万国全图》、南怀仁的《坤舆图说》等地理知识，更是得到追捧。

1798年，本多利明《经世秘策》提出，日本的根本出路，就是效仿西方殖民主义者，从事海外贸易和殖民事业。这是海岛心态在国家战略层面的亮相。

1822年，德国医生西博尔德来到长崎，开设诊所兼学塾。1829年，兰学经受"西博尔德事件"，一度低迷。10年之后，又招致"蛮社之狱"。未料，黯然归国的西博尔德，先后出版《日本》（20册）、《日本动物志》（5册）、《日本植物志》等60多部书籍，被公认为是日本学的始祖，是直接介绍日本给欧洲的第一人。荷兰、美国、俄国、德国政府闻讯，纷纷聘任他，担任皇室的政策顾问。

1853年，美国东印度舰队司令、海军准将马休·卡尔布莱斯·佩里，听取西博尔德的建议，率领4艘军舰来到东京湾，开炮示威。次年，德川幕府急于求和，与美国签订《神奈川条约》。

倒幕运动随即展开。除了著名的"维新三杰"以外，外国人的身影频频出现，史称"倒幕外国人御三家"。

一是托马斯·格洛佛，苏格兰商人。1859年，来到日本长崎，开采高岛煤矿。第一个造船场、第一根电话线、第一辆蒸汽机车、第一个干船坞、第一桶啤酒……都是他的功劳。其中最重要的，却是与日本浪人坂本龙马共同创办的商社龟山社中。倒幕过程中，垫资为"萨长同盟"购进美国步枪7800支、3艘美式铁甲军舰。激战之际，劝说英国公使向新生的明治政府提供军事援助。著名的鸟羽伏见战役，明治军队架设英国生产的阿姆斯特朗炮，重创光着臂膀、挥舞军刀的幕府浪人。1908年，60岁的格洛佛，被授予勋二等旭日重光章。这是给予外国人最高的，也是破格的待遇。

二是吉多·弗洛贝奇，犹太籍荷兰传教士，精通荷兰语、法语、德语、英语，先后被德川幕府高价聘为教师。1869年，筹办开成学校，担任大学南校（东京大学的前身）首席教师。1871年，促成天皇欧美考察计划。岩仓使团的行程、编制、随行人员、目的地、调查方法等，都是出自弗洛贝奇之手。1873—1877年，出任太政官顾问，专门负责各国宪法的翻译、日本宪法的起草。1898年，68岁的弗洛贝奇病逝，基督教会为他举行盛大葬礼，皇室近卫师团仪仗兵护送，安葬在政府购置的青山墓地。

三是欧内特斯·萨道义。1862年，进入英国驻日本使馆工作，长达25年。亲历攘夷运动、倒幕运动、明治维新、甲午战争。最大的功绩，是撰写明治新政府成立宣言的草案，以及向外国公使提供必要的书面材料。他和弗雷得里克·迪金斯等人，在1872年于横滨成立日本亚洲学会，使得"日本学"成为国际重视的学科。1867年，倒幕军队兵临江户城下，幕府军代表胜海舟，与倒幕军代表西乡隆盛等人谈判，萨道义作为中间人，促成双方和谈。幕府军最终向政府军投降。

（三）明治时代

面对欧美列强的入侵、基督教的渗透，儒家束手无策，僧侣治国衰败无能，民族主义愈演愈烈。明治天皇即位，发布"王政复古大号令""神佛分离令"。决意依托根植本土，鼓吹皇道至上、皇统神圣的神道教，建立以天皇为中心的政教合一制度。废佛浪潮遂起。

明治时代，励精图治、放眼世界，掀起日本猎头史的高潮。主要表现在引进外国专家、派遣留学生、兴建军校、培养间谍、移民海外、挤兑清朝等6个领域。

一是大量移植欧美专家和先进技术。1866—1870年，游历欧洲的福泽谕吉，依照旅行笔记和英文词典，先后撰写10卷《西洋事情》，发行量高达25万册。

1871年，岩仓使节团以考察各国的文物制度为使命，遍访欧美诸国，参观调查了工厂、火车、电线、邮政诸会社、金银铸造所和制铁所……大久保利通归国，即任内务卿，积极推进殖产兴业政策。使节团在西欧产业各部门调查研究的成果，开始在日本生根开花……1873年1月，成立内务省，以劝业所为中心，在各地设立官营模范工场，推行振兴国产化企业，扶持民营企业的政策。

1876年，外国专家已有500多人。到1890年，来自25个国家的3000多名专家，主要在通产省、国立大学工作。1900年起，政府陆续解聘外国专家，依靠本国大学培养的，以及留学归来的科技人才，努力建设独立的科学技术发展体系，直到"二战"结束。

艾瑞克·霍布斯鲍姆的《资本的年代》指出，（日本明治维新时期）改革的动力是西化……英国模式自然作为铁路、电信、公共建筑和市政工程、纺织工业以及许多商业方法方面的模范；法国模式用来改革法制、改革军事（后来采用普鲁士，即德国模式），海军当然还是学习英国；大学则归功于美国。

二是大量派遣，并重用留学生。岩仓使节团团长岩仓具视，历任大纳言、右大臣。著名的维新人物木户孝允、大久保利通、伊藤博文，都是考察和留学归来的。著名的留学生，还有"皇军之父"山县有朋、"海军之父"山本权兵卫、"军神"乃木希典和东乡平八郎、"第一兵家"石原莞尔、"实业之父"涩泽荣一、"近代文明之父"福泽谕吉、国际政治活动家新渡户稻造、细菌学家野口英世、作家夏目漱石……

1872年8月—1894年9月，也就是清朝留美幼童到甲午海战爆发的22年，美国、英国、法国、德国、比利时的大学、海军学校、陆军军校、工程学校等，同时活跃着中日留学生的身影。英国、德国和荷兰的造船厂，甚至同时接受清朝和日本的军舰订单。

三是日本军校，经费充足、发展迅猛。1868年，创办京都兵学校（陆军士官学校的前身），先是仿效法国，后是德国。1869年，创办江田岛海军兵学校，仿效英国，后来又参照美国，旨在培养优秀的海军军官，建设一支强大的海军力量。

1883年，创设陆军大学。主要培养将级、大佐级高阶军官，中高级参谋军官，以及军事研究员。报考资格为"日本陆军士官学校"毕业，且在部队2年以上经历，未满30岁的中、大尉军官。步兵、骑兵的教育期间为3年，炮兵、工兵是2年。陆军大学的毕业生，获授"菊花与星"徽章。最优秀的，能够获赐天皇亲手颁发的军刀，时称"军刀组"。

1885年，应日本政府的请求，普鲁士总参谋长冯·毛奇（Von Moltk），委派得意门生雅各布·麦克尔（Jacob Meckel）少校，出任教授和顾问，为期3年。1888年，海军大学创立。海军省军务局长井上良馨，兼任第一任校长。

军校对学员的要求极为严格，训练艰苦而扎实的军事技术，反复灌输军国主义思想和武士道精神，培养出许多军政人才。应当指出，军校崇尚大亚细亚主义，也对中国学生开放。民国时期，蔡锷、阎锡山、蒋中正、蒋百里、何应钦、汤恩伯、杨杰、刘斐等军政将领，都是日本留学生。

四是培养和广泛使用间谍。1872年，岩仓使节团正在登陆欧洲的时候，明治政府派遣的第一批特工，旋即在中国东北地区登陆。日本的专业（职业）谍报机构，分为3个类别。一是军事间谍，陆军参谋本部和海军军令部直接领导；二是政府间谍，国家机关和驻外使领馆联合指挥；三是民间间谍，右翼团体和激进组织派遣。史载，陆军省经费占全国行政预算的50%，秘密费（间谍经费）占陆军省的30%。

甲午海战前，石川伍一、山崎羔三郎、钟崎三郎、藤崎秀、宗方小太郎、荒尾精的情报及时而准确。开战之前，清朝的陆海军的编制、人数、武器装备、指挥官、军旗图等，都被侦察得清楚而细致。统帅部制定采用远势登陆、包抄后路的战术。在间谍们的带领下，2万多名日军，在山东荣成湾登陆，成功偷袭威海卫炮台，掉转陆基大炮，轰击北洋水师的军舰。等到清朝援军陆续到达，战事早已结束。

日俄战争期间，明石元二郎拿着参谋本部100万日元的巨资，支持列宁、托洛茨基等革命党人，暗杀政府高官、发动群众请愿、制造战舰哗变、建立情报通信网、策反贵族军官、煽动波罗的海国家独立、阻碍兵力运输、秘密偷渡武器等，扰乱沙俄的后方。双方开战之后，青木宣纯网罗东北各地的马贼，组成4000多骑兵、10000多步兵的"满洲义军"，在俄军后方破坏铁路、袭击兵站、焚毁军用物资，甚至歼灭哥萨克中队。

五是移民海外，缓冲压力。1868年4月，153名日本人搭乘英国船只到达夏威夷的火奴鲁鲁，视为海外移民的肇始。1891—1900年，2.5万多名日本人移民美国本土，首次超过中国。1908—1914年，约1.5万日本人，分成10批移民巴西。"二战"爆发前夕，日本籍移民及其后裔，超过300万。到2016年，日裔在巴西政界、军界、经济界和文艺界脱颖而出。国土面积相当23个日本，人口相当1.5个日本的巴西，正在成为新的海外热土。

六是挤兑清朝，谋求大陆利益。如在1895年，《马关条约》谈判期间，日本截获李鸿章与朝廷往来的6份绝密电报，得知底线，遂狮子开口，加重筹码。又如1900年，八国联军进攻北京，日本派遣8000多人参战，成为八国联军的主力。日军在间谍的引导下，率先掠走内务府300万两白银，大肆掠夺政府和民间的财富。

再如1905年，在黑龙会领袖内田良平的牵线下，孙中山、宋教仁、黄兴、章太炎等，在东京成立中国同盟会，统一领导资产阶级革命运动。1911年，辛亥革命爆发，日本政府和民间势力，纷纷资助、拉拢和收买形形色色的政治派别、地方军阀和革命党人，插手和分化中国大陆、谋求日本国的自身利益。

明治时代实行中央集权制度。加之，相继在甲午战争、八国联军攻占北京、日俄战争获胜，取得了极大的国家利益，直接导致军事立国成为基本国策。至此，中下层军官敢于冒险，社会舆论见利忘义，高端人才群体动辄失控，遂埋下一系列的军国主义祸根。

(四) 大正、昭和时代

大正时代的时间较短暂、相对民主。其间，发生护宪运动、关东大地震、第一次世界大战、出兵西伯利亚等重大事件。大陆政策得以延续和发展。

昭和时代分为两个主要阶段。一是中日战争时期（1931—1945年）；二是"冷战"时期（1945—1989年）。

1931年的"九一八"事变，与其说是关东军的冒险，不如说是少数中高层军官的疯狂。无论历史真相如何，东北地区落入日军手中，却是不争的事实。

就猎头的角度，14年的中日战争，日本处于人才输出阶段，对朝鲜、中国、苏联、东南亚、美国、澳大利亚、英国、法国等国家和地区实施的猎头，无外乎基于国家利益，都是为了侵略、掠夺和压榨服务的。

在朝鲜、中国台湾地区，日本继续和深化殖民统治。主要是选拔亲日的当地人，以民主的名义参与地方治理。推行奴化教育，强制日语普及。实行强制性的兵役制度，储备和补充兵源，其中，5万多朝鲜人、2万多台湾人加入日本军队，参与在中国大陆的一线作战。

在中国东北地区，一方面，扶持伪满洲国，收买、拉拢清朝遗老、汉奸武装和地方势力。另外一方面，采取移民政策，先后从本土征调7万多户、20万多人，组成所谓的"武装移民开拓团"。东北地区成为亚洲经济增长最快的地区，也是对华战争的和太平洋战争的重要基地。仅农业一项，每年能够生产1000多万吨的粮食。

在中国大陆，日本采取多种组合措施，分化瓦解高端人才。对于坚决抗日的，实行围剿、残杀和暗杀策略，企图消灭抗战的中坚力量；对于拒绝合作的，实行暗杀和监视策略；对于谋求私利的，实行诱投、收买和拉拢政策；对于妥协投降的，实行扶持伪政权、安抚军事将领的策略；对于来华参战的外国军人，千方百计地通过外交手段予以驱逐，意图切断中国的国际援助；对于归国参战的华人华侨，采取阻挠和扣留的策略……

在太平洋地区，主要采取军事偷袭和打击政策，扶持亲日的政权和地方实力派，强化殖民掠夺、强化军事占领。

1931—1945年，是中国人民顽强抵抗日本入侵，也是许多国家和地区遭受日本蹂躏的时期，更是日本人才漩涡的高发期和发作期。日本普通民众始终围绕漩涡中心旋转，脑袋几乎是空白，全凭政府的渲染和摆布，抱定集体玉碎的决心。直到广岛、长崎落难，天皇发出停战玉音。国民方才如梦初醒。

日本投降，军国主义体制被冻结。形形色色的政党，如雨后春笋大量成立。联合政府倒台。从1946年4月起，吉田茂出任首相，着手进行农地改革，制定《日本国宪法》。根据道奇路线，调整经济，建立警察预备队，签订《旧金山对日和约》和《日美安全保障条约》。同时配合朝鲜战争，制定《破坏活动防止法》，镇压日本共产党。

1956年以后，日本经济先后进入高速增长期（1956—1973年）、低速增长期（1974—1990年）。其间，先后出现神武景气（1955—1957年）、岩户景气（1958—1961年）和伊奘诺景气（1965—1970年），使日本成为世界发达国家。

伴随国民经济的持续增长，日本的人力资源变革，随之展开，且取得显著的成就。

一是确立终身雇佣制、年功序列制、企业内工会制度，即是日本经济腾飞的"三件神器"。这种颇有东方色彩的企业管理理念，赫然超越欧美地区崇尚的科学管理、行为管理教材训导，形成与时俱进的独特管理模式。

丰田汽车、本田汽车、日产汽车、日立电子、松下电器、索尼电子、东芝电子、东京电力、第一生命保险、日本电气、富士通、新日铁、佳能、瑞穗金融、夏普、三菱重工、普利司通、富士胶片、日本航空、住友电工、日本邮政、野村控股、神户制钢等企业，逐渐实现国际扩张，跻身于世界级的集团公司，成为日本的新名片。

1963年10月，周恩来总理倡导成立中日友好协会。1972年9月，首相田中角荣访华，签署《中华人民共和国和日本国政府联合声明》，标志着中日邦交正常化。1973年6月，天津市与神户市缔结为友好城市。1978年，中国开始实行对内改革、对外开放的政策。日本对华的直接投资与援助，连续掀起高潮，成为中国吸收外国直接投资的主要国家之一。

二是兴建科技园区，建设筑波科学城。1963年，日本政府出于振兴科学技术，充实高等教育，实现"技术立国"，以及缓解东京都市圈生态和社会发展压力的考虑，决定在距离东京市中心约60公里处的筑波，兴建国家级的研究中心，总面积为284.07平方公里。

1968年开始动工，耗资50亿美元。到1982年，已有10个省、厅的43个国家级的研究所（约占日本40%的主要科研机构）、2家私人研究所和筑波大学等两所大学，约有1.1万名研究人员、专家和后勤人员，再加上附属人员，总数超过2.2万人。

三是规范人才派遣行业，培育本土猎头。20世纪40年代，美国出现人才派遣制度。1965年，日本从欧美地区引进，开始出现人力派遣机构。1985年，政府颁布《人才派遣法》，以明确的法律形式，规范了以商业方式，对特殊项目进行专业技术人员配置的人才市场运营机制,保证人才派遣行业的健康发展。

还修订《职业安定法》,增加有关"人才派遣业"条款,从而把新型的人才派遣行业的市场运营机制,纳入日本法律统一规定的、人才综合运营体系之中,置于人才市场主管部门的指导、监督的管理之下。

应当说,日本人才派遣行业的兴起,正是"三件神器"的变革、演化与创新。伴随泡沫经济的破灭,企业竞争环境日益严峻。一些企业不得不放弃长期以来奉行的终身雇佣制,人才派遣行业得以飞速发展。如此一来,较高职位、较高薪酬的人才派遣,尽管方式迥异,却是猎头在操作。

(五) 平成时代

1985年9月,美国、日本、英国、法国、西德等工业发达国家,秘密签署协议,联合干预外汇市场。日本股市、房地产加速上扬。1989年12月,日经平均股价达到历史最高点,旋即下跌。到1990年10月,市值累计蒸发270万亿日元。1991—2001年,被媒体称为"失去的10年"。然而,1998年爆发的亚洲金融危机,日本凭借先前的积累和经验,少有影响、安然度过。

继飞鸟、奈良和平安时代的国家猎头(遣隋使、遣唐使),明治时代的国际猎头(海外人才引进和派遣留学生),昭和时代后期的猎头产业规制(人才派遣),进入平成时代,一扫经济困顿的局面,日本猎头异军突起,猎头公司(行业、产业)、家族猎头、企业猎头、高校猎头、科技园区猎头和政府猎头(国家猎头),立体呈现、迅猛发展,号称日本人才领域的明治维新。

第一,以瑞可利、仕达富、沃德博为代表,猎头业务逐渐脱离人才派遣,形成独立的行业,奠定相对成熟的产业形态。面对国际猎头的入侵,政府积极干预,成效显著。以卡洛斯·戈恩为代表,日本企业开始接纳来自海外的顶级猎头,默许雷厉风行的改革,并树立座像纪念。

第二,以笹川和平财团、三菱财团、松前国际友好财团为代表,以学术振兴会、花甲志愿者协会、技术士学会为代表的非营利猎头组织,共同构筑海外人才领域的攻防阵地,成为政府、企业和高校的新兴力量。

第三，政府猎头极其活跃。全球化人才培养战略、外国人高度人才引进计划，使得本土人才国际化、国际人才本土化进程不断加速、成效显著。跨国企业的人才现地化计划、移民产业的减压与培育并重、信息产业的 E-Japan 重点计划、教育产业的大学国际化战略、文化产业的人间国宝制度、制造产业的机器人新战略、猎头产业的亚洲引领计划，特色各异、异彩纷呈。

第四，海外拓展惊人。多年以来，日本本土 GDP 仅占经济总量的 40% 左右。1983—2007 年，海外企业的销售收入从零起步，增长到 20903 亿美元；海外总资产由 2720 亿美元增加到 54025 亿美元，增长近 20 倍；海外纯资产由 373 亿美元增加到 22143 亿美元，增长近 60 倍；外汇储备由 244 亿美元增加到 9733 亿美元，增长近 40 倍。庞大的海外经济，规模相当于国内经济的 1.58 倍。

2014 年，日本人口总量 1.27 亿左右，位列世界第 10 名。国内生产总值（GDP）达到 4.60 万亿美元（不含海外），仅次于美国、中国。2015 年，连续 24 年成为全球最大债权国之一、连续 15 年海外资产世界第一、海外资源超过本土面积 10 倍的日本，实际成为世界第一经济强国。

简言之，狂热而坚定的人才理念，持续而递增的教育投入，严厉而规范的培育选拔，广泛而宽容的吸纳转化，使得日本的人才选拔、培养和任用机制日趋发达，进而形成高效的猎头体系、机制和体制，成为经济腾飞和强盛的重要支柱。

二

世界诸国之中，日本很独特。这是亚洲最早实现近代化，也是现代猎头演绎最充分的国家，更是给许多国家和地区带来战争浩劫、沉重灾难和痛苦记忆的国家。

本研究基于现代猎头的视角，以高端人才为对象，以群体分析与典型案例为线索，探讨日本崛起、扩张和侵略的人才因素，梳理人才漩涡的特殊机理。重点放在以下领域：

第一，明治维新以来，日本从弱小走向强大（膨胀）的过程之中，人才战略、政策和机制的探索与演变；海外人才的吸纳策略和方法；欧美技术的引进、转向与消化。

第二，甲午海战以来，日本从强大（膨胀）走向扩张的过程中，高端人才及其群体的冒险、变异和失控；"二战"时期在占领区实行高端人才策反、劝降、扶植策略与方法。

第三，"二战"以来，日本经济腾飞的人才因素；国际人才竞争战略；人才派遣行业的发展；猎头产业的保护、规制和引导；国际猎头的日本化；海外企业中高端人才的本地化；等等。

三

猎头，既是天使，又是魔鬼。多次成就日本，也曾摧毁日本，仍在渗透日本。600年，可以视为日本猎头的起始年。现今，综观1400多年，如梦幻泡影，如露如电。

明治维新以来，天皇崇拜、举国体制与忧患意识的"三位一体"化，使得曾经饱受欺压的大和民族，在犹如人生的凄美樱花，与刚硬奋起的佩刀精神之间，塑造双重的国民性格，嵌入国家至上、集团主义和高度服从的坚定意志。

新兴的高端人才群体，特别是海外归来的留学生，怀抱救亡图存、富国强兵的信念，从无到有、从有到多，破格提拔、越级晋升，陆续进入国家治理的神经系统。经年的积累，反复地集聚和发散，再集聚和再发散，根植于日本的国家基因。

普通民众经受持续不断的教化与引导，加之封闭的岛国环境，国民脑部神经被紧束，如同一群小鱼，始终围绕轴心缓缓前进，温文尔雅、有条不紊。

风生于地，起于青萍之末。如果遇到外部环境的变化，例如朝鲜半岛对抗、俄罗斯异动、东南亚纷争、美国纵容，日本政府和民众压抑许久的神经系统，就会接近临界点，或者说，燃点。

届时，一些高端人才，肯定，也是必定，将借助国家利益之名义，架空久居深宫的天皇，迫使反对派和民主势力失音，奋力煽动社会舆论，驾驭早已形成的、高度集权的国家体制，由内及外、由慢及快，不动声色地搅动水流。

那时，公众情绪激动、呼声迭起，平静的水面，开始加速，越转越快、越涨越高，形成斗志高昂、不惜一切的举国之力；所及之处，没有异议，没有反对，没有拖延，只有执行；日本导致邻近国家乃至全世界，将陷入无尽的灾难和长久的苦难。这就是根植日本社会的"人才漩涡"。

时已不再。今后，不思悔改、意欲造事，激起新的人才漩涡，引发新的东方战端，日本沉没并非妄言。届时，只能被管制、被分解、被离散，成为毫无尊严的全球流民，当是历史的必然。

目　　录

第一章　大和时代 …………… 1

第二章　飞鸟时代 …………… 2
　第一节　遣隋使 …………… 2
　　一、朝鲜之争 …………… 2
　　二、推古改革 …………… 2
　　三、遣隋使 ……………… 3
　第二节　遣唐使 …………… 5
　　一、概述 ………………… 5
　　二、基本解读 …………… 7
　　三、启示 ………………… 14
　第三节　大化改新 ………… 17

第三章　奈良时代 …………… 19
　第一节　佛教立废 ………… 19
　第二节　儒学转化 ………… 20
　　一、治政理念 …………… 20
　　二、人才机制 …………… 20
　　三、孝理通行 …………… 20
　第三节　国际交流 ………… 21
　　一、渤海国 ……………… 21
　　二、新罗国 ……………… 21

第四章　平安时代 …………… 23
　第一节　律令政治 ………… 23
　第二节　国风时代 ………… 24

第五章　幕府时代 …………… 26
　第一节　安土桃山 ………… 26
　　一、南蛮之学 …………… 26
　　二、朝鲜战争 …………… 27
　第二节　江户幕府 ………… 28
　　一、兰学曙光 …………… 28
　　二、汉籍移植 …………… 32
　　三、黑船事件 …………… 32

第六章　明治时代 …………… 35
　第一节　明治维新 ………… 35
　　一、变革国教 …………… 35
　　二、中央集权 …………… 37
　　三、富国强兵 …………… 37
　　四、殖产兴业 …………… 38
　　五、文明开化 …………… 38
　第二节　愤青岁月 ………… 39
　　一、维新三杰 …………… 39
　　二、外国推手 …………… 46
　　三、战争狂徒 …………… 50
　　四、财阀作坊 …………… 56
　　五、文化启蒙 …………… 64
　第三节　谍战风云 ………… 70
　　一、特务组织 …………… 70
　　二、王牌间谍 …………… 73
　第四节　对外扩张 ………… 79
　　一、大陆政策 …………… 79
　　二、侵略战争 …………… 86
　第五节　移民海外 ………… 88
　　一、前站：夏威夷 ……… 88
　　二、美国大陆 …………… 89

三、后期：巴西…………90

第七章　大正时代…………92
　第一节　帝国扩张…………92
　第二节　关东地震…………93

第八章　昭和时代…………95
　第一节　军国主义…………95
　　一、潜在的战力…………95
　　二、失落与躁动…………97
　　三、皇姑屯事件…………97
　　四、"九一八"事变…………99
　　五、"二二六"政变……103
　　六、人才漩涡……105
　第二节　中日战争……107
　　一、殖民台湾……107
　　二、移民东北……109
　　三、分化大陆……110
　第三节　冷战时期……114
　　一、国家整肃：漩涡之灭
　　　　………………114
　　二、人才纠错：东京大审判
　　　　………………115
　　三、经济腾飞：三种神器
　　　　………………116
　　四、企业领袖：首富的变迁
　　　　………………118
　　五、人才派遣：现代猎头
　　　　………………130
　　六、国家猎头：筑波科学城
　　　　………………135

第九章　平成时代…………139
　第一节　猎头产业…………139
　　一、本土…………139
　　二、海外…………143
　第二节　非营利猎头组织
　　　　………………145
　　一、财团与基金型……145
　　二、技术交流型…………147
　第三节　政府猎头…………149
　　一、全球战略：人才培养与
　　　　储备…………150
　　二、猎头策略：高度人才
　　　　引进计划…………158
　　三、跨国企业：人才现地
　　　　化计划…………158
　　四、移民产业：减压与培育
　　　　并重…………160
　　五、信息产业：E-Japan
　　　　重点计划…………161
　　六、教育产业：大学国际化
　　　　战略…………161
　　七、文化产业：人间国宝
　　　　制度…………165
　　八、制造产业：机器人新
　　　　战略…………168
　　九、猎头产业：亚洲引领
　　　　计划…………171

参考文献…………180

后　　记…………183

第一章 大和时代

日本列岛上的人类历史，追溯到 3 万～10 万年前。约 1.2 万年前，进入绳文时代。公元前 3 世纪左右，进入弥生时代。主要特征除弥生式陶器外，还有水稻农耕的普及、金属工具的应用、阶级及地域国家的出现等。

史载，秦始皇（前 259—前 210 年）准奏，派遣术士徐福东渡，活动在日本九州、熊野一带。《三国志·魏志·倭人传》记载，239 年，邪马台国女王卑弥呼，派遣使者到魏国，被授予"亲魏倭王"印，赐给黄金、刀、铜镜、珍珠、纺织品等。248 年，新国王"壹与遣倭大夫率善中郎将掖邪狗等二十人送政等还；因诣台，献上男女生口三十人，贡白珠五十孔，青大句珠二珠，异文杂锦二十匹"。

3 世纪后半期，以大和（今奈良县）为中心的畿内地区，出现一个较大的国家，史称大和政权（倭国）。史料记载，大和军队介入朝鲜半岛的内战，学会骑马作战，并将战马及其武器作为战利品带回国内。高句丽王国的《广开土王碑》，刻有"倭以辛卯（391）年来，渡海破百残"的字样。

5 世纪，大和政权的最高统治者大王，先后由赞、珍、济、兴、武等担任。一方面，通过插手朝鲜半岛的战事，保持影响力，获得必需的先进生产技术和以铁为中心的金属资源。另一方面，又不断派遣使节向中国大陆政权朝贡，企图获取在日本列岛与朝鲜半岛统治的权威。仅在 413—502 年，大和政权先后 13 次派遣使者，到东晋、宋、梁各朝，要求册封。

478 年，《宋书·蛮夷传·倭国》记载，倭王武遣使上表，声称"封国偏远，作藩于外，自昔祖祢，躬擐甲胄，不遑宁处。东征毛人五十五国，西征众夷六十六国，渡平海北九十五国。王道融泰，廓土遐畿"。不久，宋顺帝"诏除武使持节都督倭、新罗、任那、加罗、秦韩、慕韩六国诸军事、安东大将军、倭王"。

日本列岛的发展，与来自中国内地、朝鲜半岛的移民，关系密切。前 3 世纪到 7 世纪，100 多万"渡来人"迁入。其中，秦朝末年、南北朝，战争不断、社会动荡，形成几次迁移的高峰。

第二章　飞鸟时代

飞鸟时代分为：前期，593—645 年，苏我专权时代；中期，646—672 年，曲折发展时代；后期，673—710 年。

第一节　遣隋使

4 世纪，朝鲜半岛形成高句丽、百济、新罗三足鼎立的政治格局，一海之隔的日本大和（奈良）朝廷，完成列岛的统一。

6 世纪，日本悍然出兵侵略新罗，征服朝鲜半岛南部的弁韩国，建立殖民地"任那"，设"日本府"进行统治。不久，百济成为日本的朝贡国。

一、朝鲜之争

581 年，杨坚建立隋朝。他由于幼年寄生在佛寺，终生笃信佛教。外来的佛教势力，借风而起。

《日本书纪》记载，592 年，崇佛派的苏我马子，派人刺杀崇峻天皇，拥立额田部（敏达天皇的皇后），即推古天皇。这是日本历史上最早的女帝。18 岁的厩户，被立为皇太子，即圣德太子。次年，又被任命为摄政。

594 年，盘踞在中国东北地区和朝鲜半岛的高句丽、百济、新罗开始朝贡。595 年，高句丽派遣高僧慧慈，来到日本传教。后为圣德太子的老师，时常教导说："大隋官制完整，国势强盛，笃信并保护佛法。"日本佛教开始走向兴盛。

二、推古改革

603 年 12 月，圣德太子设定"冠位十二阶"，不论出身，只以才能高低为标准录用人才。目的是为了摆脱氏姓制，加强中央集权。"冠位十二阶"引用儒学的"五德"进行区分。以干支十二属性为依据，定为大德、小德、大仁、小仁、大礼、小礼、大信、小信、大义、小义、大智、小智。冠服的区分，则以紫、淡紫、青、淡青、红、淡红、黄、淡黄、白、淡白、黑、灰等不同颜色及其浓淡。

次年，"夏四月，丙寅朔戊辰，皇太子亲笔作宪法十七条"。"宪法十七条"广泛引用中国的儒学、法家、道家的典故和成语，并按照阴阳五行学说的说法，阴的极数为八，阳的极数为九，两者相加，就是十七，示意阴阳之和、天地之道。

核心内容是"和为贵""崇君""公正"与"尊三宝"。其中，"和为贵"，就是为了缓和豪族之间、豪族与皇族之间的矛盾；"崇君"，就是为了树立天皇的权威，要求大家服从天皇的意志；"公正"，就是为了让官员服从天皇统治秩序；"尊三宝"，就是为了统一信仰，统一思想；等等。

三、遣隋使

590年9月，隋文帝派使臣韦洸等人安抚岭南，冼夫人率众归降。为了巩固统治，隋朝在政治、经济、文化及外交等领域进行了大刀阔斧的改革。政治上确立了三省六部制，巩固中央集权；并正式推行科举制，选拔优秀人才，弱化世族垄断仕官的现象；另外，建立政事堂议事制、监察制、考绩制，这些都强化了政府机制，根据南北朝的经验而改革政治，兴建大运河以及驰道改善水陆交通线。

在军事上继续推行和完善府兵制度，经济上实行均田制并改定赋役，减轻农民生产压力，又采取大索貌阅和输籍定样等清查户口措施，以增加财政收入。这些政策，使得隋初呈现惊人的繁荣与强盛。

（一）第1批

600年，圣德太子远征新罗之际，派遣使者到隋朝，被视为第1批遣隋使。他们的任务应当是多重的，既有朝贡的名义，也有探视的用意。

《隋书》记载："开皇二十年（600年），倭王姓阿每，字多利思比孤，号阿辈鸡弥，遣使诣阙。"但是，使节姓名、遣使目的，以及贡物，均未涉及。

但是，隋文帝对久未朝贡的倭国颇感兴趣，特命隋吏前去探望。然而，听到使者说道："……倭王以天为兄，以日为弟，天未明时听政，咖跌坐，日出便停止理务……"，勃然大怒，"训令改之"。

倭国使节闻讯，沉默不语。在隋期间，他们还了解到，文帝已革除北周武帝毁佛政策，正致力于提倡佛教。使节们转悲为喜，因为这与倭国的崇佛政策相近。

(二) 第2批

倭使回国，向摄政圣德太子汇报后，遂决定再次遣使入隋，以求佛经佛法的名义，发展两国间的友好关系。607年，经过摄政厩户太子和苏我马子精心挑选，小野妹子为正使，译员鞍作福利等，组成第2次赴隋使节团，携带侯王国书，启程赴隋。

这时，隋文帝已经去世。继位的隋炀帝，看见措词平缓、时有不恭的日本国书，居然写有"日出处天子，致书日没处天子，无恙"，面露"不悦"，"蛮夷书有无礼者，勿复以闻"。下令鸿胪卿热情接待倭国使者，决定派文林郎裴世清出使倭国，回访倭王。

608年初，隋朝派遣裴世清等12人，回访日本。4月，到达九州。朝廷特令在难波城（今大阪）修建新馆迎接。进城之际，自王子以下各大臣、文武百官头戴金簪花，身穿绵紫绣织五色绫罗衣，列队相迎。《日本书纪》所载，裴世清呈上隋炀帝的国书，"皇帝问候王……朕钦承宝命，临御区宇，思弘德化，罩被合灵，爱育之情，无隔遐迩……深气至诚，远倍朝贡，丹款之美，朕有嘉焉……故遣鸿胪寺掌客裴世清等，指宣往意，并送物如别。"

圣德太子看到国书，与隋炀帝一样，很不愉快。"恶其酺天子之号为倭王，而不赏其使。"但是，面对强大的隋朝，发展良好的政治经济关系，却是更加重要。所以，圣德太子与苏我马子决定，不因国书中的礼节问题，阻碍发展两国之间的外交关系。

(三) 第3批

608年，裴世清完成使命，要求回国。倭国执政者设宴欢送，旋即以小野妹子为正使、吉士雄成为副使、鞍作福利仍任译员，组成使节团，护送裴世清一行归国。

与使节团同路赴隋的，尚有8名留学生。其中，4名是留学生：直福因、高向玄理、大国（均为归化汉人）、奈罗译语惠明（惠日）。另外，4名为学问僧：雯、南渊请安、志贺慧隐、广齐（均为归化汉人）。国书称，"东天皇，敬白西皇帝"。隋朝的官吏鉴于前事，深感畏惧，不敢呈送国书。只是报告说，倭国使者又来朝贡。隋炀帝一笑了之。

小野妹子在隋都，安置留学生和留学僧之后，进行长达半年的考察。由于，遣隋使是古代日本的国策，动机比较复杂，兼有政治、军事、外交和教育的色彩，已然具有国家猎头的雏形。遣隋使，游弋长安、广交朋友，见面送礼、出手阔绰。就连见多识广的隋朝官员们，也不禁暗自惊讶不已。

609年9月，小野妹子归国之际，南渊请安主动留下，一住就是32年。目睹隋朝的灭亡（618年）与唐朝的兴起。直到640年，才返回日本，参与著名的"大化改新"。

（四）第4、5批

610年，《隋书·炀帝本纪》提及第4批，记载不详。614年6月，犬上御田耜为正使、矢田部造为副使。同时，学问僧慧光、灵云等人随行。这是第5批。

615年7月，使团返回。一些留学生和留学僧，仍然留下，不仅专修佛学和儒学，也对隋朝，后来对唐朝的政治、经济、文化、技术、医药、艺术以及政府机构的设置、法制律令的颁布等方面，广泛地进行学习。

第二节　遣唐使

618年，唐朝灭隋，建都长安（今西安）。622年，唐朝与高句丽、百济、新罗建立册封关系。

630—895年，倭国政府敏锐地利用遣隋使的先行渠道，和朝鲜半岛纷争的间歇，审时度势、加大力度，先后派出19次遣唐使团，全面学习、研究和吸收唐朝的先进制度、技术及文化。

这种以国家为主体展开的，旨在培养和扶植本国优质人才、搜寻和吸纳外国高端人才，加强国家安全、提升综合国力的实践过程，战略多元、战术多样、主体明确、设计合理、思路清晰、实施得力，成为日本国家猎头的雏形。

一、概述

日本遣唐使现象，横跨飞鸟、奈良、平安时代。始于630年，止于907年。270多年，日本政府19次派出外交使团。其中，3次送唐客使，1次迎入唐使，2次因故未能成行，到达唐朝13次。规模之大、时间之久、内容之丰富，堪称中日之间政治、经济、军事和文化交流前所未有的国际盛事。

（一）历史背景

7世纪中叶，朝鲜半岛战争骤起。655年，高句丽与百济联合进攻新罗。660年，唐朝高宗皇帝派水陆联军救援，大败百济，俘获国王。百济转而求援，日本借机出兵。663年，双方联军对垒白江口。《旧唐书·刘仁轨传》记载，唐朝、新罗联军"于白江之口，四战捷，焚其舟四百艘。烟焰涨天，海水皆赤"。日本、百济联军大败。百济军大半投降，国王仓促逃亡高句丽。日军撤至本土。

668年，唐朝、新罗联军攻陷平壤，俘虏宝藏王高藏。700余年的高句丽王朝就此灭亡。664年起，惧怕本土受攻的日本，日夜加备战事，花费巨资构建三道防线，甚至把都城从飞鸟紧急迁至近江大津宫。此后的900多年，不敢踏入朝鲜半岛一步。直到1592年，丰臣秀吉卷土重来，再次侵略朝鲜。

（二）基本历程

遣隋使归国之后，声情并茂、眉飞色舞地介绍隋朝的繁荣强盛，使得日本朝野，又惊又喜、仰慕之极。唐朝建立之后，迅速成为当时的东方，也是世界上最强大的帝国，空前繁荣，声威远扬。

623年，遣隋留学僧惠齐、惠日等回国，建议天皇继续派使节，学习比隋朝更加强大、更加繁荣的唐朝。日本朝廷决意沿用遣隋使的先例，组织大型遣唐使团，派遣优秀人物为使臣，携带留学生、留学僧到中国。大致分成四个阶段：

1. 萌芽时期

舒明天皇时期（629—641年）开始，一直到齐明女皇时期（655—661年），30多年，包括第1～4批遣唐使。630—632年，使节犬上三田耜、药师惠日首度成行。航线沿着朝鲜半岛、辽东半岛航行，横渡渤海湾口，到山东半岛登陆，再经陆路前往长安。

2. 发展时期

天智天皇时期（662—671年），约10年，包括第5、6次遣唐使。规模和航线与第一期差不多。

基于强大的军事实力，为全面而彻底地震慑日本，唐朝先后派出郭务悰、司马法聪、刘德高等使节，表达和好意向。其中的一次，1200多艘战船集群，士气高昂、阵容浩荡，到达日本本土的时候，顿时引起轰动。

3. 鼎盛时期

从文武天皇时期（697—707年）至孝谦女皇时期（749—758年），61年期间，包括第7～10次遣唐使。经济文化交流成为使团主要目的。规模不断扩大，人员不断增加，商业贸易日益活跃。使船数目也由2只增至4只，故称"四只船"时期。

在此期间，著名的阿倍仲麻吕、吉备真备、藤原清河、菩提仙那，先后被派往唐朝。中国的高僧鉴真，多次东渡日本，直至成功。这是遣唐使最繁盛的时期。

4. 尾声时期

从光仁天皇时期（770—780年）到仁明天皇时期（834—850年），约80年，包括第11～13次遣唐使。平定安史之乱（755—763年）之后，大唐王朝逐渐衰落。但是，并没有扑灭日本遣唐使高涨的热情和冲动。838年（唐开成三年，日本承和五年），大使藤原常嗣、副使小野篁，随行圆仁、常晓、圆载、圆行等，使团人数高达651名，创下迄今所知的最高历史记录。839年8月、10月，840年4月、6月得返。这也是第19批，成行的第13批远行。

875年，唐朝发生黄巢之乱，政局动荡、国势日下。894年（宽平六年），第20次遣唐使菅原道真，向宇多天皇呈上《请令诸公卿议定遣唐使进止状》指出，"……谨案在唐僧中瓘去年三月附商客王纳等所到之录记，大唐凋弊，载之具矣。……臣等伏检旧记，度度使等，或有渡海不堪命者，或有遭贼遂亡身者，唯未见至唐，有难阻饥寒之悲，如中瓘所申报；未然之事，推而可知……"，央求停止派遣。

天皇接受建议，决定中止行动。907年，朱温篡唐，唐朝覆亡，中国进入五代十国。遣唐使遂成回忆。

二、基本解读

遣唐使时代，日本朝廷不断得以修正、更新和完善，进而成为举国体制。这是弱小国家面对强大国家，旨在培养和扶植本国优质人才、搜寻和吸纳外国高端人才，提升综合国力的特殊战略方式。

（一）主体性

1. 天皇主导决策

政府、军队、企业、社会团体，甚至个人，都可以是国家猎头的制定者、推动者和执行者。最初的遣唐使，是由日本国最高决策层（天皇、摄政王）制定，这是政府行为；此后，逐渐上升为体现国家意志的人才战略，历代天皇均予以遵守。这种长期奉行的既定国策及其实施，即国家猎头。

2. 政府任命使节

朝廷颁布出使计划，直接任命大使、副使、判官、录事，俗称"遣唐四官"。判官往往相当一船的领队。录事负责船舶事务。有时还任命准判官和准录事。大使的位阶，一般为四位（即四品），副使往往是五位

（品）。判官、录事通常各设置4人，前者多为六位（品），后者多为七位（品）。特殊情况下，还在大使之上，另设执节使或押使，作为最高长官。

坂合部石布、津守吉祥、布势清直、山上忆良、菅原道真等名士，均被委以重任。他们尚未出海，就着手拟定会晤唐朝高端人物的清单。大使藤原常嗣之父曾为遣唐大使。菅原清公、菅原善主、菅原道真更是祖、子、孙三代。之所以优先入选，就是家庭教养较好，熟悉唐朝，利于学习。

3. 各地推荐随员

国家猎头还体现于全国性资源的整合与调配。遣唐使团除约半数的舵师、水手之外，还有从日本各地精心挑选的、经验丰富的史生（掌文书）、阴阳师、医师、画师、乐师、音声长、音声生、新罗译语和奄美译语，以及仆从、杂使等。如遣唐使粟田真人，中国史书就称赞"好读经史，解属文，容止温雅"。唐玄宗亲自接见，遣唐使藤原清河"趋揖自异"，不由感叹日本乃"礼义国"。

船员包括知乘船事、造船都匠、卜部（掌定船行方位及测风观象）、主神（祈福禳灾，祈求神佑）、船师、舵师、挟抄（桨师或舵手）、玉生、锻生、铸生、细工生、射手（掌护卫）、水手长、水手等。留学生、留学僧随行。

4. 出使经费单列

遣唐使财务预算单独列支，包括造船、筹办礼品、衣粮、药物、薪俸、留学生和留学僧在唐朝期间的费用，等等。

5. 礼节仪式完备

使团晋见唐朝皇帝时，以国礼的方式，呈上贡物。回国时，带回唐朝赏赐的大量礼物，直接呈送日本天皇。

安全回国之际，港口官员立即奏报。进京时，朝廷举行盛大的欢迎仪式。使臣奉还节刀，表明完成使命。天皇对使臣晋级加官、赏赐褒奖，优恤遣唐使团的死难者。

（二）战略性

1. 全面认知

6世纪前后，日本正从奴隶社会向封建社会过渡。日本欲通过最大限度、最大范围地全面认知唐帝国。为此，遣隋使担负军事侦察和刺探情报任务。

遣唐使心照不宣地承继之。比如742年，遣唐使绘制的、多达10卷《大唐行政区分图》，疆域完整、布局精致，居然比唐朝政权的更加全面和精确，堪称奇迹。

晚唐时期，内有藩镇割据、宦官擅权、朋党之争，外有回纥、吐蕃等的入侵，国势江河日下，文风逐渐衰颓。中国皇帝苦于款待遣唐使的沉重财力，委婉告知不用再来。

再者，历经200多年的模仿和吸收，日本朝野上下信心逐渐增强，敬畏心理消退，加之商业贸易日益繁荣，远赴唐朝求学的动力开始减退。日本朝廷主动减少，直至取消遣唐使。这恰好证明国家猎头具有目的与行动的高度一致性。

2. 耐心请教

遣唐使时代的学生和僧侣，分为"留学生"或"留学僧"两大类，任务不尽相同。长期留学的留学生、学问僧，如阿倍仲麻吕、吉备真备，停留的时间很长。通常，要等到平均20年才会出现的遣唐使船，方能随行返程。

圆仁在长安大兴寺翻经院师从元政，潜学密教、临摹壁画。根据唐朝的行情，先后拿出25两黄金，疏通关节。后来，又到青龙寺义真求学，当场就先送绢3匹、钱10贯，作为见面礼。

短期的请益生、请益僧，通常已经颇有造诣，带着若干个亟待解决的具体疑问，针对性地寻访名师，跟随遣唐使团往返，即"还学生"。如请益僧圆仁，838年和遣唐使一起，带着延历寺未决的30条疑问，敦请唐朝高僧决释。

3. 刺探军情

鉴于秦朝、汉朝、隋朝的征伐，始终有着大陆情结的日本朝廷，对于朝鲜半岛，不得不未雨绸缪。

663年8月，发生白江口海战，日本大败，真正领教到唐朝的实力。为此，一些遣唐使，担负间谍任务。838年，圆仁以请益僧身份，随遣唐使到中国求法。847年回国，几近10年。其间，他几乎每天都要写《入唐求法巡礼行记》，涉及社会生活各方面，如节日、祭祀、饮食、禁忌等习俗，所经过的地方的人口、出产、物价，水陆交通的路线和驿馆，新罗商人在沿海的活动和新罗人聚居的情况，等等。关于唐代南北佛教寺院中的各种仪式等，圆仁更有详细记载。

唐朝武宗废止佛教的时候，对佛教徒的种种迫害措施，以及朝廷大臣、宦官对废佛的不同态度，不同年龄的僧尼和外国僧人所受的不同待遇，等等，圆仁详细记录、一丝不苟。

又如，吉备真备非常关注唐朝的明法、算术、音韵、籀篆、天文、历法和兵法等,刻意搜罗各种典籍,观摩先进工艺、军事技术。回国时,携带《唐礼》130 卷、天文历书(《大衍历经》1 卷、《大衍历立成》12 卷)、日时计(测影铁尺)、乐器(铜律管、铁如方响、写律管声 12 条)、《乐书要录》10 卷、弓(弦缠漆角弓、马上饮水漆角弓、露面漆四节角弓各 1 张)、矢(射甲箭 20 只、平射箭 10 只)等,呈送《东观汉记》。

4. 商业贸易

当时的日本,新兴的封建地主与奴隶主之间的明争暗斗,既得利益与新增市场的差距,正在不断扩大。分化争斗、维护统治,已然成为朝廷头等大事。

中日贸易,无疑带有诱人的机遇和幻想。遣唐使的国家赠品,和唐朝的答礼,实际是两国之间早期互通有无的国际贸易。

遣唐使团携带的物品,皆可进入市场,自由买卖交换。在唐购置的物品,如能运回日本,市场身价倍增。这无疑有效促进并增强中日贸易,也使得一些遣唐使团成员顺手牵羊、获利丰厚。

(三) 强制性

国家猎头体现国家意志,具有强制性。遣唐使纳入国策之后,天皇亲自过问、催促和监督。大使通常持有天皇所授节刀,类似中国的尚方宝剑,能够随时随地对属员进行处罚。

如 837 年,副使小野篁被选为大使。启程之时,接连发生两次海难。遂口出怨言,称病不去,并作《西风谣》,讽劝政府收回成命。嵯峨天皇震怒,"准据律条,可处绞刑。宜降死一等,处死远流。仍配流隐歧国"。知乘船事伴有仁、请益生刀歧雄贞、历留学生佐伯安仁、天文留学生志斐永世等人,惧怕艰险、不愿听命,也被天皇判减死配流。

又如 838 年,"明达医经"、医术高超的请益生菅原梶成,朝廷诏令其入唐"请问疑义"。菅原梶成一度借口继续研讨、延期返回,遂被大使当面训斥,不得不随使节团一起归国。

(四) 策略性

1. 迎合唐朝

遣唐使巧妙揣测唐朝皇帝及朝廷的休战心理,只是一味表白倾力学习唐朝文化的意图,不再寻求册封,甚至等同"蕃国"。刻意降低国格,无外乎表明顺从。

2. 取得信任

遣唐使团在中国受到盛情接待。使团抵达后,遂被当地官员迎进馆舍安排食宿，飞奏朝廷。专差护送获准进京的使团主要成员去长安。抵长安时，内使引马出迎，酒肉慰劳，旋即导入京城，住进四方馆。

遣唐使呈上贡物，皇帝即下诏嘉奖，回赠数倍于贡品价值的礼物，并在内殿赐宴，时有授爵和赏赐。753年春节，玄宗皇帝在大明宫含元殿接见日本使节，授大使藤原清河以特进衔。嗣后，藤原清河大使改名河清，特进秘书监职务。

759年，淳仁天皇派大使迎接清河回国。唐朝借口"安史之乱"、行路危险，予以拒绝。藤原清河只得留下，直至客死。

3. 借机发挥

遣唐使得到唐朝皇帝的直接诏见，无疑挂起一块金字招牌。留学生进入国子监就读，食宿全部由唐朝政府供给。

不仅如此，他们既可晋见唐朝上层人物和名士，又可在长安和内地长期逗留，甚至借故不回，还可以到处参观访问、购买书籍、旁听布道、选购物品，充分领略唐朝风土人情。

（五）方法性

7~8世纪，日本朝廷已经能够熟练运用现代猎头的多元、多样化方式，实施规模化的国家猎头。特别是在实际操作层面上，搜寻和培育并重，派遣与留用并施的手法，令人赞叹不已。

1. 鼓励高端人才交流

日本朝廷认为，使臣代表国家形象，应当相貌出众、言辞不凡。因此，国家设立严格的遴选制度。使臣大多为通晓经史、才干出众，且多是汉学水平较高、熟悉唐朝情况的一流人才。

长期留学中国的高向玄理、吉备真备等人，都被朝廷资助，极力接触唐朝的高官权贵们。才华出众的橘逸势，凭借深厚的汉学修养和风流倜傥的性格，游走唐朝官府上下，誉称"橘秀才"。

著名的阿倍仲麻吕，才华横溢、机敏过人，一举考中唐朝进士，得以侍从玄宗皇帝，欣然受赐中国名字：晁衡（朝衡），左右逢源、官运亨通，且与著名诗人李白、王维私谊深厚，官至左散骑常侍兼安南都护、安南节度使，追赠从二品潞州大都督。

许多印度和西域的高僧，汇聚长安。日本留学僧自然不会放过求教机会。例如，圆仁在长安师从南天竺僧宝月学习密宗，园珍在福州师从中天竺僧般怛罗学习悉昙学（梵语学）。

2. 竭力引进紧缺人才

当时，日本僧侣戒律不严，形势混乱。朝廷决心到中国聘请唐朝"具足戒"高僧，予以整饬。733年，奈良兴福寺僧人荣睿，随同遣唐使丹墀真人广成入唐，旋即邀请洛阳大福先寺道璿律师先行赴日，宣扬佛法。

经过10年的寻访，遣唐使选定唐朝的宗教首领鉴真和尚，筹划并游说到日本。为此，日本使团不惜与唐朝官方、佛教界、民间人士反复周旋，甚至采取偷渡的方式，裹挟鉴真东渡。

不仅如此，使节们也动之以情。如748年，突遇飓风，漂流到海南岛，辗转广东端州。荣睿不幸身染重病。弥留之际，哭着恳求鉴真再次东渡。后者泪如雨下，遂下决心。754年，历经12年、6次东渡的鉴真一行随带佛经、论、疏等84部、300余卷到达奈良。

这是日本古代史上，空前绝后的，也是代价惨重的猎头行动：5次失败，36人途中死亡，280多人退出，仅有24人如愿以偿。

日本朝野闻讯，欣喜若狂，旋即被天皇任命"大僧都"。此后，德高望重的鉴真和尚，迅速平息日本的佛学争议，统领所有僧尼，建立戒律制度，遂为日本律宗始祖。759年，唐招提寺丌基，成为佛教徒的最高学府。763年，鉴真坐化。死后三日，体温犹在，时人呼为"真菩萨"。

3. 重用遣唐使团成员

遣唐使回国后，朝廷按其所学，安排在教育、医药、刑律、艺术等部门。获得唐朝官阶的，日本朝廷也予以承认。

734年，吉备真备回国，由低层职位开始入仕，教授东宫太子孝谦（后来的孝谦女帝），深得恩宠。752年，再度出使唐朝。764年，藤原仲麻吕叛乱，吉备真备奉诏，仅用17天就平定叛乱，旋即升任大纳言，更拜右大臣。他被视为遣唐使的杰出代表。

804年，第12次遣唐使空海，以学问僧身份入唐。回国后，历任少僧都和"大僧都"，统管日本佛教的最高僧官，所居东寺被赐名为"教王护国寺"。

4. 善待留日的高端人才

遣唐使回日，唐朝时会派遣"送使"同去。碍于航行艰险，他们往往借口不归，居留并归化日本。史书记载，沈惟岳、袁晋卿等10多名唐朝送使，都获得高度信任，任职日本朝廷。其中，735年赴日的袁晋卿，因为精通《尔雅》获授"音博士"。767年，授从五位上，历任大学头、口向守，进入日本贵族阶级行列。780年，改任玄蕃头，掌管接待外国使臣及佛寺僧尼事务。天皇特赐姓清村宿祢晋卿。793年，升任安房守。这也是留日的唐朝官员的最高职位。

战争期间，还有一些唐军俘虏。中大兄皇子摄政（后来的天智天皇）

予以妥当安置。其中，续守言、薛弘恪二人，因为能够识文断字，被任命为"音博士"，负责校正日语的唐音，参与编写《日本书纪》。薛弘恪更是参与制定《大宝律令》，一时风光无限。

随行送唐使船到日本的，天竺、西域、南海的僧尼、学者和商人，也多选择留在日本，备受朝廷重视和呵护。

5. 重金聘请专业人才

862年，真如亲王（或称头陀亲王）聘请大唐舵师张友信，担任太宰府"唐通事"，汇同金文习、任仲元等人，监造海船。张友信随即答应，迅速进行设计与筹划，择吉利日期置办工料，雇用工匠。仅用8个月的时间，便打造一艘可供60人乘坐的坚固大船。

863年9月，头陀亲王、贤真、宗睿、惠萼、建部福成、大鸟智丸一行僧俗61人，趁东北风升帆航行。《入唐略记》记载，航船"其疾如矢"。仅4天3夜，就顺利到达镇海招宝山附近的甬江口。次年，顺利返回日本。

（六）技术性

中日之间，路途遥远。航船大多利用季风航行，却是风险极大。史实表明，遣唐使船总数约48艘，沉没海底者12艘以上，失事率高达25%。

唐太宗时，赴日使节高表仁回来后，心有余悸地说，旅途"自云路经地狱之门……甚可畏也"。如753年，晁衡随同遣唐使藤原清河归国，途中遭遇风暴，竟飘至越南，大多数人被土著杀死。二人幸免于难，历尽艰险、重返长安。

又如778年，遣唐使船在归途遭遇风暴，副使小野石根等38名日本人，唐使赵宝英等25名中国人，被卷入海中淹死。船体顿时折为两半，41人在船尾，56人在船头。神奇的是，船头、船尾居然分别漂回日本，再无伤亡。

为此，日本朝廷、民间都在着力探索和调整航线。主要分成三个基本路线：北路、南岛路、南路。

1. 北路

主要是在7世纪30—70年代。即沿朝鲜半岛西岸北行，再沿辽东半岛南岸西行，跨过渤海，在山东半岛登陆，再由陆路，西赴洛阳、长安。海航40~50天，甚至更长。

2. 南岛路

主要是7世纪70年代到8世纪60年代。即沿南方的种子岛、屋久岛、奄美诸岛，向西北横跨中国东海，在长江口登陆，再由运河北上，折向长安。海航 30 天左右。

3. 南路

8 世纪 70 年代以后,航线改之。即由九州西边的五岛列岛,径向西南,横渡东海,在长江口的苏州、明州一带登陆,转由运河北上,奔赴长安。海航 10 天左右,甚至 3 天可达。顺利之时,一年可往返 3 次。

这些充满激情与执着、洒满生命和鲜血的海上通道,逐渐成为中日贸易的主力渠道。至此,横跨欧亚大陆的"丝绸之路"东端,已然延续到日本本土。

三、启示

日本遣唐使的史实表明,面对强大的外国势力威慑,明显处于下风的后进国家,果断采取猎头策略和技法,虽然极端、激烈,却是被动的决策,也是主动的选择,还是可行的战略。

(一) 敏锐捕捉实施契机

日本遣唐使的一度繁盛,有着必然的历史逻辑。主要是两个方面造成的。一方面,唐朝、日本经过白江口之役,综合国力却是高下立现。士气高昂的唐朝、新罗联军,已然遥望日本本土。任何政治、经济和军事的刺激,都会点燃战争。但是,庞大的唐朝似乎不再谋求新的疆域。另外一方面,遣唐使构筑了最为有效的、防止战争的渠道。即使是在白江口战火连天的时候,仍然有大批的遣唐使停留中国,且能够与唐朝高官交流。

开元年间(713—741 年),唐朝处于封建社会鼎盛时期,实力强劲、繁盛至极,国土面积超过 1076 万平方公里,人口达 8000 万之多,俨然以泱泱大国自居,不在乎蕞尔小国。这等于向日本摆出高高在上、堪为人师的姿态。

日本朝廷迅速捕捉这一国际契机,利用先前的遣唐使,以学习求教为名,充分满足唐朝皇帝和朝廷官员的民族自尊心和虚荣心。但是,遣唐使不是朝贡使节,也没有称臣的行为。这使得天皇非常有面子,也能够让遣唐使利用难得的和平时期,尽情地到处访问、遍寻人才。

(二) 充分调动国家机器

1. 朝廷全力支持

遣唐使的费用惊人。每次所需的费用,几乎达到日本国民生产总值的 3%。但是,天皇和上层的目标明确、意志坚定。如第 13 次遣唐使未曾渡海,就连续发生两次海难,费用陡然增加。朝廷不惜公告全国,课以特别税，筹措足够的资金。

出行时，天皇接见使臣，赐禄不等。群臣献诗，正副使臣又得御赐衣被砂金诸物。此外，还赐给使臣们兼国、事力、度者等，即让他们兼任国司（地方长官）不到任而拿薪，公家派出劳役为其耕作职田，本人不用去神社而可以得到修行的官方证书。不少人得到临时性的位阶提升。

为了防止海盗或土著袭击，天皇"令大宰府以绵甲一百领，胄一百口，裤四百腰，充使舶不虞之备"。同时，还拨出专项资金，派人送往神社，为遣唐使团祈祷。

2. 激励措施得力

鉴于渡海西行风险重重，为了激励士气，仁明天皇给予使团成员很高的待遇。比如，对水手以上级别的船员，一概免除徭役；各级使臣分别晋级加官；加赐布匹乃至金帛御物。留学生、学问僧的所得赐物，通常是絁（绵绸）40 匹、绵 100 屯、布 80 端，稍高于判官，几乎与副使相等，以备入唐后拜师求学之需。

不仅如此，日本天皇还对航船赏赐船号、位阶和锦冠。《续日本后记》记载，天皇赐第 13 次遣唐使第 1 号船号为"太平良"，叙从五位下，相当如今的副省级待遇。

有时，留学生滞留时间长、开销大，还可以申请朝廷特别资助。如 843 年，学问僧圆载派弟子仁好回国，寻求朝廷的经费支持，遂得如愿。

3. 优厚抚恤死者

753 年，藤原清河拜受节刀赴唐。留唐日久，日本天皇遥授从三位，遣唐大使兼常陆守及民部卿。778 年，藤原清河客死。光仁天皇闻知讣报，追授其为从二位。承和年间，仁明天皇再追授其为从一位。

再如 770 年，日本朝廷获知阿倍仲麻吕死讯，下诏哀悼、追赠勋位，"身涉鲸波，业成麟角；词峰耸峻，学海扬漪；显位斯升，英声已播"。

又如，第 12 次遣唐使石川道益在明州亡故。838 年，天皇特意叮嘱第 13 次遣判官绵十屯，委托到明州死者墓前宣读朝廷祭文，并追封为四品，坚固遣唐使的决心和信心。

4. 调动民间力量

当时，日本佛教昌隆，僧人们意志坚定顽强，向佛之心甚殷。豪族当权者也乐于资助僧人学习佛法，以行善积德。不少官员、贵族和商人，以保护国家、振兴国家为己任，纷纷出手，或慷慨解囊，或举荐子弟，或提供技术，形成强大的后勤保障力量，有效解除遣唐使的后顾之忧。

（三）重视实效注重改造

1. 政治改革

回国后，遣唐使直接参与枢要管理。日本仿效唐朝制定《大宝法令》，开设各类学校教授汉学。

2. 宗教改革

遣唐使团巡礼名山、求师问法，带回大量佛经、佛像、佛具等，大量传入与佛教相关联的绘画、雕刻等。5位成就显赫日本留唐学僧，先后获得"大师"称号，即"传教大师"最澄、"弘法大师"空海、"慈觉大师"圆仁、"传灯大师"圆载和"智证大师"圆珍。

最澄、空海分别创立日本的天台宗和真言宗，并且仿效唐朝，开创日本佛教不在平地，而是在山岳建寺的新风气。空海所著《文镜秘府论》《篆隶万象名义》等，成为研究中国和日本的文艺批评、文字学和历史的重要文献。

3. 历法和礼制改革

遣唐使带回的《太衍历经》《太衍历立成》促进了日本的历法改革，使唐代历法得以在日本推广和使用。乐器和乐书等，对日本朝廷礼仪的完善和改进有很大影响，为唐乐在日本传播发挥了积极作用。818年，嵯峨天皇采纳遣唐使菅原清公的建议，下诏改走礼仪，并命"男女衣服皆依唐制"。

838年，出身音乐世家、善弹琵琶的遣唐使准判官藤原贞敏，入唐即拜琵琶名手廉承武（一说刘二郎）为师。次年，娶得廉氏幼女，携带名贵的紫檀和紫藤琵琶各一面回国。归国时，天皇"遣唐准判官正六位上藤原贞敏弹琵琶，群臣俱醉"。历任雅乐助和扫部头，成为宫廷音乐的总管，时称琵琶音乐的"中兴之祖"。

4. 文化改革

正仓院所藏大量唐代文物，是遣唐使输入的中国物质文化。中国的经、史、子、集等典籍大量输入，盛唐文化风靡日本封建社会上层，渗透到思想、文学、艺术、风俗习惯等领域。

遣唐使借用汉字偏旁或草体，创造出日本的假名。朝野上下竞相书写汉文唐诗。白居易、李白、王维等著名诗人，家喻户晓、妇孺皆知。围棋、相扑、马球等体育活动也是从唐朝传入的。

简言之，延续200多年的遣唐使时代，日本朝野为了振兴民族、提升国力，体现出惊人的奋发精神、超前意识和英勇斗志。这一切也证明：搜寻、培育和吸纳高端人才，始终是国家不可推卸的责任；高端人才是国家的支柱，决定国家的发展和未来。

第三节　大化改新

　　遣隋使、遣唐使，对古代日本的影响是巨大的，也是深远的。这与当时的日本国情，经济发展状况，以及时代背景，息息相关。

　　人才立国。270多年的中日交流期间，日本的海外留学生数量迅速增加，在天皇体制之下，学习和模仿唐朝的进度很快。雄厚的人才基础，使得政治、经济、军事和社会改革，已然可能。

　　640年，留学中国长达32年的遣隋使，也是遣唐使南渊请安，辗转回到日本。中大兄皇子与中臣镰子接受他的建议，大力兴办私塾教育，还制定打倒苏我氏的计划。

　　645年，孝德天皇（596—654年）继位，定年号为"大化"，颁布《改新之诏》，史称"大化改新"，又称"乙巳之变"。

　　改革之初，高向玄理、僧旻等人，被孝德天皇任命国博士，即朝廷最高级别的国务顾问。这些革新派以唐朝律令制度为蓝本，参酌日本旧习，推行政治和经济改革，建立封建国家体制，奠定国家的发展方向。

　　律令规定，授予皇族以下贵族、官吏的位阶及相应的特权。647年，制定七色十三阶冠位。两年后，又制定十九阶冠位。对于大夫以上的贵族赐予食封，以下的给予布帛，作为俸禄。

　　废除贵族的世袭特权，建立以皇权为中心的中央集权国家。天皇在召集群臣盟誓，"天覆地载，帝道唯一"。649年，诏令国博士高向玄理与僧旻，负责设计"置八省百官"，建立中央机构。地方设国、郡、里，分别由国司、郡司、里长治理。实行征兵制，在京城设立五卫府，在地方设军团。所有军队，归中央统一指挥。

　　653年起，16年内派6次遣唐使（其中，1次途中遇难），学习盛唐文化和封建生产方式，促进了社会的进步。

　　668年，天智天皇编纂日本第一部成文法《近江令》。689年，编订《飞鸟净御原律令》，防止旧氏姓贵族的复辟。701年，更是编成《大宝律令》，成为最完备的法典，建立以唐朝的开元盛世为楷模、实行天皇制国家的新日本。

　　672年，天武天皇继位，迁都飞鸟净御原宫（今奈良县）。为了发展封建集权制，开始扫除旧势力，严选官吏，制定八色姓（八等氏族长的世袭尊称），固定贵族身份。

　　大化改新后，大和（倭国）正式改名日本国，意为"日出之处的国家"。日本开始进入封建社会。

第三章 奈良时代

奈良即以奈良（平城京）为都的时代（710—794年）。这是律令制社会的繁荣鼎盛时期，表现在政治经济制度、阶级关系、文化以及对外关系等方面。

第一节 佛教立废

奈良时代，国家兴办的佛教事业中，最著名的当推东大寺和国分寺的兴建。740年，圣武天皇发愿。743年动工，兴建东大寺及其卢舍那大佛像，花费庞大的人力和物力，动用了举国的财力，又号召民众自愿出力支持。752年4月，朝廷主持举行盛大的大佛开眼供养法会。

国分寺即是设在各国国都的寺院，有比丘住的国分僧寺和比丘尼住的国分尼寺。建造过程并不顺利，由于各地政府在饥馑、疫病流行之后，财力不足，民力疲敝，建寺造塔工作进展缓慢。直到770年，这一造寺工作才基本结束。实际上，有些地方的国分寺并非新建，只是旧寺的利用或改造。

寺院的主要经济来源是天皇、政府和贵族的施舍，包括土地、封户、奴婢及财物等。如749年，东大寺兴建接近完成时，天皇施给东大寺垦田100町。不久，又诏定垦田限额可达4000町，前后施封7500户，另外施给奴婢达400多人。

奈良时代，随着中国佛教宗派的不断传入，逐渐形成了六宗：三论宗、成实宗、法相宗、俱舍宗、华严宗、律宗。佛教史上称之为"奈良六宗"，相对于平安时代的京城（今京都），又称为"南都六宗"。

综观奈良时代的佛教，有如下特点：在国家直接控制之下，被作为镇护国家的要法。与政治关系比较密切，僧侣染指政治，朝廷对僧侣待遇优厚。寺庙均建于城市中，被称为"都市佛教"。

在此时期，奈良六宗形成源，主要传人几乎均为留学僧或渡来僧。因此，各宗与朝鲜半岛和中国大陆的佛教宗派，具有很深的渊源关系，教相判释、教义戒法几乎都是从中国引进，并无多大变化。奈良佛教的制度逐步完备，从僧官设置、僧位授予、僧尼的品行、衣食住行等，均有详细规定。

第二节　儒学转化

儒家思想，也称为儒教或儒学，由孔子创立，最初指的是司仪，后来以此为基础，逐渐形成完整的儒家思想体系，成为中国传统文化的主流，影响深远。

一、治政理念

奈良时代推崇和信仰佛教，治政的指导思想，是以儒家政治贯彻始终的。其一，"政在养民"。把富国安民的基点，放在农村的安稳和农民们摆脱贫困上。其二，"简人任能"。对于各级官吏的选拔、政绩良劣都十分注意。其三，"俭约"。儒家认为，帝王崇尚俭约，则民心不乱，国可兴盛。奈良时代虽然大造佛像，消耗国库，但是，总体来看，历代天皇均比较注意俭约。

二、人才机制

奈良时代官吏的录用考试模仿唐朝，也是秀才、明经、进士、明法、书、算等六科。生源主要是中央和地方学校的学生。大学寮是中央学校，国学是地方学校，它们既是培养官僚的教育机构，又是日本儒学的传播体系，教学的主要内容都是儒学经典。如大学寮设有明经道（儒学科），教科书有"九经"，即《周易》《尚书》《周礼》《仪礼》《礼记》《毛诗》《春秋左氏传》《孝经》和《论语》，这些教科书必须使用规定的注释本。

奈良朝和唐朝一样，特别重视对官吏的考核，并根据考核的成绩，进行升降、褒贬。官吏的考核，由各级管理的长官进行，考核内容包括德行的考核以及工作的考核。考核德行时依据的是儒家的德义、清慎、廉洁、恪勤。

三、孝理通行

"孝"不仅指在生活上赡养父母，还要无条件地顺从父母。儒家经典传入之前，日本并不存在上述意义上的"孝"的道德观念。日本统治者倡导"孝"道，主要是在进入奈良时代之后。中央和地方统治者通过制定法令和采取行政措施对"孝"道予以宣扬，使其逐渐渗透于统治阶级与民众之间，"孝"道成为公认的道德规范。

第三节　国际交流

与唐朝的交流，主要是通过遣唐使来完成的。但是，却不是唯一的渠道。

一、渤海国

渤海国的创立者大祚荣在世期间，曾努力加强与唐朝中央政府的联系，但在他死后，他的继承人大武艺却滋生了摆脱唐朝中央政府的倾向。大武艺之弟大门艺，因为力主与唐朝中央政府合作而受到大武艺的迫害，不得已出奔长安。为了对抗唐朝中央政府和从背后牵制与唐和好的新罗，大武艺便试图争取与新罗交恶的日本结盟。727年，大武艺派遣高仁义使日，希望与日本结援。

735年，大武艺又与唐朝修复关系。但是，渤海国与新罗的矛盾却日益加深。为了牵制新罗，渤海国又多次遣使赴日。

762年，唐朝册封渤海王的官爵由"郡王"升格为"国王"，同时，渤海王被授予同新罗王同等的官职检校太尉。渤海国与唐朝中央政府关系的日益好转，以及东亚国际形势的趋缓，使得渤海国的对日本外交出现了转机，由政治目的转为经济目的。与前期出于政治目的的遣使相比，后期出于经济目的的遣使规模有所增大。渤海国的遣使赴日交易一直延续到平安时代。

在奈良时代，渤海国先后派遣使节赴日，共有13次。人数最多的1次是746年，使团成员1100余人。船只最多的1次是771年，325人乘17艘船抵日。

二、新罗国

奈良时代，新罗遣使日本22次，日本遣使新罗16次。两国之间的政治、经济交往虽然一直没有中断过，但是，矛盾和摩擦不断。

722年，新罗在京城的南部建毛伐郡城，意图截断"日本贼路"。731年4月，日本兵船300多艘，越海侵入新罗东部边境，两国在海上交战。738—743年，新罗遣日使计划，均在大宰府被阻。

759年，大权在握的藤原仲麻吕，开始计划征讨新罗，企图重温侵占朝鲜半岛的旧梦，大宰府受命制定征讨新罗的作战书，3年内制造500艘战船。761年，命美浓、武藏两国的40名少年学习新罗语，此后又在各道任命节度使，积极为征讨新罗做准备。后来，藤原仲麻吕势力下降、民众执意不从，计划废止。

799年后，奈良时代的日本和新罗关系的不断恶化，进入平安时代不久，官方往来正式中止，民间往来如旧。

第四章　平安时代

794年，桓武天皇将首都，从奈良迁移到平安京（现在的京都），开启平安时代。后到1192年，源赖朝建立镰仓幕府，统揽大权，时代随之结束。

第一节　律令政治

786年，桓武天皇推行新政，一扫佛教政治的流弊，实施律令政治。制定国郡司考绩条例16条，考核地方官吏政绩，打击贪官污吏。797年，新设勘解由使，责成严格与监督交接事宜，借以整饬地方官纪。另外，任用才能者为郡司，尝试破除谱第禁区，大力裁减编外国司郡司。

整顿政府机构，设置"藏人"和"检非违使"。这两者都是令里没有规定的官职，故称"令外官"。藏人侍于天皇左右，掌管机密文件，传达天皇诏效，检非违使执掌京都军事、警察、审判事宜。这两个原属临时性的官职后来改为常设，置藏人所和检非违使厅，权限越来越大。制定"格式"，取年号名《弘仁格式》。"格"是经过修改的律文，"式"是为律文之应用所做的种种细目规定。

833年，修成养老令官撰注10卷《令义解》，统一和固定解释，并具有令的同等效力。869年，制定格12卷、式20卷的《贞观格式》，改进宫廷仪式。如此，桓武之后，通过设置令外官和制定格式，进一步巩固和发展律令制度。

破坏公地公民制之际，律令政治危机四伏。标志之一，就是摄关政治的出现。作为最大的权门贵族，藤原氏一直受到天皇政府的优厚赏赐。藤原冬嗣、藤原良房父子，相继成为天皇的外祖父。887年，宇多天皇即位，藤原基经总揽国政，"万机巨细，已统百官，皆先关白太政大臣，然后奏下。"

"关白"一词，出自《汉书》，原系"禀报"之意，遂成官职之名。如此，藤原氏开创日本史"关白政治"，即以外戚身份，在天皇年幼时作

"摄政"。894 年，废停遣唐使。

平安时代，名义上日本是天皇集权，但是，大部分时间都是藤原北家在操控。平安时代后期，武士阶层建立幕府。

第二节 国风时代

日本佛教，乃是中国移植，随之本土化。然而，国家主义色彩浓厚。最澄、空海以镇护国家为宗旨，"为国念诵，为国祈祷，为国讲般若"，且是"国无谤法之声，家有赞经之领，七难退散，国界守护"，提倡"为国忠、在家孝"。空海回国后的一切活动，都是为国家的，把东寺（在京都）改为教王护国寺，还将高雄寺改为神护国柞真言寺。如此，镇护国家，是日本佛教的特色。

奈良时代以来，佛教极盛。本土的神道教，退避一隅。但是，到平安时代后期，学习中国的高潮已经过去，国风时代到来。经济重心从中央转到地方，氏族势力抬头，神道教复活。

775 年，朝廷令诸国国司修理神社，举行定期的祭祀。798 年，又令其将当地物产作为币帛，支付地方神社（以前经费要到京都领取），禁止祭祀时开设酒宴、表演歌舞。同时，改订对神事犯罪的处罚条例，对神社进行整顿。

平安前期，官币社 737 所，国币社 2395 所，分大小两级。从中央神祇官直接领取经费的，称为"官币社"；从国司领取经费的，称为"国币社"。有名的神社，包括贺茂神社（京都）、春日神社（奈良）、大原野神社（京都）、石清水的八幡宫（京都）等。

859 年，为了提高神位的声望，授与神社阶位，给之优厚待遇。794 年，贺茂神社授与从一位，807 年，升为正一位。桓武天皇的皇后高野氏，赐给藤原氏的祖神今木神以正一位。836 年，下令把佛僧安置在神社里，以佛教经典充实神道的理论。

天平胜宝年间，在常陆的鹿岛神宫建造神宫寺。9 世纪初，越前的气比神宫、伊势的大神宫、下野的二荒山神宫、尾张的热田神宫，都建造神宫寺。如此，神道教虽已复活，但是，还不能摆脱佛教的影响。神社的祭祀，最盛大的是石清水的八幡神宫，被称为"南祭"，其次是贺茂神社，被称为"北祭"。

平安时代之前，日本只有官学，中央是大学，地方是国学。9 世纪初，和气广世创立弘文院。这是最早的私学。821 年，藤原冬嗣创立劝学院。828 年，空海在唐朝学习时，看到长安每坊有间塾，每县有乡学，教育机构完备，对日本没有私学感到遗憾。回国后，旋即开创综艺种智院，培养人才。850 年，桔嘉智子创立学馆院。881 年，又在原行平创立奖学院，私人讲学之风兴起。

平安后期，私塾形式的私学规模庞大，学问以家门相传，很大程度上代替官学，教育得到普及。如菅原氏的菅原清公、菅原是善和菅原道真，三代相继为文章博士，门人满朝野，时称"菅原廊下"，又称"红梅殿"。

流派逐渐明确，学问自然垄断。比如，滋野安成的私塾专授老庄学说，大藏美行的私塾专授经学。又如，明经道是清原氏、中原氏，明法道是扳上氏，算道是三善氏，阴阳道是贺茂安倍，医道是和气丹波，等等。

平安政府组织撰写史书，陆续修成《续日本纪》《日本后纪》《续日本后纪》《文德天皇实录》和《三代实录》，与奈良时代的《日本书纪》一起，合称《六国史》。

除以上编年史外，还编纂分类的历史。醍醐天皇时期，还编写《类聚国史》，把从《日本书纪》到《文德实录》的历史，按事实类别编成 205 卷，直到 892 年完成。

第五章　幕府时代

幕府时代历时 1185—1867 年。源赖朝平定平氏后，建立以镰仓为全国政治中心的武家政权时代。1185 年，镰仓幕府成立，1333 年灭亡。后经南北朝时代、室町幕府（1336—1573 年）。

第一节　安土桃山

安土桃山也称为织丰时代（1573—1603 年）。1573 年，织田信长放逐第 15 代将军足利义昭，室町幕府宣告灭亡。不久，部将明智光秀发动本能寺政变。织田信长死去（一说失踪）。

另一部将羽柴秀吉，拥立年幼的织田秀信，实际继承先前的势力。1585 年，迫使朝廷授以"关白"之职。次年，出任太政大臣，天皇赐姓"丰臣"。1590 年，经过连年的征战，丰臣秀吉平息割据势力，统一全国。

一、南蛮之学

15—17 世纪，正值欧洲历史的地理大发现，又称为大航海时代。远洋船队漂泊在地球上，搜寻新的航路和新的贸易路线。

1543 年 1 月，室町幕府的德川家康，嗷嗷出生。8 月，一艘驶往中国宁波的葡萄牙商船，遇到风暴，漂流至日本的种子岛。欧洲人相貌怪异、服装稀奇，加之语言不通。未几，土著举刀追杀。愤怒的葡萄牙商人回到船上，开炮示威。这是有史记载的，欧洲与日本的首次域内接触。

1547 年，耶稣会成员方济各·沙勿略（1506—1552 年），结识日本浪人弥次郎。2 年后，来到鹿儿岛从事传教活动。经与幕府周旋，得以定居，却被限制活动。

欧洲文明，艰难踏上日本的本土，史称"南蛮学"。耶稣教会主要从事医疗和慈善事业。枪炮制造技术、航海术、地理、天文、历法、医学等西方科学，与欧洲的生活服饰、饮食、娱乐一起，缓慢流入民间，渗透到大名、武士阶层。

织田信长执政期间，利用天主教对抗农民起义，不断获得贸易利益，遂采取保护政策。丰臣秀吉也是如此。1587年，传教士的影响极大，许多武士信奉天主教义，长崎已经成为教会领地。为了加强中央集权，丰臣秀吉将长崎收为直辖地，禁止天主教传播，驱逐外国教士出境，只允许葡萄牙人通商。

葡萄牙传教士胡奥·罗德里格斯（Joao Rodrigues）受聘为德川家康的外交顾问，先后编纂《大字典》和《小字典》，成为向欧洲介绍日本语言的先驱。

1596年，一艘西班牙船只，漂流到土佐海岸。丰臣秀吉受到挑拨，借口传教士准备侵略，在长崎公开处死26名传教士和日人信徒。这是镇压天主教的开端。

二、朝鲜战争

1585年，丰臣秀吉获任"关白"，权势遮天。致书朝鲜国王，宣称将"长驱直入大明国，易吾朝之风俗于400余州，施帝都政化于亿万斯年"，威逼朝鲜臣服。中朝向来有着传统的友谊，自然被朝鲜拒绝。1590年，丰臣秀吉统一全国，旧事重提。次年，在九州肥前海滨设立大本营。

1592年3月，任命宇喜多秀家担任总指挥，小西行长、加藤清正为先锋，率领近16万陆军渡海，在朝鲜南部的釜山登陆。又派遣九鬼嘉隆、藤堂高虎指挥的1万水军，袭击朝鲜沿海各地，策应登陆行动。

经过长期内战，日军训练有素，广泛使用步枪，战斗力较强。朝鲜国王李氏积弱已久，抵抗甚微。5月，日本陆军占领京城、开城、平壤，前锋到达图们江岸的会宁。李氏率领重臣和家眷，狼狈逃到义州，60%的朝鲜半岛，落入日军之手。

应邀而来的明朝援军，陆续到达。前期的数量很少，指挥凌乱，加之情况不明，大败逃回。8月，万历皇帝得知实情，任命兵部右侍郎宋应昌经略备倭军务，诏令天下督抚举荐将才。旋即调集40000精锐，包括辽东10000铁骑，宣府、大同各选8000精骑，蓟镇、保定各选5000精锐步兵，3000江浙步兵。四川副总兵刘铤率5000川军，作为后续部队向朝鲜进发。

1592年10月，43岁的李如松，骁勇善战、强悍刚烈，被委任总理蓟、辽、保定、山东军务，充任防海御倭总兵官，胞弟李如柏、李如梅为副总兵官，开赴朝鲜。先前败退的祖承训，被勒令随军，戴罪立功。12月，李如松率领4万多将士，携带数百门的佛朗机炮、虎蹲炮、灭虏炮等，越过鸭绿江，进入朝鲜。次年1月，浩浩荡荡地进抵平壤城下，制定翔实的进攻策略。攻城之时，"在距城 5 里许，诸炮一时齐发，声如天动，俄而花光烛天。"又及，"倭铳之声虽四面俱发，而声声各闻，天兵之炮，如天崩地裂，犯之无不焦烂……"明军主力进攻平壤，故意在东面留出退军缺口。小西行长大势已去，抢渡大同江向汉城退却，被等候的伏兵掩杀。兵败如山倒。1593 年 1 月，收复平壤，进而解放开城。

1597 年，丰臣秀吉增派 14 万陆军，重新登陆釜山，向北推进。8 个月后，抵达京城附近。那时，李如松早已战死，副手麻贵统帅的联军，经验丰富、熟悉兵情。

1598 年秋，丰臣秀吉病死。日军开始撤退。11 月，李舜臣的朝鲜舰队，陈璘、邓子龙统率的明朝水师，以 800 多艘战船，在露梁海合围 500 多艘日本战船。

是役，中朝联军利用有利地形，先是切断立花宗茂、岛津义弘、小早川秀包、高桥统增、宗义智、寺泽广高等将领的海上退路，然后发起总攻，形成规模巨大的海上歼灭战。日军大败，撤回本土。史称万历朝鲜战争（1592—1598 年）。

第二节　江户幕府

1603 年，德川家康出任征夷大将军，定都江户（今东京）。1609 年，朝鲜和日本签订《己酉约条》，结束战争状态。1615 年，丰臣家族被歼灭。1867 年，德川庆喜还政天皇。260 多年的江户幕府，成为日本历史上最强盛，也是最后的武家政治组织。

一、兰学曙光

14 世纪欧洲的文艺复兴、启蒙运动，促进经济和文化发展，资本主义萌芽。15—17 世纪，地理大发现（Age of Discovery）时期，欧洲的船队飘泊全球，寻找着新的贸易路线和贸易伙伴。

（一）发端

1600 年 4 月，英国远洋航船"博爱"号，被一阵风暴，刮到九州岛丰后国的臼杵。使者上岸交涉，反而被扣。航船无奈离去。

1603 年，60 岁的德川家康作战获胜，取得中央控制权。次年，被扣的威廉·亚当斯，受命建造西式帆船，先后造出 80 吨、120 吨的帆船。德川家康对此非常满意，封为武士，佩戴两把刀，赏给三浦半岛的一块封地，还为他取了日本名"三浦按针"。不久，与武士之女阿雪结婚，生有

1个儿子与1个女儿。

1611 年，荷兰商人雅戈斯·斯皮克（Jacques Specx），来到日本，主动求见威廉·亚当斯，赠送大量的礼物，请求晋见德川家康，如愿以偿。金钱开路、日久生情。不久，日本同荷兰建立经贸关系，后者长期垄断日欧贸易。幕府设置"通词"职位，负责双方的交流、翻译事宜。

德川家康通过荷兰商馆，从欧洲进口先进的火炮、枪支和弹药，邀请军事教官训练军队，选派贵族子弟到欧洲留学。荷兰成为日本军队近代化的启蒙教师。1615 年，实力雄厚、意气风发的德川氏，发兵剿灭丰臣氏，统一日本。

1620 年 5 月，56 岁的威廉·亚当斯，效力幕府 20 年之后，病逝于平户，安葬在神奈川县"冢山公园"。1923 年 3 月，被指定为日本的历史遗迹。如今，伊东地区的人们，都会举行"按针祭"，以志纪念。而在英国，亚当斯被誉为日英两国交往的第一座桥梁。

但是，信仰上帝的教义，严重刺激幕府将军的统治神经。德川家康去世。第 2、3 代将军开始，实行严厉的禁教政策，并对教徒们残酷镇压。1633—1639 年，德川幕府先后 5 次颁布"锁国令"。唯一的例外，却是与德川世代将军关系密切的荷兰。如此，欧洲的文明经手荷兰，不再是"南蛮学"，而是文雅而飘逸的"兰学"。

新井白石（1657—1725 年）是第 6、7 代幕府的重臣。曾经主持审讯潜入日本的意大利传教士西的蒂。引退之后的 1713 年、1715 年，出版《采览异言》和《西洋记闻》，被视为兰学的先驱。

第 8 代将军德川吉宗时期，商品经济比较发达，文化空前繁荣，异国情趣盛行。1720 年，发布新令，允许输入与天主教没有直接关系的汉译西洋科学著作。1740 年，命令下属学习荷兰语。一些地方大名和富裕商人阶层，不断接触和认知，甚至是推崇兰学，被称为"兰癖"。1774 年，前野良泽和杉田玄白出版《解体新书》，全面介绍西洋医学，标志兰学的真正诞生。

工藤平助（1734—1800 年）本是学医的，却对不时出现的俄国船只发生兴趣。1783 年，写成《赤虾夷风说考》，主张开发北海道、库页岛及千岛列岛。与高山彦九郎、蒲生君平合称为"宽政三奇人"的林子平（1738—1793 年），在与荷兰商馆馆长费兹交谈过程中，开始知道欧洲的殖民政策，致力于海防研究。1785 年、1786 年，分别写就《三国通览图说》和《海国兵谈》，提出"海国应有海国之军备"的海防思想，主张日本要效法西方进行社会改革。

本多利明（1743—1821 年）出版《西域物语》和《经世秘策》，明确提出"北方开发论"，增强日本国力。甚至激进地主张，首都东京应当移到与伦敦相同的纬度，使得日本成为"东方的英国"。

（二）挫折

菲利普·弗朗兹·冯·西博尔德（一译：施福多，1796—1866 年），生于德国威尔斯堡的名医世家。1822 年，被荷兰国王任命为东印度公司军医，后出任荷兰商馆的医官，在长崎郊外开设诊所兼学塾，系统讲授西洋医学及一般科学知识。1825 年，药剂师海因里希·比格尔（Heinrich Bürger）和画家 C. H. de Villeneuve，被派到日本协助西博尔德工作。门下弟子众多，包括伊东玄朴、小关三英、高野长英、户家静海、竹内玄同、高良斋等名医兼兰学家。

1828 年，西博尔德任期已满，准备回国。例行检查行李的时候，好友高桥景保赠送的日本地图、御医土生玄硕赠送的葵纹服，被海关查出，旋即被捕。次年，被驱逐出境、永远禁入。高桥景保死于监狱，其子被流放。土生玄硕被降为平民，没收领地、房产和家禄。30 多名兰学家被逮捕处罚。这就是"西博尔德事件"。

斗转星移，世事难料。行医期间，西博尔德与日本女子楠本泷结婚。生有一女，那就是赫赫有名的、日本第一位女妇科医生楠本稻（1827—1903 年）。西博尔德被驱逐，母亲被迫改嫁。弟子伊予宇和二宫敬作，顶住压力、毅然收养。

黯然归国的西博尔德，继续书写人生传奇。在出境之前，精心收集的 7000 多个动物剥制标本、12000 多件植物标本、2000 多棵活植物，还有大量的生活器具和文物，整整装满 3 个船次，安全运回荷兰的莱顿。1837 年，收藏馆对公众开放。荷兰国王威廉一世闻讯，不惜高价买断。

在荷兰的莱顿大学期间，西博尔德先后出版《日本》（*Nippon*，1832—1851 年，共 20 册）、《日本动物志》（*Fauna Japonica*，1833—1850 年，5 册）、《日本植物志》（*Flora Japonica*，1835 年）等 60 多部书籍。他被公认为日本学的始祖，直接介绍日本给欧洲的第一人。

1845 年，西博尔德再婚，育有子女多人。荷兰、美国、俄国、德国政府纷纷邀请这位世界上少有的日本通，作为皇室的政策顾问。美国东印度舰队司令、海军准将马休·卡尔布莱斯·佩里，曾经多次造访，了解和探询日本的底细。1853 年，佩里率领舰队，叩开锁国百年之久的日本。俄国沙皇尼古拉一世得知，高薪聘请西博尔德，负责对日本的外交事务。幕府得知消息，极其震恐，连忙撤消先前的一切处罚及禁令。

1859年，整整30年之后，西博尔德再次登陆日本，不理会一群在码头上欢迎的日本高官和富商们，径直奔赴长崎，与阔别已久的女儿楠本稻重逢。3年之后，西博尔德离开日本。1866年，在慕尼黑病逝。1871年，医术高明、闻名遐迩的楠本稻，受聘于日本皇室，出任宫内省御用挂，负责宫廷的医疗和健康，多次获得明治天皇的嘉奖。1903年，以77岁高龄辞世。

然而，父女的传奇并未终止。返回日本的时候，长子亚历山大和西博尔德同行，后留在日本，历任英国驻日使馆翻译，又为（担任）日本政府外务省官员。次子也到达日本，与日本女子结婚，长期担任奥匈帝国驻日使馆翻译。西博尔德的弟子伊东玄朴，引入欧洲的牛痘技术，开创神田西洋医学所，也就是闻名全球的东京大学医学部的前身。弟子户塚静海，也是名医。1876年，其子户塚文海成为第一任海军军医总监（少将），奠定明治时代海军的军医体制。

1877年，东京大学创立。医学部分为本课和别课（速成班）。深信德国医术的明治天皇下旨，本课班的教师均须来自德国，直接以德语教学，别课班则以日本语教学。许多优秀的本课毕业生，被派到德国留学，相继成为日本近代西医学界的中流砥柱。

1879年，日本在长崎公园建立西博尔德纪念碑，碑文如下："使欧洲各国知有日本者，施君之功也。使日本知有欧洲各国者，亦施君之功也。盖我邦绝交外国也久矣。自君来我国，我国之名，大显于彼；而彼之交际制度学术，始得其要焉。君巴威里贵族、博学多才，并长医术，以我文政六年初到长崎。医疗之暇，观我风土民俗，通报之于欧洲，而平素留意植物，移栽之其本国五百余种，相土壅殖，如此三十余年，我邦草木终遍欧洲。而其学徒言日本植物者，皆宗施君云。即驯致今日之文化者，其功竟不得不分诸施君也。欧洲学者称君，为发见日本于学术上之人，询不诬矣。"

日本出产的不少植物中，还有许多贝类的拉丁名，均以西博尔德命名，如圆扇景天、宝塔菜、锥栗、薄叶细辛、紫色玉簪、日本樱草等。长崎现有西博尔德公园、西博尔德医科大学。

西博尔德、楠本稻、亚历山大，乃是近代日本引进和重用海外智力的经典案例之一。在相当长的时间，日本医学界盛行到德国留学的传统，流行采用德语进行对话、撰写论文。医生书写处方，也用的是德语，直到"二战"结束。

(三) 蒙难

兰学经受1829年的"西博尔德事件",一度低迷。10年之后,又招致"蛮社之狱"。

1837年,美国要求通商贸易未果,遂以送还漂流民为理由,派遣"摩理逊"号驰向日本。幕府根据1825年发布的"驱逐外国船令",下令炮击驱逐。兰学家、"蛮社"成员高野长英撰写《戊戌梦物语》,主张以礼相待,批判锁国政策。另一个兰学家渡边华山,在《慎机论》指责统治者不顾现实,只贪图一时的安逸。

1839年5月,反复被激怒的幕府,以莫须有的罪名,搜捕"蛮社"成员。小关三英、渡边华山、高野长英,先后自杀身亡。许多成员牵涉入狱。"蛮社之狱",其实是保守派对近代科学及先进思想的竭力排斥所致。冤狱发生后,西洋药品被禁止使用荷兰文,翻译荷兰书籍须事先得到许可……故此,兰学沦陷。

二、汉籍移植

《天工开物》《农政全书》《泰西水法》《职方外纪》《历算全书》《交友论》等汉籍,大量输入日本。1720年,来自中国的科学著作,开始流行。1802—1852年,利玛窦的《坤舆万国全图》、南怀仁的《坤舆图说》等地理书籍,更是受到追捧。

鸦片战争(1840—1842年),清朝战败。其与英国签订《南京条约》,开始向外国割地、赔款、商定关税。中国沦为半殖民地半封建社会,丧失独立自主的地位,自然经济趋于解体。

1842年,魏源开始撰写《海国图志》。1847年,刻本扩大为60卷。1852年,增补为100卷。该书系统介绍世界各国的历史和地理,分论西洋近代各国国情,兼说近代武备、产业、外交等富国强兵之道。著述是"为以夷攻夷而作,为以夷款夷而作,为师夷长技以制夷而作",影响很大。

清朝战败的消息传到日本,佐久间象山、横井小楠、安井息轩、桥本左内、吉田松荫等人,开始着手思考和反省。1853年,《海国图志》流入日本,顿受欢迎,被译成多种版本。

三、黑船事件

青山遮不住,毕竟东流去。1853年,佩里率领4艘、安有63门大炮的黑色铁甲军舰,驶入江户湾浦贺海面。幕府不敢拒绝开国的要求,推托到次年春天答复。

1854年2月，佩里率领7艘军舰，准时到达，开到横滨附近停靠。幕府畏惧。双方签订《日美亲善条约》。这是日本与西方列强的第一个不平等条约。英国、法国、沙俄、荷兰等西方列强，随之叩关、相继得手，史称"安政五国条约"。

1859年7月，日本正式开港，对外贸易迅速增长。生丝、茶叶、蚕种及棉花等原材料大量出口，价格飞涨。以棉、毛纺织品为主的外国工业品倾销，手工工场纷纷倒闭。黄金大量外流，金融市场严重混乱。米、麦、盐等生活必需品的价格持续上涨，农民、城市贫民和下级武士的生活更加困难。

外来压力进一步激化国内的阶级矛盾，颠覆领主土地所有制性质的农民起义次数剧增，1865—1867年，平均每年发生55次；以反对粮食投机及涨价为中心的城市贫民暴动，平均每年发生16次。尤其是1867年，波及全国的动乱过程中，为数甚多的下层人民成群结队，冲击富豪住宅及幕府机关，极大地动摇了幕府的统治。以下级武士为中心的改革派，开始走上社会变革之路。

群情激昂、民怨沸腾。事实上，200多年的江户幕府，从来不准天皇参与政治。为了平息风起云涌的质疑和反对，幕府以天皇的名义，邀请地方大名、藩士、学者，甚至平民，合议国事。压抑已久的各种势力，高举救国旗帜，趁机跃上政治舞台。日本政局陷入混乱。先前如同铁板的幕府，裂纹遂现，盛景不再。

须知，1854年的佩里叩关，到1868年的明治维新，日本得到将近15年的战略缓冲期。

一是沙皇俄国。主攻方向是清朝。1854年，陆续侵占乌苏里江流域。1858年，先后签订《中俄天津条约》和《瑷珲条约》。1860年，订立《中俄北京条约》。1861年，实行农奴制改革。1867年，一度财政紧张的沙皇俄国，低价卖掉北美洲的阿拉斯加地区、阿留申群岛。

二是英国、法国。主攻方向也是清朝。1856—1860年，发动第二次鸦片战争，迫使清政府签订《北京条约》。英军赶赴印度的北部和中部，镇压民族起义（1857—1859年）。1861年1月，清朝政府设立总理各国事务衙门。次年1月，制定"借师助剿"太平天国运动的方针，"洋枪队"纷纷前来，直到1864年。

三是美国。主攻方向还是清朝。1858年，订立《中美天津条约》。不久，南北战争（1861—1865年）爆发。1867年，美国政府内部，就是否购买阿拉斯加、阿留申群岛，争吵不已，最终还是通过决议，与沙皇俄国签订协议。这片荒凉而广袤的，约152万平方公里的土地，售价720万美元（约合现在的1.19亿美元），1平方公里花费4.74美元。喘息未定，突然想起日本，只能出售铁甲军舰、大炮，无力扩大当年的战果。

就在这15年，人口众多、疆域辽阔的清朝，成为欧美列强竞相蚕食的目标。政治混乱、军阀混战的日本，得以喘息。

第六章　明治时代

明治时代历时1867—1912年。1867年1月，孝明天皇去世。15岁的太子睦仁，继承皇位。次年1月，倒幕派发动政变，发布《王政复古大号令》。4月，发布具有政治纲领性的《五条誓文》。7月，天皇下令，江户改名"东京"。9月，改年号"明治"。1869年5月，迁都东京。自此，日本进入励精图治、日新月异的燃烧岁月。

第一节　明治维新

新政府积极引入欧美经验，确立国家制度，设立帝国议会，制定大日本帝国宪法，培植产业、强化军力，急速地发展成亚洲第一个近代化国家。涉及的诸多改革，统称明治维新。

1868年4月，岩仓具视、西乡隆盛、大久保利通、木户孝允等倒幕派，率领公卿、诸侯、文武百官，进入紫宸殿举行誓祭典礼。16岁的明治天皇，宣读《五条誓文》：第一条，广兴会议，万机决于公论；第二条，上下一心，盛行经纶；第三条，公武同心，以至于庶民，须使各遂其志，人心不倦；第四条，破旧来之陋习，立基于天地之公道；第五条，求知识于世界，大振皇基。

这是事前拟好的内容，夹杂封建思想、民主意味、军国主义色彩，却是筚路蓝缕、革故鼎新之举。宣读完毕，明治天皇背诵道："（此乃日本）未曾有之变革，朕当身先率众，誓于天地神明，以大定国是，立保万民之道。尔等亦须本此旨，同心努力。"6月，公布《政体书》。日本驶入近代化的快车道。

一、变革国教

真正的明治维新，首先是思想革命；思想革命的核心，就是解决信仰的问题。也就是树立什么样、什么颜色的旗帜。

面对欧美列强的入侵，日本上层没有时间，也没有空间选择。来自西方，日益渗透的基督教，经历幕府的沉重打击，一蹶不振。来自中国，被尊为"显学"的儒家，束手无策。同样来自中国，治理国政的佛教僧侣，衰败无能。反观，倒幕势力积极结盟举兵，正在扫清幕府的残余。民族主义情绪愈演愈烈。

在举步维艰、百废待兴之际，明治维新最重要的诏令得以发布。这就是"神佛分离令"，佛具从神社里撤出，与神社有关的器物从寺院撤出，原属于神社的僧侣还俗。最初，天皇的本意，就是将根植本土、鼓吹皇道至上、皇统神圣的神道教，与盛行一时、几为国教的佛教，进行分离，防止混淆，借以削弱僧侣的政治特权，重新确立天皇政教合一的神威。

在相当长的历史时期，尊崇天照大神的神道教，与尊崇释迦牟尼的佛教，都合并一起，同时接受信徒的膜拜。但是，佛教居于主导地位。"神佛分离令"问世，蛰居本土、沉寂多时的神道教，趁机发乱。佛教被视为祸国殃民的"夷狄教法"，也被视为遭受国仇家恨的根源。上层的排佛举动，迅速扩大化，演变成风起云涌的废佛浪潮。大量的佛寺、佛像被毁，僧侣被强制还俗。

1869年，颁布"宣布大教诏书"，神道教定为"国教"，形成神道国教主义。天皇被宣为天照大神的化身。神社、神职纳入国家机构，神职人员纳入国家公务员，逐渐控制宗教的上流社会。1870年，政府下令迁出宫内的佛像，没收一切寺院领地，彻底断绝佛教与政治的关系。

1872年，发布《肉食妻带的解禁》，强调僧侣食肉与结婚，都是自愿行为，无须苦心修行，享有普通国民的权利。此后，僧侣（和尚）娶妻生子、喝酒吃肉，遂成一景、延续至今。同年，政府追加通告，要求僧侣的名字世俗化，不再享受特权。1873年，为了配合学习欧美发达国家的民众情绪，也是为了缓和宗教之间的矛盾，取消基督徒传教的禁令。

至此，1000多年前东渡日本，盛极一时的佛教，被彻底打废。本已是门派林立、分崩离析的佛教界，始有抵触情绪，最终屈从法令。中国历史上，先后发生北魏太武帝拓跋焘、北周武帝宇文邕、唐武宗李炎、后周世宗柴荣的禁佛（灭佛）运动，亦称"三武一宗法难"。虽然原因不同，却是态度坚决、手法强硬。

其实，明治时期的废佛毁释，既有历史的共性，也有时代的个性，既是经验总结，也是历史教训。

共性有三。其一，收缴寺院、没收财产，是为减少浪费、休息劳役、增加税收、充实国库；其二，解放闲散人口，强迫僧侣结婚，借以增加人口数量，扩充和准备兵源；其三，削除政治和法律特权。

个性也有三。其一，鼓励吃肉、强健体魄，彻底破坏素食传统；其二，确立天照大神的至上尊荣，树立明治天皇的绝对权威，简化意识形态，集束民众心志；其三，脱离长期以来依附中国的宗教信仰，强调本土化，强调民族性，既为富国强兵的资本主义道路铺平道路，也为日后狂热的"脱亚入欧"思潮埋下伏笔。

治世道，乱世佛，由治入乱是儒家。这是对于中国历史上，主要思想流派与兴亡轮回的关联总结。然而，"道"的指向模糊，究竟是无为而治，还是道法自然（规律），抑或刚柔并济的"杂"，却是众说纷纭。但是，明治时期"治世道"的"道"，被界定为"神道教"的"道"，就是以天皇为至上，中央集权、富国强兵。如此简单、直白的界定，反而明确。

二、中央集权

1869年6月，明治政府强制实行"版籍奉还""废藩置县"的政策。仿效奈良时代实行太政官制，最高职位为太政官，下设立法、行政、司法机构，并规定了官员的任命及其职责。将日本划分为3府72县，建立中央集权式的政治体制，且一切权力集于天皇一身。

废除传统时代的"士、农、工、商"身份制度，将皇室亲缘关系者，改称为"皇族"。过去的公卿诸侯等贵族，改称为"华族"。幕府的幕僚，大名的门客等，改为"士族"，其他从事农工商职业和贱民一律称为"平民"，时称"四民平等"。各等级间允许相互交往，但是，仍存在等级之分；为减轻因"版籍奉还"而连带的财政负担，政府通过公债补偿形式，逐步收回华族和士族的封建俸禄；此外，颁布武士《废刀令》，以及建立户籍制度基础的《户籍法》。

司法仿效西方制度。1882年，订立法式刑法。1898年，订立法、德混合式民事法。1899年，订立美式商法。

三、富国强兵

改革军队编制。明治维新的军事势力长州藩，获得陆军的领导权，主张参考法国（后为德国）；另一势力萨摩藩，牢牢控制海军，主张参考英国和美国。两大势力对立。一些宗族子弟进入陆军，累世对头的家族子弟，就参加海军。如此，敌意不断加深，甚至发展成为公开的仇敌关系。这是日本军事上的奇观。

改革军警制度，创办军火工业，实行征兵制，建立新式军队和警察制度。1872年，颁布征兵令，凡年龄达20岁以上的成年男子，必须服兵役。

不久，一般役及预备役分别增至3、9年，总计12年。1873年，作战兵力动员超过40万人。

发展国营军事工业。增加军事预算。1886年以后，占政府经费的30%～45%，实行军国主义教育，培养武士道精神。

四、殖产兴业

改革土地制度，废除原有土地政策，许可土地买卖，实施新的地税政策。1882年，设立日本银行（国家的中央银行），统一货币。

政府设立工部省，负责管理工商业。废除各藩设立的关卡。撤消工商业界的行会制度和垄断组织，推动工商业的发展。

掀起工业发展高潮。又以高征地税等手段进行大规模原始积累，建立了一批以军工、矿山、铁路、航运为重点的国营企业。引进缫丝、纺织等近代设备，建立示范工厂，推广先进技术。

1872年，明治政府在盛行养蚕的群马县富冈市，投资成立缫丝厂，从法国购置生产设备，重金聘请法国技师。招工却严重不足。民间传说，轰鸣的机器，会吸走人的精髓。为了打消百姓的迟疑和恐惧，明治政府实施猎头，广泛动员士族、高官、富商的女儿进厂，起到示范作用。不久，这些技术成熟的女工，作为工厂的领班，被派往全国各地。日本的生丝，质地优良、工艺成熟，很快就出口美国，赚得近代化急需的外汇。一度昂贵的丝绸，不再是少数人消费的奢侈品，而是能够普及到千家万户。

明治政府20%左右的财政支出，都投向兴办企业。根据殖产兴业计划，政府直接引进德国的矿山冶炼厂设备、英国的军工厂生产线。还聘请大量外国技师。外籍专家的月薪，最高可以达到2000多日元，相当于政府高官的3倍多。

由于担心财政负担产生的社会危机，明治政府把一批国营企业和矿山廉价出售。一些与政府勾结因而拥有特权的资本家（政商），纷纷获利。政府连续出台的保护政策，刺激华族、地主、商人及上层士族投资经营银行、铁路及其他企业。又以纺织业为中心，仿效英国，实现机器化生产。

改善各地交通，兴建新式铁路、公路。1872年，日本历史上的第1条铁路，也就是东京新桥至横滨樱木町，顺利通车。1914年，铁路总里程超过7000公里。

五、文明开化

设立文部省，颁布教育改革法令《学制》，发展近代资产阶级性质的义务教育。教育机关颁布《考育敕语》,灌输武士道、忠君爱国等思想。全日本划为 8 个大学区,各设 1 所大学,下设 32 个中学区,各有 1 间中学,每 1 个中学区下设 210 小学区,每 1 所小学区设 1 所小学,总计 8 所公立大学、245 所中学、53760 所小学。

提倡学习西方社会文化及习惯,翻译西方著作。历制上则停用阴历,改用太阳历计日(年号除外)。

选派留学生到英、美、法、德等先进国家留学。从 1863 年起,陆续向海外派遣留学生。1870 年,日本制定《海外留学生规则》,把留学生工作法制化。对留学生的爱国主义教育富有成效,故留学生学成后返国已成传统。在国内,也努力创造尊重知识、尊重人才的社会风气。1871 年,右大臣岩仓具视,带领大型使节团,出访欧美。

大规模聘请外国专家。1874 年,明治政府公开招募通晓英语的人才。这是引进外国智力的典型标志。1876 年,500 多名外国专家应邀到达日本。到 1890 年,来自 25 个国家的 3000 多名专家,主要在通产省、国立大学工作。

到 1900 年,外国专家被全部解聘。日本开始依靠本国大学培养的,以及留学归来的科技人才,建立独立的科学技术发展体系。1945 年,日本战败投降,放松管制政策,允许外国的军事顾问和专家进驻本土。

第二节　愤青岁月

明治维新以来,革故鼎新、人才辈出。一批愤青,精忠报国、前仆后继,定型日本近代化;也是他们,相互争斗,不顾民众死活;还是他们,主张入侵台湾、朝鲜和清朝,造成巨大的战争创伤……模仿与反叛、狂热与畏惧、独裁与民主、创新与刻板、辉煌与悲剧,都在他们身上展示得淋漓尽致。

一、维新三杰

维新三杰有很多版本。一说,前三杰:吉田松阴、坂本龙马、高杉晋作,后三杰:大久保利通、木户孝允、西乡隆盛。二说,西乡隆盛、大久保利通、木户孝允。三说,木户孝允、大久保利通、伊藤博文。且以第三说为准。

(一) 木户孝允

本名桂小五郎(1833—1877 年)。幕府末期到明治时代初期活跃的武士、政治家。赠从一位勋一等。

德富苏峰评述道:"木户公最让人敬佩之处,并不是其行政的手腕,而是其对政治的见识。对国家如何进步的明确洞察力,且此并非高远的理想、坐而云云之物,而是可以起而实行之物……此人实为立宪政治家中,日本之第一模范人物。"

年轻时,他剑术高超,被幕府追杀,持续在京都从事地下活动。1863年5月,木户孝允力荐,长州藩秘密派遣井上馨、伊藤博文、山尾庸三、井上胜、远藤谨助等5人,留学英国。

1867年,日本骚乱不断,木户孝允等人抓紧时机,一再召开秘密会议,制定武装倒幕的政治、军事行动。10月,德川庆喜声称大政奉还。木户孝允等人,不为所动,密谋举兵。12月,倒幕派发动宫廷政变,宣布王政复古,废除幕府。

次年,木户孝允被任命总裁局顾问,系所有国策的最终决定责任者。太政官制度改革之后,担任外国事务挂、参与、参议、文部卿等职务。1868年的"五条誓文",均是木户孝允逐字修改的,甚至明治天皇亲率文武百官向天地、人民宣誓的仪式,也是木户的提议。

岩仓使团出发的时候,高层一分为二。岩仓具视、木户孝允、大久保利通、伊藤博文等海外视察组,与三条实美、西乡隆盛、大隈重信、井上馨、江藤新平、板垣退助等留守组,曾有如下约定:"至海外视察结束之前,如未以邮送文书进行合意,则不能变更明治政府的主要体制及人事。"

1869年1月,木户孝允主张征伐朝鲜,"确定远大之海外目标"。然而,考察欧美之后,遂反对远征,主张内治优先。无奈,激进的大久保,统率力劲升。木户孝允的亲信伊藤博文等人,转向加入。此时,木户孝允已经洞察到民主主义,在日本的残缺性与危险性,始由开明急进派,转为渐进派。多次诉求,均是无奈,主动申请担任文部卿,专注国民教育。

其时,西乡隆盛主张侵略朝鲜转移国内危机,木户孝允等人坚决反对。1874年,明治政府决意出兵台湾,木户孝允激烈反对无果,辞去所有职务,回到家乡。次年,大久保利通、伊藤博文、井上馨等人,设宴招待木户孝允,即是大阪会议。木户孝允提议,构建立宪政体、三权分立与二院制议会,作为重返条件。立宪政体诏书迅即发布。设置元老院与地方官会议,初为上下两院之型。设置大审院(最高裁判所的前身)。

1875年,发生江华岛事件。次年,木户孝允辞去政府职务,改任顾问。及至西南战争爆发,木户孝允与明治天皇前往京都。1877年5月,辞世,享年45岁。

木户孝允生性潇洒，感情冲动。遗书辑为《木户孝允文书》与《木户孝允相关文书》。德富苏峰写道："木户不是一个单纯的理论家……毋宁是个通晓世情、富有人情味的人物……思维清晰、条理分明、始终一贯，却也有着诗人般理想浪漫的一面……对于国家来说不可欠缺的重要人物，然而，作为实行政策的责任者来说，说不合适即不为过……不能与他人妥协，加上欠缺健康……异常感性的一面爆发时，甚而表现为如女子般歇斯底里。"

明治时期的政治家、财政改革家、早稻田大学创始人大隈重信，深情地说道："新政必须要做出实事，以此为最大目的，有卓越识见，并能够贯彻理念的政治家，在明治元勋中，唯木户一人。"

萨道义写道："那日，我和有名的木户（桂小五郎）初次见面。桂是把军事、政治中最大的勇气与决意，隐藏在心中的人；而他的态度不论何时，都是稳和、和煦的。"

木户孝允，永远也没有想到，自己会成为日本近代化，乃至现今的民主榜样。每当这样的人物，被迫或者愤然辞职的时候，正是民主势力失音、独裁势力掌控全局的预兆。只有疯狂的人才漩涡，达到巅峰，最终破灭之际，人们忽然想起，原来，我们是有机会，不必制造这样的悲剧；于是，木户孝允的牌位之前，又多几朵康乃馨。等到致敬的人们缓缓退出，仍然继续走先前的老路，仿佛无事一样。究其根本，岛国心态使然。正如，人们宁可为英雄、疯子和傻子，也不会为批评家立碑。世局如此，循环往复。

（二）大久保利通

1830年9月，大久保利通出生在萨摩藩鹿儿岛下级武士家庭。正值德川幕府的末期，260多个藩国当中，萨摩藩和长州藩较为强大。先后参与军阀混战。后加入明治政府。

1871年4月，将近100人的岩仓使团，从横滨港出发，前往欧美各国。出访的政府高级官员，约占总数50%，包括副使大久保利通（大藏卿）、木户孝允（参议）、伊藤博文（工部大辅）、山口尚方（外务少辅）等48人，另外有50多名留学生随行。刚刚成立3年的明治政府，毅然划拨2%的财政年度收入，支付庞大的费用。

本来，使节团有修改不平等条约和考察各国实况的两项任务。但是，日本实力弱小，各国拒绝谈判。使节团只能将精力集中在考察领域。首先到达的是美国，格兰特总统接见的时候，随便找个借口，拒绝深谈。旋即到欧洲。英国的工业革命浪潮，法国、荷兰、比利时的繁荣景象，让人惊讶不已。抵达德国的时候，遭受白眼、备受冷落的日本使节们，顿时异常振奋。

主要有三个原因。如前所述，德国人西博尔德，乃是西方世界全面介绍日本的第一人。1871年，他的女儿楠本稻，刚刚就任日本皇室的宫内省御用挂。还有一些活跃在日本上流社会的德国医生，使节们几乎都认识。1866年，发动普奥战争，取得胜利。1870年的普法战争，打败了号称欧洲最强大的法军，南部德的4个邦城并入，德意志帝国赫然呈现，成为欧洲新兴的霸主。兼顾贵族地主利益和新兴资产阶级欲望的容克资本主义体制，几与日本的未来道路相似。难得的是，56岁的"铁血宰相"俾斯麦，礼节性地会见使节们，春风得意、亲切傲慢。41岁的大久保利通，远远地看着这位欧洲的征服者，悲从心起、泪如泉涌，决意成为"东洋俾斯麦"。

在长达22个月的时间里，使节团先后考察欧美12个国家，写下100多卷的考察实录。归国之后，几乎所有的成员，相继得到天皇的重用。

使节团出国之后，留守政府的派系斗争加剧，主要是征讨朝鲜的问题。大久保奉命提前回国。经过激烈辩论，"内治派"获胜。"征韩派"被迫辞职。大久保利通旋即出任内务卿，分管劝业、警保、户籍、驿递、土木、地理、测量等领域。大隈重信的大藏省和伊藤博文的工部省，作为左膀右臂。

大久保利通发现日本与英国地理条件颇为相似，都属于面积小、资源少的岛国，所以，决心以英国为目标，着手创建资本主义，重点是海运和工业。1874年5月，提出《关于殖产兴业的建议》，"大凡国之强弱，决定于人民之贫富；人民之贫富则系于物产之多寡；而物产之多寡，又起因于是否鼓励人民之工业。因此，归根结底是依靠政府官吏诱导奖励之力。"明治政府逐步制定一套比较合乎日本国情特点的资本主义工业化的方针和政策。

与此同时，继续推行地税改革。1876年，强力推行"秩禄处分"，公布"金禄公债证书发行条例"。剥夺武士阶级的俸禄，从根本上瓦解旧的封建武士阶级，实现国内资本的原始积累。不久，风起云涌的农民起义，不满士族的叛乱，都被大久保利通血腥镇压。

1874年4月，派兵侵略台湾，招致清朝的反抗。大久保利通以全权大使身份到北京，迫使清政府付出50万两的赔偿金，然后退兵。1875年9月，制造侵略朝鲜的江华岛事件。翌年，迫使朝鲜订立不平等的《江华条约》。同年，本是戊辰战争对手的榎本武扬，被大久保利通力排众议，擢升海军中将，出使俄国，签订《库页岛、千岛群岛交换条约》，暂时解决北方边患问题。

大久保利通又以《诽谤律》《报纸条例》等条令，肆意压制自由民权。1877年9月，西南战争刚刚结束，大久保利通就以计划造反的罪名逮捕林有造、片冈健吉、大江卓、竹内纲等民权派领袖，投入监狱。自由民权派被迫转入地下。

文明开化的风尚骤起。大久保利通率先剪短长发，入朝觐见天皇。群臣们骇然。10多天以后，明治天皇也是短发现身。君臣之间的默契，已然如此。臣子们和民众竞相仿效，纷纷除去头顶上的发髻。"断发脱刀令"随之推行。

大久保利通的改革，内外并举、铁血交互。1878年5月，大久保利通被自由民权派刺杀身亡，时年49岁。但是，殖产兴业、文明开化、富国强兵三大政策，亦被伊藤博文、大隈重信等后继者，积极仿效、坚定推行。1911年，一系列束缚日本的不平等条约，均被废除。

不顾一切地挣脱羁绊、不择手段地谋求强盛。这就是一代愤青、"东洋俾斯麦"大久保利通的人生写照。在国家利益面前，品行、性格、作风、人缘……都是微不足道的。西方学者威尔斯评价道："从未有一个民族，像当年的日本那样昂首阔步。"

也有学者指出，大久保利通的顽固性格和铁腕风格，也为日本的精英主义的兴起，以及后来的军国主义埋下了祸根。其实，1871年，清朝、日本都在睁大眼睛看世界。36岁的慈禧太后，远比19岁的明治天皇，更加精明、老练。但是，前者始终考虑是如何协调内政外交的关系，维护少数民族（满族）在帝国的稳定统治；后者，被一批愤青裹挟，考虑的却是存亡问题。正是如此，清朝政府需要的是奴才，日本政府需要的是人才。霄壤之别，据此断定。

（三）伊藤博文

1841年10月，生于日本长州。自幼家境贫寒。步入青年时代以后，时逢日本社会的大变革时期。1864年，被选拔到英国留学。1866年，日本明治政府成立，26岁的伊藤博文，担任向外国递交国书的工作。

1870年12月，赴欧洲考察银行币制和公债制度之后，提出了统一货币制度的一系列措施，推进了日本资本主义的发展。次年12月，伊藤博文再次启程，先后考察12个国家，从西方资本主义的发展，找到了小国日本走向大国之路，并显示出与众不同的才华和学识，深受天皇的赏识。

1878年，大久保利通被暗杀，伊藤博文继任内相。1882年3月，伊藤博文赴欧考察宪法，决定制定一部符合日本国情、确保天皇拥有绝对权利的宪法，并亲自负责制定宪法的筹备工作。1885年12月，在伊藤博文的建议下，日本废除了"太政官"，建立内阁制。44岁的伊藤博文出任第一任内阁总理大臣。

一切向欧美学习的治国方针，招致国内许多人士的批评和反对。伊藤博文丝毫没有退缩。他利用手中大权，镇压民众的民主运动。明治天皇最终采取了他的建议，命令起草新的宪法。从准备、起草到审议、颁布和实施的各个阶段，伊藤博文自始至终居于主导地位，甚至特地撰写《日本帝国宪法义解》，阐释宪法思想，被誉为"宪法之父"。

1889年2月，《大日本帝国宪法》正式颁布，又称为《明治宪法》。次年10月，开始实施。11月，正式成立帝国议会，伊藤博文作为制宪元老，发挥着举足轻重的作用。1885—1909年，伊藤博文先后4次出任内阁总理大臣，4次担任枢密院议长。

1892年8月，策动天皇发布诏书扩充军队。1893年，与英国达成协议，取消英国人在日本的治外法权。1902年，两国签约结盟。

1894年，日军找到借口，挑起侵朝战争，在仁川登陆，占领汉城，发动宫廷政变，培植亲日政府。接着，对中国发动战争。7月，日本舰队不宣而战，在朝鲜半岛海面袭击中国舰队。

8月1日，日本政府正式宣战。9月，战时内阁总理大臣伊藤博文，来到大本营广岛，参与指挥战事。很快，战争扩大至辽东半岛。11月，日军攻占旅顺口。与军方山县有朋的意见不同，熟知西方列强心态的伊藤，主张派兵占领台湾，攻打威海卫，全歼北洋舰队，要挟清朝谈判，逼其割地赔款。

1895年4月，双方签订《马关条约》，日本不仅取得治外法权和租界权，还取得欧美各国不曾有过的权利，如长江航运权等。谈及台湾的时候，伊藤博文要求1个月交割，李鸿章推辞"过促"，要求展限。伊藤博文声色俱厉地喊道："尚未下咽，饥甚。"后来，日本交还辽东半岛，又获得3000万两白银的赔款。

1898年9月，下野的伊藤博文，正在中国访问。一些维新派人士，主动邀请其参与新政。李鸿章甚至希望聘请伊藤博文，出任清朝的内阁总理（一说）。未及，戊戌政变发生，清朝官兵四处搜捕维新派。伊藤博文旋即离去。

1905年，日俄战争结束。俄国战败，被迫承认日本对朝鲜有"宗主权"。伊藤博文迫使朝鲜国王签订"日韩保护条约"，遭到拒绝。不久，李完用上台，朝鲜成为附属国。伊藤博文被委任为朝鲜第一任统监，在汉城设立统监府，亲自担任皇太子的教师，进而掌握内政大权，奠定日后吞并的基础。

1909年10月，伊藤博文制定吞并朝鲜的计划，并由天皇批准执行。为了避免俄国的干涉，伊藤博文从长春乘俄国列车，到达哈尔滨车站，在车厢中，与俄国财政大臣举行短时间的会谈。下车后，伊藤博文检阅前来欢迎的俄国军队，并同各国使节握手。军乐刚刚演奏，朝鲜刺客安重根，对他连开数枪。伊藤博文伤重而死，时年68岁。

时传，伊藤博文喜爱酒、女人和烟草，从不隐讳。本质上，属于日本统治集团的文治派。较为完备的立宪制度，能够让日本的政治，有秩序、按周期地实现和平演变。与此同时，少数民众也得到日益扩大的参政机会。

史载，1895年，李鸿章与伊藤博文，签订《马关条约》之前，私下见面的时候，确有对话。伊藤博文说，想当年中堂大人何等威风，谈不成就要打（这是一段旧事，系指1884年，日本准备侵略朝鲜，到中国与李鸿章谈判，被断然拒绝）。如今真的打了，结果怎样呢？我曾经给过大人一句忠告，希望贵国迅速改革内政，否则，我国（日本）必定后来居上，如今10年过去，我的话应验了吧？

李鸿章叹气地说："改革内政，我不是不想做。但是，我们国家太大，君臣朝野人心不齐，不像贵国一样上下一心。如果，我们两人易地以处，结果会如何？"伊藤博文沉思片刻，慢慢地说道："如果你是我，在日本一定干得比我强；如果我是你，在中国不一定干得比你好。"

著名学者梁启超，对此评论道："伊有优于李者一事焉，则曾游学欧洲，知政治之本原是也。"又说："假若以成败论，当然是伊藤博文的成就比较大；倘若以个人才能而言，李鸿章是大才，伊藤博文与之不能相提并论。"据说，伊藤博文深表赞同。

简述之，木户孝允、大久保利通、伊藤博文，都是明治初期派遣到欧美考察的使节成员，后为定型近代日本的设计者。显而易见，日本的政治体制，从近代化开始，就在专制与民主、模仿与反叛、激进与制衡、侵略与侥幸之间反复纠结、反复挣扎。尽管如此，这些使节、海外留学生们，在年轻的天皇周围，形成庞大的群体，相互提携、相互串通，反而纷纷跻身于上流社会，相继得到重用，参与国政治理，主导社会改革，宣传维新思想。

二、外国推手

综观世界历史，凡是某个敏感的国家和地区，发生政局动荡，必定就有外国势力的介入。在明治维新之前，就有外国人参与政事。托马斯·格洛佛、吉多·弗洛贝奇和欧内特斯·萨道义，合称"倒幕外国人御三家"。

（一）托马斯·格洛佛

本名 Thomas Blake Glover，1848 年 6 月，出生在苏格兰的弗雷泽堡。这是日本近代化历史上，无法回避的外国人。高岛煤矿的开采、造船场的建设、第一根电话线、第一辆蒸汽机车、第一个干船坞、第一桶啤酒……都是他的功劳。

格洛佛的真实身份，却是武器供应商，外号"情报商人"。1859 年 7 月，作为东南亚最大的贸易集团怡和控股（Jardine Matheson Holdings Limited）的代理人，来到日本长崎。那时，日本处于国内极度动荡、混乱的状态。1861 年，成立"格洛佛商会"，经营茶叶生意。次年，在长崎建造木造洋馆，也就是现在被指定为重要文化财产的格洛佛庄园。

由于交际广泛、不择对象，幕府、倒幕派、维新志士，对他都是敬而远之。游手好闲、人脉深厚的日本浪人坂本龙马，却是主动与之交往。1865 年，两人共同创建日本最早的商社龟山社中。恰好，美国结束南北战争，淘汰下来的武器，被军火商拿到，大量流入到东方。龟山社中一举购进步枪 7800 支。2 个月后，购到美式的铁甲军舰，停泊在岸边，遂让各路军阀们瞠目结舌。

1866 年，以坂本龙马为中间人，萨摩藩的西乡隆盛、小松带刀，与长州藩的木户孝允，决定结束长期的敌对状态，缔结同盟之约，共同打倒幕府。这就是著名的"萨长同盟"。曾经胶着的倒幕运动，局势逆转、焕然一新。

坂本龙马，很有一些龙马精神，反复游说萨长同盟的军阀们，购买来自美国的军火。但是，英国全权公使帕库斯，崇信幕府的军事实力，不太相信乌合之众的倒幕派。格洛佛登门反复劝说，后者立场开始转向。

开战之后，萨长同盟连续拿到龟山社中的美国军火，士气高昂、火力猛烈。双方激战之际，英国突然转向明治政府，断绝幕府的军火供应，向倒幕派提供贷款和物资。幕府接连战败，只得妥协，声明尽快将大政奉还天皇。

格洛佛在回忆录，得意洋洋地说："我为日本做出的最大贡献，就是（成功地）摧毁，挡在萨长同盟和（英国公使）帕库斯中间的障碍。"然而，急切而狂热的格洛佛，却失算了。

为了促成倒幕运动，萨长同盟多是赊账的买卖。又者，1855年，英国发明的阿姆斯特朗炮，本是一种大型线膛炮，原本装载在海军的铁甲舰上。放在陆地上，面对一群光着臂膀、挥舞军刀的幕府浪人，简直就是镰刀割韭菜，快刀斩乱麻。载入史册的鸟羽伏见战役，本来是双方的决战，不料，3天就打完。至于后来的东北战争、会津战争、函馆战争，规模小、结束快，格洛佛秘密囤积的大量武器，以及自己垫付资金，从海外订购的军舰，都没有派上用场。

1870年8月，格洛佛正式向英国领事法庭申请破产，负债总额50万美元。弟子岩崎弥太郎，也就是三菱商事的创始人，筹资收购商社及庄园。1881年，格洛佛、后藤象二郎共同经营的高岛煤矿，经营不顺、面临倒闭。三菱商事随即收购。后来，岩崎弥太郎创办日本啤酒公司，生产麒麟啤酒。

1908年，60岁的格洛佛，被授予日本勋二等旭日重光章。这是极高的破格待遇。1911年，格洛佛在东京病逝，旋即被安葬在长崎公墓。至今，麒麟啤酒的标签上，有一个类似胡子的印记，相传就是为了纪念格洛佛。

（二）吉多·弗洛贝奇

本名Guido Herman Fridolin Verbeck，荷兰出生的犹太人。青年的时候，到达美国，成为虔诚的基督教徒。日本开关之际，美国改革派教会征召宣教师，弗洛贝奇立即报名，获得资格。

鉴于幕府的基督教禁令，弗洛贝奇以英语教师的身份，经由中国上海，来到日本长崎。到达的时候，他惊叹道："伴随着日出，展现在眼前的长崎美景，让我失去了所有语言能力……我找不到任何词汇用来形容它的美丽……这是我至今在美国、欧洲，都未曾见过的绝美景色。"

弗洛贝奇是天才。精通荷兰语、法语、德语、英语，讲授天文、科学、筑城、兵法，小提琴和国际象棋的水平不错。德川幕府将军闻讯，以年薪洋银5000元、石高（禄米）1万石的天价工资，聘为幕府洋学所的教师。次年，年薪升至7200贯，相当于右大臣三条实美的等级。

1869年，弗洛贝奇筹办开成学校，进而担任大学南校（东京大学的前身）的首席教师，来到明治的新首都东京。1873—1877年，辞去教职，出任太政官顾问，专门负责各国宪法的翻译、日本宪法的起草。其间，弗洛贝奇奔波欧美列强之间，倾力效忠日本。

日本开启国门以后，德川幕府与美国、英国、俄罗斯、法国、荷兰、德国、意大利、瑞士缔结的不平等条约，都是被迫，且无期限的性质。1871 年春，伊藤博文建议派遣既懂外语又熟悉国内事务的高级官员出国考察，实地了解西方，以便改订条约。弗洛贝奇得知，立即找到朝廷重臣大隈重信、岩仓具视，提出日本与国际接轨，加入文明国家的行列。捷径就是学习先进资本主义国家的政治、经济、文化，直接搬进日本的维新过程，即实行二次改革。

天皇决定支持。1871 年 9 月，大隈重信提出派遣使节团出国考察的计划，并自愿担任使节。天皇决定不派大隈重信担任主官，而是挑选熟悉欧美情况、老成持重的岩仓具视，担任主使。这就是著名的"岩仓使节团"。

至于，使节团的行程，连编制、随行人员、目的地、调查方法，等等，都是出自弗洛贝奇之手。

1891 年，获得"永久居住"的特权。1898 年 3 月，68 岁的弗洛贝奇，医治无效去世。3 天后，日本基督教会为他举行盛大的葬礼，皇室近卫师团仪仗兵护送棺材，安葬在政府购置的青山墓地。规格之高，几无出右。

（三）欧内特斯·萨道义

本名 Ernest Mason Satow，1861 年进入英国外务省。翌年 9 月，19 岁的萨道义，以英国驻日大使馆见习翻译官的身份，经由中国来到日本。不久，晋升翻译官、书记官，在英国驻日公使总领事阿尔科克（Rutherford Alcock）和公使帕库斯（Harry Smith Parkes）的领导之下，极其活跃。1872 年，萨道义、弗雷得里克·迪金斯等人，在横滨成立日本亚洲学会，"日本学"学科就此呈现。直到 1895 年，成为驻日特命全权大使。

萨道义驻留日本长达 25 年。攘夷运动、倒幕运动、明治维新、甲午战争，耳闻目睹、身临其境。他的最大的功绩，是撰写明治新政府成立宣言的草案，以及向外国公使提供必要的书面材料。国家宣言居然交由外国人起草，明治政府的猎头，堪称非凡。

功夫不负有心人。初到日本，萨道义的日语水平一般。1864 年之前，这个名义上的翻译官，还得配备翻译。不料，半年之后，他就能够进行随行翻译、谈判，一口流利的日文，明显不带地方口音。著名的维新人士西乡隆盛、坂本龙马、高杉晋作、五代友厚、寺岛宗则、陆奥宗光、大隈重信、森有礼、后藤象二郎、吉井幸辅、胜海舟、岩仓具视等，先后与其交往，成为好友。

萩原延寿氏在长达 14 卷的著作《远崖：萨道义日记抄》写道："萨道义收集情报的本领，堪称一流。登陆不久，长州的兵力、武器等，都调查得清清楚楚。"25 岁的萨道义，在著作《英国策论》提出："需打倒德川幕府，在天皇和大名相结合的体制下统治日本。"又写道："只要能将武士阶级的制度摧毁，那么，外国人便可毫不费力地支配这个国家。"甚至指出，日本的下层阶级（老百姓），"奴性"很重，心底渴望着被支配，特别是被信奉强大的武力。一旦幕府的武家政治被推翻，老百姓自然顺从。

幕府势力也不是吃素的。先后派遣"别手组"，日夜护卫、暗中监视。不料，全部被神奇的萨道义，逐一策反，成为自己的朋友。1868 年，明治政府成立，佐野几之助等 16 名保镖，均被萨道义推荐，擢升皇室的外国人警卫队成员，先后携带礼物，特意登门道谢。

1900—1906 年，萨道义担任英国驻华公使，出席并代表英国签字《辛丑条约》，见证英国对华政策的调整和转折。1930 年，萨道义去世。

1939 年，遗著《日本的外交官》被英国政府允许出版，但是，个别章节或者全文删除或者调整。1960 年，坂田精一译成日语，改名《一名外交官眼中的明治维新》，在日本发行。一些敏感内容，比如德川家茂的死、孝明天皇的死，统统被删除。1984 年，英国学者戈尔·布思，出版《萨道义外交实践指南》，遂成为名作。

（四）雅各布·麦克尔

德川幕府时期，就有华族子弟，奔赴欧洲学习军事。明治初期，号称欧洲最强的法国陆军，应邀派遣军事顾问团前往日本训练军队。特别组建骑兵部队的时候，大量采用诺曼底地区混血的盎格鲁诺尔曼马，即是所谓的"东洋大马"。留学法国圣西尔军校的秋山好古，更是成为日军的"骑兵之父"。"二战"期间，日本陆军仍然烙有法国陆军的一些影子，擅长土木作业，比如修筑碉堡群、挖掘防守沟、设置铁丝网等。

普法战争（1870—1871 年）结束，法国战败。日本陆军转向学习普鲁士的军制和战术。1885 年，应日本政府的请求，普鲁士总参谋长冯·毛奇（Von Moltk），委派得意门生雅各布·麦克尔（Jacob Meckel）少校，出任教授和顾问，为期 3 年。

麦克尔引进普鲁士军事教育制度，构建军队的指挥结构，增加作战的机动性，强化后勤和运输能力，修建军事铁路，炮兵和工程部队独立编制。克劳塞维茨的军事理论、效忠普鲁士皇帝的做法，也被完整地引进和重新诠释。日本陆军的德国化，全面而完整。甚至包括指挥刀，也是仿效德国。明治天皇和伊藤博文等一些重臣，戎装的时候，都佩戴西洋式的指挥刀。

但是，德国军队特别强调意志、强调服从意识，讲究进攻协同、战术做法刻板，动辄采取人海冲锋的步兵战术，弊端明显。日俄战争（1904—1905年）期间，俄军武器数量多，且配备机关枪和马克沁重机枪，其中，马克沁重机枪的理论射速达到600发/分，是当时的先进武器。执意不让海军参战的日军陆军，采取老式的集团冲锋，导致伤亡惨重。

三、战争狂徒

政治斗争，最终由战争解决；战争的胜负，最终决定结局。明治政府成立之初，就确定军事立国的基本国策，提高军费开支，竭力扩充军备，训练作战队伍。

但是，明治天皇也很明白，任何国家、任何政权，都希望拥有训练有素、敢打能赢的军队；而在这前提之下，少数军人的血性和冲动，通常是被默许或者容忍的。

（一）山县有朋

1838年，山县有朋出生于长州藩下层武士家庭。早年参加"尊王攘夷"活动。1867年，德川幕府被推翻，率军戡平余党。1868年，在关系到讨幕维新运动成败的戊辰战争中，出任北道镇抚总督、兼讨伐会津越后口总督的参谋，亲自率军征战，先后攻占长冈、若松等战略要地，获得世代享禄600石的待遇。

明治维新，远赴欧洲英、法、德等国考察军事。归国后，历任兵部少辅、大辅、陆军大辅、陆军卿、参军、参谋本部长、内务大臣、农商大臣，成为军界独一无二的实力人物。

1872年，因为违法融资事件，山县有朋被迫辞职。2个月后，复官为陆军卿。高层认为，如果没有山县有朋，创建新式陆军的脚步就会放缓。之后，他一路飞黄腾达，晋升为陆军中将、近卫都督，成为缔造日本新式陆军的关键人物。

1872年，明治政府颁布征兵诏书，规定男子在17～40岁之间，有义务服3年现役，2年后备役（定期召训）、2年第二预备役（紧急时召）。同时颁布的太政官告谕，批判旧武士阶层"抗颜坐食"，必须打破武士身份特权，实现上下平等、人权齐一，实现兵农合一体制。这种观点，代表多数出身于下级武士的维新功臣们的共同想法。到1895年，日本拥有新式陆军22万人，被称为"皇军"。

在任期间，山县有朋主持制定《征兵令》，奏请颁布《军人训诫》《军人敕谕》，确立新兵制。1878年，发生竹桥骚乱事件。参加过西南战争的近卫炮兵队，对政府论功行赏迟缓、削减薪俸，深感不满，遂起骚乱。山县有朋认为，民权论已经渗透炮兵队。于是，炮制"军人敕谕"，强调勇敢、忠诚和服从天皇的旧有美德，反对民主和自由主义倾向。其中规定，军人应该"不为舆论所迷惑，不为政治所约束，恪守忠节本分乃军人之唯一正道"。1881年，政府废除陆海军刑律，代以陆军刑法和海军刑法。新法规定，"军人干预政治、上书议政、讲演或以文书形式作宣传者"，将被处以禁闭。

1885年，政府制定10年扩军计划。陆军学德国，海军学英国，成为建军方向。陆军少佐村田经芳，参考法国的夏斯波步枪和荷兰的比蒙步枪，设计出适合日本人体型的短杆步枪，并批量生产。16年之后的1905年，三八式步枪（俗称三八大盖）定型。一用就是40年，直到"二战"结束。

1886年8月1日，北洋海军提督丁汝昌，率领7000吨级、亚洲第一的巨型战舰"定远"，以及"镇远""济远""威远""超勇""扬威"军舰抵达长崎。码头上挤满了日本人，望着高高飘扬的龙旗，威风凛凛的巨舰，惊叹、羡慕和愤懑之情，溢于言表。

13日、15日，清朝水兵上岸后，与当地警民发生冲突，互有死伤。当时，北洋水师总教官、英国海军上校琅威理，建议舰队司令官丁汝昌，借势消灭实力弱小的日本海军主力，却被远在北京的李鸿章拒绝。

次年2月，双方达成协议。日本赔偿清朝伤亡官兵52500元，清朝支付日本15500元抚恤金。得知消息的日本民众，群情激昂、愤怒不已，纷纷要求政府宣布8月15日为"国耻日"。

1887年，山县有朋为了防止政治干预军事，建立参谋本部。辅佐天皇处理军务的最高机关首脑陆军卿，担任本部长，独立于政府太政官的权限之外。不久，亲任第一任参谋本部长，又以帝国宪法的形式，规定"天皇统帅陆海军"，政府、议会无权干预。如此，确立军令权的独立地位。

1889年，山县有朋作为军人政治家，继伊藤博文、黑田清隆之后，成为第三代，也是新建立的议会政体下的第一位首相。对内设法巩固天皇专制制度，颁布《帝国教育敕令》。1890年，抛出"主权线"和"利益线"理论。所谓主权线，即指日本必须守卫的国境线，同时也是日本的生命线。利益线与主权线有很大关联，如果利益线受到外国侵犯，则主权线也面临危险。当时的朝鲜，被认为就是利益线。为此，主张出兵朝鲜。

1891年7月1日，北洋舰队的"定远"舰再次访问日本。7月9日，天皇为了表示亲善，特以最高的规格接见。邓世昌旋即邀请日本朝野人士，参观7000吨级"定远"舰。军舰的铁甲之厚、炮火之强，诱发惊恐情绪。深受刺激的日本上层，停止争吵，迅速达成共识，掀起超速的建设高潮。

1892年，日本内阁公布建造10万吨军舰的计划，当即被通过。次年，明治天皇决定，连续6年从宫廷经费拨出30万元，再从文武百官的薪金中抽出10%，补充造船费用。民间踊跃捐赠。就连小孩子们玩投掷游戏，都把亚洲第一巨舰"定远"舰，当作藤圈瞄准的目标。一旦圈中，欢呼跳跃。

于是，资金充足、财大气粗的海军，遂向法国订购松岛和严岛，向英国订购千代田、吉野，自行建造高雄、秋津洲、三景舰、八重山等，总数达到55艘，大量安装新式大口径速射炮，取得压倒北洋水师的舰炮口径和射程优势。

1894年，甲午战争爆发时，山县有朋亲任第一军司令，率军入侵朝鲜。1896年，作为特使前往莫斯科，与俄国达成妥协，共同瓜分朝鲜半岛。1898年11月，山县有朋再次出任首相，晋升元帅。派兵加入八国联军，镇压中国义和团运动。

山县有朋通过政府章程，规定只有现役大将或中将，才能担任陆军和海军大臣，促使军队摆脱文官系统的控制。这是极其高明，也是危害极其严重的制度设计。通常情形之下，内阁成员必须包含陆军和海军大臣，但是，陆军和海军大臣必须由军方任命；如果内阁不符合军方的意图，就会通过陆军和海军大臣辞职的方式，迫使内阁倒台。

如此一来，日本形成军方凌驾在内阁之上的体制，军国主义就此定型。试想，一个小小的岛国，面对敢于冒险、能够成功的皇军，面对堆积如山的战利品，面对真金白银的赔偿，任何反对、任何怀疑、任何束缚，都会被淹没。这种结果决定动机的思维，就是日军动辄"以下犯上"的主要根源之一。

日俄战争期间，山县有朋任参谋总长兼兵站总督，是战争的总谋划者和指挥者之一。1909年，在伊藤博文遇刺身亡后，他成为日本事实上的独裁者。1922年，山县有朋病死，时年83岁。

山县有朋严厉、阴沉而专横，地位显要、权倾朝野，对日本军事发展贡献巨大。竭力镇压刚出现的社会劳工运动。特别是，他直接策划和指挥甲午战争、日俄战争，并取得胜利，使日本成为亚洲历史上第一个同时打败东方、西方大国的小国。

（二）乃木希典

曾用名源三郎、文藏，出生在长州藩。日本近代军事上，最具争议的著名人物。外号很多，包括"愚将""肉弹将军""杀人鬼""军神"等。

1868 年，追随山县有朋，参加戊辰战争。1871 年，遴选为天皇"亲兵"。1877 年，西南战争激战之际，少佐联队长乃木希典的部下被击溃，军旗被夺。按照惯例，这是极大的耻辱。乃木希典扬言自杀，被儿玉源太郎和山县有朋劝阻，申请天皇赦免。1886 年，赴欧洲留学。归国之后，历任近卫第 2 步兵旅旅长、驻名古屋第 5 旅旅长。呈请军部"肃军意见书"，按照德国陆军方式整顿，讲究军人的风纪和精神面貌，强调气质和风貌。1890 年春，因病退职，隐居田园。

1894 年，甲午战争爆发。乃木希典重返军界。入侵中国之前，他狂热地写道："肥马大刀尚未酬，皇恩空浴几春秋。斗瓢倾尽醉余梦，踏破支那四百州。" 10 月，带领先头部队在辽东半岛花园口登陆，攻打金州，占领大连湾炮台，旋即占领旅顺。乃木希典借口 15 个日军斥候兵（侦察兵），被清军酷刑处死，遂在下令屠杀 2 万多军民。一时间，旅顺成为人间地狱。

之后，北上占领复州，下令关闭城门，纵使部下搜刮抢掠、奸淫烧杀。次年 1 月，击破清军主力，攻占盖州。4 月后，晋升陆军中将，特封为男爵。1896 年 10 月，出任第 3 任台湾总督，大力推行"以台治台"策略。台湾人民的反抗日益激烈。日本军人和官员经常受到普通老百姓的零星袭击，日夜不安、恐惧不已。消息传到日本，乃木希典下课。

1904 年，日俄战争爆发。乃木希典第 4 次出征，补近卫师团长。后担任第三军司令官。出征的时候，竟然自备 3 口棺材，表示与 2 个儿子一起战死的决心。不久，长子阵亡。攻打旅顺的时候，他发现不妙，俄国已经花费 1100 万卢布巨资，修筑 40 多座堡垒和 70 多座炮台，形成严密的要塞防御体系。

6 月下旬，乃木希典向驻守旅顺的 3.3 万俄军，发起 3 次总攻，历时 150 日。为了显示陆军的武力和威风，乃木希典拒绝海军的炮火力支援，决意单干。源于明治时期的陆军和海军矛盾，彻底爆发出来。

俄军凭借德国制造的重炮、马克沁机枪，依托有利地势，居高临下、疯狂扫射。日本陆军采用人海、地道、夜袭战术，反复进攻。3500 名敢死队员，头绑白布、集体冲锋，均被扫灭。战死的，超过 5 万人。乃木希典的次子，也在其中。

激战之际，雪片一般的阵亡通知书，发回日本本土。乃木希典在东京的住所，经常被砖头和瓦片砸中，叫骂"杀人鬼"，声声不绝。战后，一部名为《肉弹》的文学名作，一时传开。

情形危急。明治天皇授意，乃木希典被架空，儿玉源太郎总参谋长秘密前往，亲自指挥。8天之后，攻克203高地。俄军败局已定，递交投降书。乃木希典成为胜利者，所写的诗歌，被选入小学生课本，又被谱成曲，广为流传。

日俄战争结束，乃木希典抛下数万日军的白骨，带着儿子们的骨灰回国。在天皇特意组织的凯旋祝捷大会上，乃木希典的第一句话，就是，"吾，乃杀乃兄、乃父之乃木是也！"前来欢迎的人群，突然安静下来，然后是哭声一片。复命之际，声称愿以死谢罪。反被47岁的天皇赦免，赐功一级，从二位，晋伯爵，并补军事参议官。晚年，出任东京学习院院长，负责培养皇室贵族子弟。

日俄战争之后，乃木希典荣立"军神"之列。1912年7月，明治天皇病死，乃木希典彻夜守灵。9月，天皇殡葬之日，疯狂的乃木希典与妻子，一起自杀殉葬。

军方闻讯，称其为人间模范、国之忠臣。旋即为他举行国葬、造神社、塑钢像。乃木希典的军旅生涯中，东山再起的频率，高达4次之多。幕后的推手，就是明治天皇。

(三) 东乡平八郎

号称"东方纳尔逊"，日本海军的偶像。风头超过"海军之父"、两度出任首相的山本权兵卫（1852—1933年）。

1848年，出生在鹿儿岛的平民家庭。1866年，身高只有1.59米，相貌一般、肌肉敦实的东乡平八郎，告别家乡，加入年轻的日本海军。1871年2月，派往英国留学深造。毕业之后，奉命在英国船厂督造日本海军订购的军舰。1880年，东乡平八郎驾驶"比睿"号巡洋舰，回到阔别8年的日本。那时，他的英语流利而不乏绅士派头，对于军舰的建造、驾驶和指挥，无所不精。次年，晋升海军少佐。1889年，晋升海军大佐。

1894年7月，日本军舰与北洋舰队相遇，不宣而战，突然发起攻击。东乡平八郎指挥的"浪速"号巡洋舰，收到间谍的电报，迅速逼近载有1100多名清军的"高升"号，勒令停驶。清兵拒绝。他旋即发动攻击，清军商船沉没，官兵纷纷落入海中。东乡平八郎下令射杀，700多名清军官兵全部殉难，血染大海。1895年4月，晋升海军少将，率领舰队护运陆军近卫师团入侵台湾。1898年，晋升海军中将。1900年，出任日本海军常备舰队司令官，率舰队参加了八国联军的侵华战争。

1904年，日俄战争爆发。56岁的海军大将东乡平八郎，奉命出击。直接提出"一门百发百中的大炮，胜过一百门百发一中的大炮"的口号。此时，俄国太平洋舰队拥有60余艘舰艇，共计19.2万吨。而日本海军有战舰约80艘，计26万多吨，俄军明显处于劣势。东乡平八郎不宣而战、先发制人，连续偷袭，击沉、击伤10多艘俄国战舰。随后，日本海陆军实施夹攻。1905年1月，俄军投降。

1905年5月，俄军增援旅顺的太平洋第二分舰队，抵达对马海峡。东乡平八郎乘坐的"三笠"号旗舰，高奏着海军军歌，桅杆上高悬"国家命运在此一战，全体官兵奋勇杀敌"条幅，率领舰队驶出镇海湾，扑向疲惫已久的俄军舰队。

经过激战，俄国38艘军舰当中，21艘被击沉、9艘被俘，损失总吨位高达20万吨，官兵死亡4830人，被俘6106人。联合舰队损失轻微。增援舰队的全军覆灭，迫使沙皇政府以昂贵的代价，达成停战协议。1913年，东乡平八郎获得海军元帅封号。1934年，晋封侯爵，旋即病死，终年86岁。

史载，对马海战胜利，东乡平八郎声誉日上。1941年12月7日，日本联合舰队司令、海军大将、身高同样是1.59米的山本五十六，偷袭珍珠港的时候，旗舰"大和号"悬挂的，正是东乡平八郎对马海战的那面军旗。

对马海战胜利之后，一艘美国军舰访问日本。欢迎宴会上，年轻的美国水兵切斯特·威廉·尼米兹，特意上前敬酒。40年之后，也是这个尼米兹，当时的美国太平洋舰队司令，统率史无前例的庞大舰队，停靠在东京湾，参加日本投降仪式。

列入"军神"的乃木希典、东乡平八郎，均以不惜代价、屠杀无辜而出名，都是极端狂热的沙文主义和军国主义者，效忠皇权的死硬派。近乎变态、毫无人性的滥杀，却成为表达忠诚、炫耀武力和鼓舞士气的经典方式。至此，日本军队相信，只要打赢，任何方法都是合理的。特别是，胆大妄为、以下犯上，遂成惯例。

1894—1945年，军神的榜样、力量及其作风，灭绝人性、惨无人道，给中国（包括台湾、香港地区）、朝鲜、苏联、英国、法国、美国、印度、菲律宾、越南、新加坡、马来西亚等国家，不断制造惨重的战争创伤和人间地狱。

四、财阀作坊

日本的财阀，19世纪中期出现并形成，系指与封建家族关系紧密的金融资本集团。明治维新时期，殖产兴业的国策，使得一批实业家脱颖而出，顿成时代的风景。

《作坊里的日本人》提及，日本人有"心灵紧闭"，但是"眼观八方"的特征。出门便是深深的海洋，进门又是资源贫乏的现实，都使他们始终充满生存危机感。所以，他们非常注重，乃至模仿先进。弱小的时候，谦卑地点头哈腰，然后默默地回到作坊里，加班加点、反复琢磨。如此，往往出其不意地创造神话。

（一）涩泽荣一

1840年，埼玉县富农地主家庭出身。自幼学习汉学与习剑。1867年，出访法国巴黎举办的万国博览会，后在欧洲游历。当时欧洲的产业发展和经济制度，给他留下深刻印象。1869年，受明治新政府之聘，在大藏省任职，曾升任大藏大臣，直接参与、酝酿和制定新政府的货币制度改革、废藩置县、发行公债等重大政策。

1873年，33岁的涩泽荣一，担任主管国家预算的大藏少辅。不久，弃官从商。7月，涩泽荣一发明创造"银行"一词，创办日本第一国立银行。三井、小野家族共同出资，主要从事发行纸币和经营政府财政收支。1896年，成为普通商业银行，称为第一银行股份公司。1912年以后，与第二十银行合并，兼并北海银行，吞并古河银行，又与三井银行合并，改名为帝国银行，后又兼并第十五银行，成为日本最大的银行。1948年，第一银行另立门户。1971年，与日本劝业银行合并，即第一劝业银行。1980年，资产额居世界大银行第10位。1986年，跃居第一位。

涩泽荣一说服三井、小野等家族共同出资，创办王子制纸会社，帮助森有礼创办商法讲习所，发起创立东京海上保险公司等等。1880年以后，涩泽荣一进入事业的鼎盛期，足迹涉及海运、造船、铁路、纺织、啤酒、化学肥料、矿山等。

当时，日本"第一财阀"、岩崎弥太郎的三菱集团，独霸海运行业。1880年，涩泽荣一创立东京风帆船公司，与之展开激烈的竞争。岩崎弥太郎为了获取利润，不择手段，经营风格独断专行。而涩泽荣一不同，主张义利合一，推崇股份制。1885年，50岁的岩崎弥太郎猝死。遂合并为日本邮船会社。1893年，改制为株式会社（NYK）。1949年、1950年，在东京、大阪、名古屋、札幌等证券交易所上市。

实业教育也是涩泽荣一的重点领域。经过多方奔走，原来的商法讲习所，被改建为国立东京商业学校（一桥大学的前身）。又创立东京女学馆，后成立日本女子大学。

1916年，宣布退出实业界。一生创办500多家企业，遍及金融、铁道、海运、矿山、纺织、钢铁、造船、机电、保险、建筑等领域，堪称日本近代的"实业之父"。

晚年，涩泽荣一专注于慈善事业和研究《论语》，积极宣传"经济道德合一论"。主张"义利合一"，要"一手抓《论语》，一手抓算盘"，而且要"把算盘的基础，置于《论语》之上"。同时强调，"孔子之教与富是一致的，为富不仁是不对的；实行仁义，才能得到真富"。至于"仁义"，涩泽荣一认为，就是要把国家利益放在首位，"我的事业是喻义，不喻利。国家必需的事业，就把获利放在第二位；在道义上应该兴办的事业，就干起来。手攥着股票，面对实际，谋取利益，把事业经营下去"，即是著名的"士魂商才"。这些言论，形象地展示了日本的经营之道，也就是儒家伦理和商业经营相辅相成，影响很大、意义深远。

1931年11月，91岁高龄的涩泽荣一，淡然辞世。仅有十分简朴的衣物和生活用品。3万多人参加葬礼。涩泽荣一的一生，是为日本资本主义发展而呕心沥血的一生，被誉为日本的"实业之父""近代工业之父"和"资本主义之父"。

（二）岩崎弥太郎

1834年，岩崎弥太郎出生于没落失势的武士家庭，备受歧视和冷遇。后受父亲牵连，入狱一年。获得自由之后，士族专有的姓与佩刀，都被剥夺，活动范围受到限制。后获得乡士身份。1864年，完成拦河造田工程，粮棉丰收。政局变动，被控制高知政权的后藤象二郎赏识，成为长崎土佐商会的负责人。

明治维新初期，藩营事业被废止。岩崎弥太郎眼疾手快，获得藩船"红叶""夕颜""鹤"的使用权，开始经营海上运输业。三片帆叶，成为三菱的标志，沿用至今。

当时，日本各地是以大米缴纳租税。旧式的和船，很容易沉船与浸水。1870年，涩泽荣一正在大藏省工作，顶头上司先后是伊藤博文、井上馨。于是，涩泽荣一与三井公司协商，成立官民联营的邮政蒸汽船运公司，以15年分期付款的方式，一举买下大藏省16艘船只。岩崎弥太郎哀叹："……大藏省庇护的日本邮政会社……假政府的威望，其势锐不可当……"1873年，上层争斗，井上馨被迫辞职。涩泽荣一跟着辞职，随即创办第一国立银行。1873年3月,三菱商会成立。10月,大隈重信出任大藏大臣。11月,大久保利通被任命为内阁大臣。与之关系密切的岩崎弥太郎,时来运转、咸鱼翻身。

1874年,日本侵略台湾。岩崎弥太郎找到大久保利通,请求承揽军需输送。大久保利通同意出资771万日元,采购13艘汽船,交与三菱运营。不久,政府以22.5万日元买下邮政蒸汽公司的18艘船,连同政府的13艘,全部交给三菱商会。1875年9月,更是发布命令,每年补贴三菱25万日元。

1877年,西南战争爆发。事关重大,情形危急。大久保利通、大隈重信连夜商量,决定以15年分期贷款偿还的方式,借给岩崎弥太郎345万日元资金,再购买10艘船,全面协助军事运输。如果打赢,就将全数白送。8个月期间,政府船运费用高达1300万日元,相当于战争总费用30%,都被三菱赚到手里。

战后,三菱商会共拥有61艘汽船,吨位高达35464吨,占日本全国汽船总吨数的73%,一跃成为海上霸王。再以汽船为中心,扩大到汇兑业、海上保险业、仓储业等。凡是进行押汇的货物,都由三菱的船只负责运送、保险、存储。日进斗金、蒸蒸日上。

许多小汽船公司被三菱商会挤垮,纷纷破产。对于昔日的老对手三井,岩崎弥太郎拒绝出租;三井物产提出高价租赁,也是不行。

涩泽荣一与三井物产公司的董事长益田孝,决定反击。1880年,他们充分发挥股份的优势,纠集敌视三菱的地方船只、批发商、货主,成立东京风帆船会社,投入资金36.6万元。海军大佐远武秀行,担任董事长。涩泽荣一的堂弟涩泽喜作,担任总经理。

岩崎弥太郎闻讯,迅速召集会议寻求对策,迅速实施猎头。首先,三菱公司着手离间。一些地方实力派和富户,被劝告不要投资东京风帆船,转向三菱,组织新的物产公司。其次,通过媒介制造舆论,谣言四起、鱼目混珠,猛烈攻击涩泽荣一、三井。发行量很大的《团团珍闻》《近事评论》先后被收买。再次,秘密收购涩泽荣一与三井合股公司的股票,推进迅速、顺利得手,涩泽喜作被迫辞职。最后,岩崎弥太郎对涩泽荣一创办的商法讲习所(一桥大学)施加压力,动员东京府会任职的议员,议决商法讲习所停止授课。

攻势凌厉、招招致命。涩泽荣一和三井,被打得一塌糊涂、经营惨淡。但是,涩泽荣一的号召力和影响力依旧存在,并未彻底垮台。1878年,大久保利通被刺杀。大隈重信继任,后于1881年被迫下野。农商大臣西乡从道，公开辱骂三菱是"国贼"，趁火打劫、一夜暴富。三井支持的井上馨、伊藤博文，执掌政权。大隈重信组织改进党，与政府抗衡，形成"长州藩阀政府加三井财阀"联盟，对抗"大隈重信的改进党加三菱"联盟的纷争局面。

姜，还是老的辣。涩泽荣一指使心腹田日卯吉，在《东京经济杂志》发表《论三菱公司的补助金》。明治当局担心，大隈重信、三菱的联盟，已经构成颠覆威胁。1882年，旨在打垮三菱公司，规模空前的共同运输公司成立。政府投资260万日元，三井及民间游资投入340万元，创业资本总计600万日元。

1883年1月，共同运输公司并购东京风帆船会社，又向英国订购最新式的船只，航线与三菱一样。日本航运史上，著名的"大角力"就此起跑。《东京日报》兴奋地说："……两家公司一起由神户出航之后，为了抢先到达目的地，船员与船长都绑上（白色的）头巾，不计成本，拼命将煤炭铲入火炉中……在海上进行马拉松赛跑。到达纪州藩的时候，火炉内的火力，把烟囱烧得赤红……遥遥望去，好像看到两只火龙……"紧跟速度比赛的，就是价格。双方不惜把船费，降到成本价，甚至以下。

岩崎弥太郎裁撤冗员、削减开支，摆出持久对抗的姿态。商战趋于白刃化。1884年，三菱汽船的每吨平均收入为100元，共同公司是50元。岩崎弥太郎从政府租借工部省长崎造船局，命名为长崎造船所，此后发展为三菱造船株式会社。不仅如此，岩崎弥太郎通过股市，收购50%以上的共同公司股权。自由民权运动愈演愈烈，经济持续低迷，政界开始干预三菱与共同公司的恶性竞争。12月15日，政府出面，订立两家公司船只出发时间、速度的规定。

1885年2月5日，三菱与共同公司，终于在运费、出发时刻、承包人、船员雇佣等方面达成临时协定。2天后，岩崎弥太郎去世。

弟弟岩崎弥之助继任，旋即指示："社长丧期，为免忽略事业，各人须更加小心谨慎。"所有船只，不再降旗致哀。

悲痛之际，岩崎弥之助撕毁临时协定，重开战端。每吨7块7毛钱的运费，竟然降到2毛5分。不久，《东京日报》的记者报道说："（三菱）几乎完全免费，又附赠一条毛巾。"共同公司发生分裂，主张合并的股东，在表决的时候，大获全胜。

1885年10月1日，两家公司合并成立日本邮船公司。共同公司出资600万，三菱公司出资500万，成为日本最大的公司。岩崎弥之助通过间接购买股票，成为实际的控制人。

简言之，岩崎弥太郎去世，不是终结。三菱的传奇，延续至今。相比涩泽荣一，他既无留学海外的硬性指标，又无政府高官的显赫履历，还是污点商人（系指入狱）。伴随政府高官们的起伏，却能够历经20多年的风风雨雨，甚至与官商合营的公司对抗，确有超强的生命力。表面的商战，永远无法掩盖海归与本土高端人才，或明或暗的实质较量。

至于搜罗、培育、管理高端人才领域，岩崎弥太郎确有超凡之处，主要表现在3个方面。

一是国家意识与家族经营的强劲粘合。日本地小人多，资源有限。大型公司若不以国家利益至上，不与政府合作，轻则破产，重则抄家。这是历史的普适规则。

《三菱财阀史》指出，三菱是在明治维新时期白手起家的。资本原始积累的最大特点是：除了一般手段以外，还高举振兴民族海运业的旗帜，以政府的特权保护和海运独占地位为杠杆，一举扩大了企业的规模和资本的积累。

事实上，这些愤青的国家意识，既是做强做大的旗帜，也是老谋深算的策略。此等远见，三井、住友、安田财团等财阀是无法比拟的。

比如，1875年，美国和加拿大合营的太平洋邮船公司，提出"开拓日本沿海运输，使之更趋隆盛，然未开化人民，不宜兴起如此基业，政府亦无法有所助益，因此，请暂由本公司来负责"。顿时，激怒日本的政商界。明治政府不肯妥协。岩崎弥太郎主动请缨，忧愤地说："从我国与外国展开邦交以来，外人一直甚为轻视我们。其中，美国邮船公司在我国内地通航，实在是国人的奇耻大辱，同时，也侵占国人的权利，我奉命开办上海这一条航线，必须使该美国公司倒闭，我们才可扬眉吐气，航运之权始可复得，所以，希望大家夙夜匪懈，方能制胜。"此后，受到日本政府大力支援的岩崎弥太郎，不断降价，最终迫使太平洋邮船公司黯然退出。

这次竞争，其实还有一个胜利者。这就是中国。中日海运航线频繁往来、费用低廉。甲午战败之后，清朝准备大批派遣留学生，救亡图存。朝廷重臣张之洞提出，留学日本的"同种、同文、同教"，确是其他国家不能比拟的优势。于是，一批又一批的青年，坐上日本的海船，前往日本留学，目标却是打败日本。

又如，1876年，岩崎弥太郎遇到劲敌英国P.O汽船公司。后者不仅拥有"香港—上海—横滨"的航线，也在"东京—阪神（即大阪、神户）"航运中，与大阪的22个货运公司订立契约，掌握了货物运输权。这些航线，曾经都是三菱的摇钱树。岩崎弥太郎提议，与弟弟岩崎弥之助薪金减半,其他高层减少30%。弟弟随即提出,可从大藏省借来资金创办押汇金融。凡是委托三菱运送货物的人,都可在三菱借到资金。妙计一出,一直与P.O汽船合作的货主们,纷纷投入了三菱的怀抱。

明治时代的家族企业,强调忠诚,强调控股。岩崎弥太郎如此要求员工们。属下直系公司的经理及重要职员,均由岩崎弥太郎的家人充任。家族以外的经营人员,作为"代理人"和"经理人",被置于与本家族身份不同的地位。

二是家族发展与选育人才的紧密同步。岩崎弥太郎非常重视培养人才,尤其喜欢有学之士。在土佐藩的低级武士中,发现锋芒锐利、机敏果决的石川七财。川田小一郎,一个村长的儿子,出身于土佐藩贫穷的乡下,由于思考周密,踏实魄力,也受到重用。但是,他绝对不用自我意识强烈的人。因为,决策的事情,只需要岩崎弥太郎本人即可。这种独裁式的管理,显然具有封建与资本交互的时代色彩。

对此,岩崎弥太郎的劲敌,涩泽荣一深情地说道:"三菱的第一代岩崎弥太郎,反对由多数人共同出资经营事业……人多,意见就多,工作成绩也定然不明显……最好的事业型态,应由一个人负责经营……他积极网罗人才,任用许多饱学之士,我想,这是弥太郎录用人才的一大特征。"岩崎弥太郎死后,涩泽荣一始终对三菱公司,关照有加,甚至还出任社外重役(独立董事)。

至于三菱的家族传承,独步天下。相比涩泽荣一,生前有许多妻妾。孩子不少,鲜有名士。专横、霸道的岩崎弥太郎,很有远见,也很强势。对于弟弟、子女,却是不同,不是放养,而是精作,还是堪称婚恋猎头的高手。

弟弟岩崎弥之助,1873年3月到美国留学,在兑换美元的报告上,写的是8000日元。文部省"一看到此项金额,皆表惊愕"。岩崎弥之助留学回来,立刻进入三菱商会,担任副社长,辅助岩崎弥太郎。与日本明治维新的元勋、太政官参议兼左院议长后藤象二郎的长女早苗结婚。

侄子丰川良平,慎重、能干,出任三菱银行的董事长。丰川良平在财经界很活跃,与许多政治家关系密切。1895年的经济大恐慌,三菱银行依然稳定,并迅速摆脱困扰。

儿子岩崎久弥,很早就被送到美国去留学。岩崎弥太郎死后,忠心耿耿的岩崎弥之助,旋即将岩崎家在三菱中所拥有的权益,全数划归岩崎久弥的名下,并以哥哥岩崎弥太郎家为本家,岩崎弥之助为分支。分支的权益,约占本家的25%。1893年12月,岩崎弥之助辞去三菱社长职务,将公司交给哥哥岩崎弥太郎的儿子岩崎久弥。

女婿们也是景象万千。4个女婿，出了2个首相。加藤高明（1860—1926年），出任第24任首相（1924年）。币原喜重郎（1872—1951年），也是第44任首相（1945—1951年）。

三是理性管理与政治投机的进退掌控。每天早上，岩崎弥太郎都到公司去督促职员，若发现有人怠慢，立刻就加以严声叱责。对于工作积极的上进者，"支出数倍于薪水的奖金"。《三菱重工社史》记载，"公司与从业员的关系就如同唇与齿、车与轮，利害始终一致，共存共荣，必须信赏必罚。罚要峻，赏要厚，随机应变则富人情味。"三菱公司制定日本最早的公司规则，而且很严明。比如，"凡有成规之事及定例，金额出纳，允许自主行事；无成规之事或新的设施，规定临时出入的金额。未受社长许可，不可独断行事。若违犯公司规则或怠忽职守，管事要对社长负连带责任，公司的业绩好坏，亦属分内之责。"其后，规章制度日趋健全，"公司职务章程""总则""文书制度""接客制度""薪水及旅费制度"等，都是世界一流的。

如前所述，1870年8月，格洛佛正式向英国领事法庭申请破产，负债总额50万美元。岩崎弥太郎筹资收购商社及庄园。1874年9月，格洛佛出让高岛煤矿的股权，后藤象二郎独立运营，亏损严重。福泽谕吉出面斡旋。1881年3月，岩崎弥太郎买下高岛煤矿。未几，反而与吉冈矿山，成为三菱的摇钱树。

1880年4月，资本投资额达100万日元的三菱汇兑所正式开张。次年，岩崎弥太郎又在福泽谕吉的建议下，创立日本第一家人寿保险公司，即明治人寿。后又开办东京—大阪之间的押汇金融业务。此后，在这些公司的基础上，组建三菱银行。

岩崎弥太郎、岩崎弥之助兄弟，都是本土出身的超级富豪。家族的主要特点就是崇尚侠义、重视情感。在三菱发展壮大的过程中，与之相熟的一些政客、商人、武士，出现资金不足、经营不善的时候，多次挺身而出、援手相救。特别是封建家长制的管理，虽然在近代日本显得有些另类，甚至怪异；但是，三菱的人才辈出、薪火相传，却是不争的事实。

（三）安田善次郎

1838年，安田善次郎生于富山藩的下级藩士家庭。17岁，前往江户（今东京），给一家官员做仆人。26岁，在日本桥交换商店开设"安田屋"，开始经营钱币兑换。1876年，参加创立第三国立银行，1880年设立安田银行（今富士银行）。1882年，就任日本银行理事，同时进入保险业。1897年经济危机后，安田银行、第一银行、三井银行成为日本一流的大银行。晚年，捐献东京大学安田讲堂、日比谷公堂。1921年，被刺杀，时年83岁。

1945年，安田银行存款额高达139亿日元，居日本同行业之首。"二战"之后，更名为富士银行。日本人称富士山为芙蓉之峰，所以富士集团又称芙蓉集团。称雄世界的富士、日立、日产……曾经，至今都是日本经济腾飞的重要支柱。这些，都是与第一代创始人安田善次郎，稳健发展、扎实经营的作风，密不可分。

（四）小次郎政友

住友集团，号称日本最古老的企业集团之一，拥有400多年的历史。祖先分为家祖（住友小次郎政友）与业祖（苏我理右卫门）。

1585年，小次郎政友出生。父亲是地方大名的家臣。12岁时，小次郎政友遁入空门。改名富士屋嘉休。一个偶然的机会，学会先进的铜冶炼技术。随后，成立机械制造所，专门制造和维修冶铜的机械设备，即为住友重工机械公司的前身。

1691年，住友家族开发别子铜山，是江户时代铜产量最高的铜矿。明治维新时期，在政府的支持下，引进外国的技术和机械，生产能力得到大幅飞跃。直到1973年，别子铜山关闭。

200多年间，机械工业、石炭工业、电线制造业、林业等关联事业得以开展。后又以生产工艺的副产品硫酸气作为原料，开始生产肥料，成为住友化学公司的起源。为了筹措资金加以运用，设立银行，为了供应电力设立发电厂……进而扩展到炼钢、玻璃、水泥、电线、电机、通信、铝、建设、保险等行业。

此后，住友集团不断发展壮大，终崛起成为现代化的大型跨国企业集团。与三菱集团、三井集团，同为日本最大的财阀。成员包括：三井住友银行、住友信托银行、住友生命、三井住友海上火灾保险、住友商事、住友金属、住友轻金属、住友重机械、住友电气工业、NEC、住友化学、住友电木、日本板硝子、住友金属矿山、住友石炭矿业、住友林业、住友仓库、住友不动产、三井住友建设、住友大阪水泥等20家核心企业。除此之外，还有众多数不清的、属于住友系统的企业，以石油化工、钢铁、有色金属、精细化工等行业为重心，同时经营海洋开发和核能。

小次郎政友行商，本身就有僧人的身份。但是，小次郎政友反复强调，凡事务求根本，绝不可以只一味追求便宜，而从事安逸的买卖。住友精神由此奠定。所谓不可追逐浮利，就是对那些只为赚钱，不择手段的做法提出的警讯。举凡从事违反国益、公益，乃至社会的商业行为，无论会获利多少，都不可放手去做。因为追求浮利的结果，终将受到社会的反扑。此外，小次郎政友热衷公益事业，出售低价的书籍，资助穷困读书人出版著述，成为家族立业的突出特色。

（五）三井高俊

创始人三井高俊先是开办当铺和酿酒业，后到东京开办和服装经销店，兼营钱庄，成为幕府倚重的特权商人。

倒幕运动之际，三井家族大力资助天皇，借款给政府，用于支付军饷。明治政权获胜，三井获得丰厚的回报，专门掌管政府资金，负责官银出纳和汇兑，获得货币发行的垄断特权。

1876年，三井家族以掌握官银为基础，开办三井银行。这是日本的第一家私人银行。接着，开办三井物产，从政府手中廉价购得一批工矿企业，主要生产军需品，成为日本扩军备战和战时军事供应的支柱。1910年，三井控股（集团）成立。业务饱满、规模庞大，成为当时最大的垄断资本集团。

五、文化启蒙

明治时期，一些重要的政治、科技、民权、文化和医学名人，先后登上日元钞票。比如，启蒙思想家福泽谕吉（10000元）、教育家新渡户稻造（5000元）、小说家樋口一叶（5000元）、政治家伊藤博文（1000元）、细菌学家野口英世（1000元）、作家夏目漱石（1000元）、使节团岩仓具视（500元）、民权运动家板垣退助（50元）等。

（一）福泽谕吉

福泽谕吉是明治时期著名的启蒙思想家、杰出的教育家。被日本称为"近代文明之父""近代教育之父""明治时期教育的伟大功臣""放眼看世界第一人""近代第一位军国主义理论家"等。

1835年，出生在低级士族的多子女家庭。1岁的时候，父亲去世，生活由此变得十分贫苦。青年时四处求学，颠沛流离、饱经风霜。1860年，随日本军舰"咸临号"游历旧金山、夏威夷等地。回国时，福泽谕吉两手空空、仅仅携带一部《韦伯斯特大辞典》而已。日后，这却成了福泽谕吉的一部重要的译著。

1861年，福泽谕吉作为译员，随同幕府使节到欧洲旅行。赴欧期间，他对于社会经济各种问题，诸如医院的经营、银行的业务、邮政、征兵法规、政党、舆论或选举等问题，都能做比较深入的了解，并作详尽的笔录。这次幕府派遣使节访欧，并没有什么收获，回国之后，他根据这些笔记资料，参考原书，撰写了《西洋事情初编》（1866年）。这部书好比一座警钟，敲醒了民众的蒙聩，启迪了无知的社会对先进文明国家的认识，甚至深刻地影响了维新政府的政策。这部《西洋事情》共10卷，发行部数有25万之多。当时的忧国爱民人士，几乎人手一部，把它当作金科玉律一般看待。

1867年，福泽谕吉随从幕府的军舰采购委员，再度赴美，考察了美国东部各州的都市。前后三次的国外旅行，使他深悉日本的国际地位，并痛斥幕府的压制政策、陈腐的门阀制度。从此，他致力于从事教学和译著工作，积极倡导西学，培育英才。1868年4月，他创办庆应义塾，开始了为之一生奋斗的教育事业。他曾经说道："从前拿破仑称霸于欧陆时，荷兰国的命运，有如风前的残烛，岌岌可危，不只自己的本国，连印度地方的属地都被占据，没有一个地方可容它升扬国旗。但是，在这世界上，还留着仅有的一个地方，那就是日本长崎的出岛。出岛是多年来荷兰人在日本居留的地方。欧洲的兵乱，影响不到日本。悬挂在出岛的荷兰国旗，常在百尺竿头迎风飘扬，象征着荷兰王国从没有沦亡过。这是荷兰人一向引以为自豪的。我所举办的庆应义塾（日本庆应大学的前身），提倡日本的西学，正如荷兰的出岛一样，从没有因为世间的任何骚动或变乱，而断绝过西学的命脉！我们的庆应义塾没有停歇过一天。只要这所学塾存在一天，日本就是世界的文明国家！"

福泽谕吉经常比喻自己，是一只忠心耿耿的"雁奴"。雁夜宿于江湖沙渚之中，动辄有千百只聚集在一起。其中，较大的，安居在群的中央；较小的，在外围司掌警戒工作，防御狐或猎人的偷袭，及时鸣叫报警。这就是人们所说的"雁奴"。在他看来，真正优秀的学者，必须是思想的先锋官、国家的报警器、时势的晴雨表，遂自比日本的"雁奴"，引以为傲。

福泽谕吉一生，著述极多，且都十分畅销。1875—1885年，福泽谕吉完成了两部著名的代表作：《文明论概略》和《脱亚论》。福泽谕吉提出"向文明进军"，"日本人当前的唯一任务就是保卫国体"的命题。福泽谕吉始终坚持"脱亚入欧"的理论。他的这些思想和言论，深深影响了整整一代日本人。

此外，他的译著有60余部（110多册），涉及政治经济、军事外交、历史地理、制度风俗等，天文、物理、化学，或是儿童读物、习字范本、修养丛书等，甚至簿记法、兵器操作法或攻城野战法等，都包括在内，范围之广，犹如百科全书。

　　日本维新政府曾经想借助他的学识和名气，再三邀请他出任政府职位。然而，他淡泊名利、置若罔闻。有时，为表扬他毕生的丰功伟业，常有颁赠学位、勋章或爵位的倡议。他设法婉辞。1900年，日本朝廷特旨嘉奖，并赏金币5万元。福泽谕吉把这笔款项，悉数转赠给庆应义塾，充作基金。

　　然而，他却是一个极端狂热的日本民族主义者。1894年11月，日军攻占金州、大连。21日，攻陷旅顺时，实施了惨无人道的"旅顺大屠杀"。福泽谕吉竟然"狂喜"，不仅带领学生游行，而且在到达日本皇宫时，高呼"万岁"。日本侵略中国的甲午战争，福泽谕吉称之为"文明与野蛮之战"，视日方获胜为"文明日本对野蛮中国"的胜利，并为此，鼓吹要将中国"包括到我（日本）文明圈之中"。当台湾因《马关条约》被割让给日本时，福泽谕吉发表《台湾永久化的方针》，叫嚣"对无知蒙昧之蛮党当尽逐放于境外，殖民地上的一切权力应掌握于日本之手，举其全土断然实行日本化之方针"。1878年，福泽谕吉发表主张武力对外扩张的《通俗国权论》。

　　1881年，福泽谕吉发表《时事小言》，把对外扩张的抽象主张，矛头一变、直指中国。他敏锐而深刻地分析道："中国人若不引进蒸汽电信之类文明利器，则会亡国；而引进之，则政府被颠覆。二者，难免其一。"1883年，福泽谕吉为《时事新报》撰写和连载的社论《外交论》中，指出当时国际关系是禽兽相斗相食的关系。文明国为"食者"，半开化国、野蛮国为"被食者"。日本国的外交只有两条路：或者加入"食者"行列，觅食"不文明国"之"良饵"；或者与半开化国野蛮国为伍，被"文明国"所吞食。日本必须选择前一条路，成为"亚洲东陲一新的西洋国"。

　　特别是，福泽谕吉竭力鼓吹民族沙文主义、尽忠报国的皇权主义思想，屡屡放言"我帝室乃收揽日本人民精神的中心""日本国民道德标准，以报国尽忠最为适合""四千万臣民悉为帝室赤子，日本全国之富即是帝室财产"等。

　　1901年2月3日，福泽谕吉脑溢血症复发、与世长辞，享年68岁。噩耗传及，全国上下犹如惊梦、悲痛不已。几乎所有的报纸杂志，都在头版报道，惋惜哀悼。日本众议院，破例发布官方悼词，使之备享哀荣。

　　诚然，福泽谕吉有着渊博的知识、过人的眼光、非凡的胆识，思想与行动完美结合，但也是主张残暴和兽性、狂热鼓吹军国主义的疯子。当年，正在忙于战备和扩张的明治政府，与福泽谕吉，有着心照不宣的呼应，也是交互利用的默契。

（二）夏目漱石

1867年，夏目漱石生于东京。家境没落，辗转多年。1890年，入读东京帝国大学文科大学（现名东京大学文学部）的英文科，先后接触英国文学。后到几所中学任教。1899年4月，在《杜鹃》杂志发表《英国文人与新闻杂志》，后又发表《评小说》。才华始现，一发不可收拾。

1900年，奉教育部之命，前往英国留学。3年之后，返回日本，升任教授。1905年，发表短篇小说《我是猫》，备受好评，一再连载。进入日本文学史的"黄金10年创作期"。

一生著述极多。兼有汉语文学、英国文学的双重知识背景。他的无定的文学概念、非历史主义的文学观，都具有巨大的现实意义。当时，享有盛名、家喻户晓。

也为中国读者熟知。《鲁迅全集·现代日本小说集》收录两篇小品文，即《挂幅》和《克莱喀先生》。附录中写道："夏目的著作以想象丰富，文词精美见称。早年所作，登在俳谐杂志《子规》上的《哥儿》《我是猫》诸篇，轻快洒脱，富于机智，是明治文坛上的新江户艺术的主流，当世无与匹者。"

1916年12月，病逝。葬于杂司谷墓地。死后，器官捐赠给东京帝国大学的医学部，大脑保存在东京大学。

（三）野口英世

1876年，野口英世生于贫苦的农民家庭。童年的时候，不慎跌入地炉，左手烧伤致残。后进入私立医学院，获得行医证书。1900年，到美国宾夕法尼亚大学研究蛇毒。1904年，又到洛克菲勒研究所，从事螺旋体研究。在研究血清学、小儿麻痹、狂犬病，防治梅毒等方面，都取得显著的成绩，研究成果驰名世界。

野口英世著有《蛇毒》《梅毒的实验诊断》等，也是最先从因患梅毒而出现麻痹症状的患者的中枢神经系统，分离出梅毒病原体的科学家。主要贡献包括：完善瓦色曼氏反应的技术和理论；改进检验梅毒的瓦色曼式皮肤试验，培养奥罗亚热的病原体；通过在试管中培育微生物的方法，成功地培养梅毒螺旋体；研究过脊髓灰质炎、沙眼，以及黄热病疫苗和抗血清；等等。

1927年，再次赴非洲继续研究黄热病的时候，不幸感染。次年，在黄金海岸（今加纳）阿克拉病逝。1929 年，约翰·霍普金斯大学建立医学讲席，乃以野口英世命名，以示纪念。

身残志坚、一生奋斗的野口英世，被誉为"日本的国宝""世界的至宝"。1980 年，日本著名作家渡边淳一，撰写的野口英世传记《遥远的落日》，荣获日本第 14 届"吉川英治文学奖"。

（四）新渡户稻造

新渡户稻造是国际政治活动家、农学家、教育家。先后留美、留德。1899 年出版的《武士道：日本人的精神》（又译《武士道》），是新渡户稻造的英文名著。大量引用西方的历史和文学典故，方便外国读者阅读和理解。一时轰动。1900—1905 年，日本版先后 10 次增订印刷。

新渡户稻造说道："武士道类似西方的骑士道，是高尚的道德，切腹与复仇并非野蛮，武士参透死亡，先能不要自己的命，才能要他人的命……武士道正如它的象征樱花一样，是日本固有的东西。"但是，武士道精神，具有虚伪、偏执、残忍的实质。因此，"看来武士道的日子已经屈指可数了……社会状况，已变化到反对甚至敌视武士道的今天，我们应为武士道准备好荣耀的葬礼……男子汉与英雄的旧时代结束了，诡辩家和政客的新时代开始了"。

1919 年，新渡户稻造出任国际联盟事务局次长，长达 7 年的任期，被称为"国际联盟的明星"。

1932 年 10 月，李顿调查团发布报告，不承认"柳条湖事件"、"九一八"事变是关东军的自卫行动，也不承认满洲国是满洲住民的自发行动；但是，确认支持日本在东北的既得权益，认为中国人争取国权复归和抵制日货不合法，建议"将满洲置于国际管理之下"。日本通告退出国联。

新渡户稻造公开发表言论，严厉指出，"灭亡我国的，将是共产党和军阀"。军部和右翼势力，旋即激烈反驳与打压，甚至制定暗杀计划。狂热的军国主义，失势的民主运动，使得新渡户稻造的朋友、弟子们，相继远离。

危急之际，继任明治天皇的大正天皇，却是比较开明。为此，多次公开召见，以示保护之意。1933 年，参加太平洋会议之后，其病逝在温哥华，时年 71 岁。

（五）板垣退助

板垣退助是日本第一个政党自由党的创立者。明治维新的功臣之一。以自由民权运动主导者的身份而著名，以"庶民派"的政治家身份而拥有绝大多数国民的压倒性支持。1882 年，在岐阜演说的时候，遭人刺杀。1884 年，自由党宣布解散。板垣退助带来的，在下层社会流传的"板垣公救世"，顿成神话。1919 年去世，留有"板垣虽死，自由不灭"的名言。

戴季陶在《日本论》专设一章介绍道："……他拿起当时刚译起的半部《民约论》，猛烈地主张自由民权。这一个运动，的确是日本一切政治改革社会改革的最大动力。并且当时他和他的同志，不单主张解救农民，还努力主张解救'秽多''非人'那一种最悲惨的阶级……这一个民权运动，一方面使下层民众多少得到了一些自由，一方面也造成了现代产业文化的基础。至于日本的立宪制度，不用说是他直接的功劳，所以不但日本的农夫工人，应该感激他，就是那些阔佬官，也没有不受他的恩惠的，更应该要感激他。如果没有板垣先生的奋斗，日本今天，哪里有这样文明，这样发达。他真可算是近代日本的第一恩人了……"

当年，戴季陶经常拜访板垣退助，心酸地说道："这样一个讨幕的健将，维新的元勋，立宪政治的元祖，竟没有人理睬他。"而板垣退助的境遇，不是"门前冷落车马稀"，简直就是"门前冷落车马无"。至于生活，每月总有连米钱、房钱都付不起的时候，实是穷苦不堪。

其时，日本疯狂的扩张心态，紧束的忧患意识，已经被舆论点燃，推波助澜、愈演愈烈。板垣退助主张的民主，鲜有人听。至于，戴季陶警醒国民的断言，也被国民党政权的独裁统治淹没。二人惺惺相惜，确是知音。

（六）樋口一叶

明治时期的开化，表现在社会的多个层面，极大地解放人们的思想。特别是文学的天地，始有女性出现。

1872 年，樋口一叶生于山梨县农民家庭。11 岁的时候，因为父母激烈反对，被迫退学，只能在家自修。14 岁，重返私塾，学习和歌、书法和古典日文。不久，长兄病逝，二哥出走。父亲经商失败，负债累累，撒手归去，加之未婚夫的毁约，家庭经济条件雪上加霜。为了维持生计，樋口一叶先后做过洗衣、缝补等诸多杂工，生活艰难。

1891 年，19 岁的樋口一叶，如愿成为《朝日新闻》的记者。次年，发表处女作《埋木》。又相继发表《雪天》《琴声》《暗樱》等浪漫主义短篇小说。不久，其师生恋无疾而终。

1893 年，中止写作，搬到贫民区，开了一间杂货铺。不久，经营不善，只能倒闭。久经生活磨难的樋口一叶，性情大变，文风大变，言辞简洁有力，多是肺腑之言。22岁的时候，以"市井作家"的身份再度登上文坛。为了糊口，既无矜持，又有绯闻。尽管如此，樋口一叶依然执着、狂热和勤奋到惊人的地步。

1894年12月，到1896年1月的14个月，成为樋口一叶创作生涯的巅峰，亦称"一叶的奇迹十四月"。《大年夜》《浊流》《青梅竹马》《岔路》和《十三夜》等佳作，轰动文坛。

1896年11月，长年困苦、情路坎坷的樋口一叶，死于结核病，年仅24岁。然而，作为明治时期，奋勇冲破黑暗，果敢改变妇女社会角色的先驱，遂被纪念。

第三节　谍战风云

明治维新以来，直到明治天皇去世，正是日本"脱亚入欧"的磨合期，也是"西学东用"的操练期。作为资源贫乏、缺乏纵深的岛国，只能花小钱、办大事，知己知彼、对症下药。加之，民族主义与军国主义、忧患意识与危机观念的交互，谍报遂成国策。始作俑者，无从谈起；登峰造极，就是明治。

一、特务组织

明治初年，确立"大陆政策"。1871年，《中日修好条规》明确约定，"嗣后大清国、大日本国倍敦和谊，与天壤无穷。即两国所属邦土，亦各以礼相待，不可稍有侵越，俾获永久安全。"也正是这一年，岩仓具视率领使节团，出访欧美。

次年，使节们正在登陆欧洲。明治政府派遣的第一批特工，旋即在中国东北地区登陆。

这就是典型的"明治思维"，安定东方，就腾手布局西方的欧美；巩固西方，就要着手攻打东方的亚洲；永远不要，也不能陷入东、西方强国的夹攻。

日本的专业（职业）谍报机构，分为3个类别。一是军事间谍，陆军参谋本部和海军军令部直接领导。二是政府间谍，国家机关和驻外使领馆联合指挥。三是民间间谍，右翼团体和激进组织派遣。三者之间，独立运作、配合默契。

（一）军事间谍

第一，东北地区。1871年，即定为重点方向。1905年，日俄战争结束后，关东都督府下设情报机关。1916—1945 年，军方先后设立 15 个特务机关和 20 个分机关。最有名的，就是奉天特务机关。

1906 年，南满洲铁道株式会社成立，即有调查情报科。总部设在大连，沈阳、吉林、长春、天津、北京、南京、上海等地，都设有办事处，形成一个庞大的情报网。此后，先后设立许多情报调查机构，如调查课、东亚经济调查局、情报课、哈尔滨事务所调查课、经济调查会、大调查部等。

1906—1945 年，40 年的时间，先后撰写研究报告 6200 多份，比如《满洲农户调查》《满洲旧习惯调查报告》《东北三省（满洲）土匪研究》《中国抗战能力调查》等。

第二，华北地区。隶属北支方面军司令部。共有 22 个特务机关或分机关，负责为日军搜集情报。

第三，华中地区。日本设于华中的特务情报组织，隶属于中支方面军司令部，其所辖特务机关或分机关共有 18 个。因华中地区是汪伪统治的中心区域，日本帝国主义者在华中设立多个特务机关，派出大批间谍特务人员，监视汪伪政权，搜集汪伪与外界联系的情报，严格控制汪伪政权的一切。

日本华中特务机关，除了侦察、搜集中共抗日情报、国民党军情报，收买策反国民党军政要员和失意政客外，因华中位于英美等帝国主义势力范围，还负责英美的谍报侦察工作。

第四，华东地区。1890 年 9 月 20 日，陆军参谋本部在上海英租界大马路，正式成立"日清贸易研究所"。对外，该所宣称是为培养"中日贸易人才"；实则，是为专门训练侵华谍报人才。其培养的一大批间谍，成为日本对华军事侦察活动的重要力量。

第五，华南地区。位于华南的情报活动，以控制华南海岸一切活动为最终目的。主要任务在于：为侦探测绘各地要隘及军事交通、阵地布置、防务准备以及武器配备情况；收买朝野军政人员、土豪乡绅、流氓土匪，散布流言蜚语，攻击中国中央政府，破坏各地党部团结；等等。

（二）政府间谍

一是领事馆。1872 年 1 月 29 日，近代首个驻华日本领事馆——驻上海日本总领事馆正式设立。此后，中国各个重要海港城市，相继设立领事馆。中日外交关系的确立，既促进中日交流，也为日本间谍进出中华，提供方便。除本职工作外，驻华使馆、领事馆大肆收集中国政府情报、刺探军事动向，并定期将中国政治、经济、军事等相关情报，密电回国。一些谍报人员，尤其是驻华武官，更是打着外交人员的旗号，千方百计在华进行军事情报活动。

二是特高课。在整个太平洋战场上，日本特高课为日军偷袭珍珠港和在太平洋战线上与美军作战，提供了极为重要的情报。日本情报机构特高课，建立于19世纪末20世纪初，隶属于日本内务省。特高课原为应付国内事变的机构。后随着日本侵略中国和远东的需要，职能发生转变。较显著的标志是：驻外使馆、领事馆官员，既开展情报工作，也配合其他谍报机构开展活动。在被日军占领的中国各地的"日本领事馆警察署"内，都设有特高课，负责谍报活动。

特高课的任务有5项：第1项，是监视中国人的思想动态，取缔反日言行。第2项，是搜集情报，汇编情报资料。第3项，是破坏抗日地下组织，侦捕审讯处理特工人员。第4项，是监视伪高官言行。第5项，是进行策反诱降等活动。除此之外，日本宪兵队也与之配合，增设特高课，兼管反间谍业务。如著名的佐尔格苏联间谍案，就是由日本宪兵队联合特高课侦破的。

（三）民间间谍

第一，玄洋社。玄洋社是最早在华从事秘密军事侦察活动的民间右翼团体。玄洋社于1881年在九州福冈成立，该组织的真正目的是在国外，尤其在中国和朝鲜扩大日本的影响，鼓吹"破支那，胜俄国，吞并朝鲜"。曾参与谋划侵略中国、朝鲜，分裂中国东北和蒙古等活动，派大批浪人和间谍到中国刺探情报。1882年，玄洋社的显赫人物户山光，就曾派出100多人到中国搜集情报。另外，玄洋社为了扩大规模，培养新间谍人员，于1884年在上海昆山路建起了东洋学馆，该机关为日本培养了大批的"中国通"日本间谍。

第二，东洋学馆。东洋学馆是日本在近代中国开办的第一所学校。除了培养实业家，扩大日本在华利益之外，东洋学馆也肩负着对中国进行各种侦察、分裂活动的使命。由于经济上的困境，1885年9月3日，仅仅存在一年有余的东洋学馆，被迫正式解散。

虽然学馆存在的时间短，招收的学生也只有30多名。但其培养的如中野二郎、宗方小太郎、山内严、荒贺直顺、隐岐嘉雄、泽村繁太郎、尾本寿太郎、中野熊五郎等人，在对华军事侦察和近代中日交流中，都有着突出的地位。他们不仅成为日后东亚同文会的骨干，而且在汉口乐善堂、日清贸易研究所、东亚同文书院等在华情报机构中，都发挥着重要的作用。

第三，东亚同文书院。东亚同文书院以研究中国现状为专务，十分重视对中国的实地调查。从第 1 届学生开始，每届学生以 3 个月至半年时间，在获得中国政府的许可证后，数人结成一组，或乘车坐船，或骑马徒步，足迹遍及中国城乡。其调查的内容，涉及中国各地经济状况、经商习惯、地理形势、民情风俗、农村实态、地方行政组织等，这些见闻材料，由学生整理成"调查旅行报告书"呈交于日本国内，长期为日本制定侵略政策服务。

1901—1945 年，东亚同文书院的学生 5000 余人，先后参与了中国调查，旅行线路 700 余条，遍及除西藏以外的所有省区。调查线路如蜘蛛网般分布于全国各地，甚至涉足东南亚和俄国西伯利亚及远东。这些调查人员对所到之处的地形、地理侦察最为细致，在中国内地，实况绘制了 5 万分之一标尺的军用地图。这些地图，精确到地表的一棵树一间房，将路径、矿场、水源等相关信息全部涵盖，标注尤其细致入微。

第四，黑龙会。1901 年 2 月 23 日，头山满、内田良平等人在原玄洋社的基础上，于东京组织成立黑龙会，并创建会刊《黑龙》。目的在于，防止俄国东下，霸占中国东北三省，并逐步控制蒙古和西伯利亚。在此目标下，黑龙会一度与孙中山等革命党人展开合作，图谋推翻清朝政府。1905 年 7 月 30 日，在黑龙会的斡旋下，各派革命组织在东京黑龙会总部，共同成立了中国同盟会。黑龙会通过公开的舆论鼓吹和私下游说高级军政官员，在东北、华北地区大肆对中国军事目标进行侦察，对推动日俄战争的爆发起到了重要作用。

二、王牌间谍

清朝末年，日本间谍极其猖獗。于是，清朝一位官员上书皇帝，悲愤地说道："甲午海战、马关谈判、日俄战争……谍影重重、事事受制，根本原因就是反谍工作极其落后。"及至民国，报纸更是大声惊呼，在华从事谍报工作的日本军官、外交官、商人、技师、游客、妓女……无孔不入、神出鬼没。

（一）石川伍一

石川伍一是甲午战争中最早暴露，并被抓捕的日本间谍，被称为"甲午日谍第一案"。

1866 年，石川伍一出生于日本秋田县，青少年时期就读于标榜"兴亚主义"的兴亚学校，专攻中文。1884 年，18 岁的石川伍一来华，在海军大尉曾根俊虎的带领下，继续学习汉语，研究中国问题。3 年后，加入日本在华的秘密情报组织——汉口乐善堂。其间，石川伍一被派到中国的四川地区进行调查。他调查结束后，提交了非常详细的调查报告，和他精心绘制的四川地区的精密地图，得到日本方面的高度赞扬。

1891年，出色完成调查任务的石川伍一，被汉口乐善堂派往天津，成为日本驻华武官、海军大尉关文炳的助手。他跟随关文炳游历山东、直隶以及奉天各地，从事情报搜集工作。

1893年5月，石川伍一与井上敏夫乘坐租来的中国帆船，由烟台出发，游历长山岛、庙岛、小平岛等，并查看了旅顺炮台。回程又途经大沽山，以及朝鲜的大同江、平壤和仁川口等处，经由威海卫返回烟台。他们对所经过的海面和海口，都做了相应的测量，写成专业报告，为以后日本海军与中国舰队的海战做准备。

同年的8月，石川伍一又跟随井上敏夫、陆军少佐神尾光臣等人，乘坐日舰筑紫号，进入旅顺、大连湾、大和尚岛、威海卫等处，窥探各要塞形势，掌握了大量重要的军事情报。之后，石川伍一回到天津，伪装成天津紫竹林英租界松昌洋行的职员，继续搜集军事情报。

1894年2月，石川伍一巧妙利用汪开甲，认识了天津军械局的书办刘棻，先后获得天津各军营枪械弹药的数目清册，以及军械所各局每日枪械弹药的生产量、存量等重要的军事情报。不仅如此，"高升"号运兵船的出发时间等军事机密，被石川伍一适时泄露。正在运兵的"高升"号，遂被日舰"浪速"号击沉，近千名清军葬身大海。这更间接导致甲午中日战争的爆发。1894年9月，石川伍一在天津被处决。

（二）明石元二郎

明石元二郎是福冈县人，在情报史上享有盛名。他深悉俄国历史及其国内的政局演变。在日俄战争时期的驻欧洲，开展颠覆活动，完成了几乎不可能完成的敌后任务。

日军副总参谋长长冈外史说："明石大佐一个人就等于十个师团"；德意志帝国皇帝威廉二世也说："明石元二郎一人，其成果超越日本满洲20万大军"；日本史学家说："没了明石元二郎大佐，日本决不能赢得日俄战争。"1889年12月，毕业于陆军大学第5期。明石元二郎在校成绩一般，性格古怪，不拘小节，一般人都无法与之交往。精通8国语言，曾多次代表日本出差国外，担任驻外武官。

1904年2月，日俄战争时期，在日本情报之父福岛安正推荐下，任驻沙俄公使馆附武官，驻德国武官，进行特工活动。日俄战争爆发，明石元二郎迅即接获参谋本部的极密指令，对俄进行扰乱工作，用非常手段，促成俄国国内反战、反政府活动，造成自然战争停止的可能性。

随后，明石元二郎向列宁提出，日本政府愿以资金，援助社会主义运动。列宁以背叛祖国为理由，拒绝接受。明石元二郎游说道："你身为鞑靼人（列宁母系是蒙古人），推翻号称民族监狱的罗曼诺夫王朝才是最大的爱国。"列宁默许，委托托洛茨基开展活动：1904年，沙俄内政部长维亚切斯拉夫·冯·普勒韦被暗杀；1905年1月，彼得堡发生"星期日惨案"；战舰"波将金号"哗变等，成为俄国革命的总演习。

除此之外，明石元二郎还布置情报通信网、策反俄国军官、煽动波罗的海三小国独立运动、会见芬兰独立领袖、阻碍兵力的运输、秘密偷渡武器给反帝俄组织、与英国政府密切合作、引导欧洲舆论对日友好等。

1918年6月，明石元二郎出任第7任台湾总督兼台湾军司令官，7月，晋升陆军大将。在16个月的任期内，推动多项建设，创立台湾电力株式会社及日月潭水力发电事业，公布实施台湾教育令（学校教育体系化），司法制度的改革（三级审判），设立华南银行，设立北高等商业学校（台北大学法商学院前身），铺设、开通纵贯中部海岸线铁路，颁布台湾森林令等。1919年10月，明石元二郎在日本去世，遗言埋骨台湾。

（三）青木宣纯

在日本侵华谍报史上，享有"第一个中国通"之誉。在中国生活28年，在北京创办著名的青木机关，培训了大批特工人员，是对中国进行谍报活动的鼻祖。

少年时，青木宣纯阅读了《三国志》，对中国产生浓厚兴趣，热衷于积累有关中国的知识，并通晓汉语。1884年，被参谋本部派往广州三年，化名广獭次郎，开始了他的特务生涯。随后，为偷测北京周围地形，他走遍了北京郊区，终于绘制出一幅极其详尽、精确的北京地图，受到了参谋本部的表彰。

甲午战争后，青木宣纯被派往北京，出任日本驻华公使馆武官。在北京设立特务机关，对外以"青木公馆"的名义，广泛结交中国官绅人士。在华期间，成功取得时任直隶按察史的袁世凯的信赖，认为"青木宣纯是唯一可靠的日本人"。

1903年秋，日本准备对俄国开战。青木宣纯奉命于京搜集俄国情报，联络散落在我国东北各地的马贼。在战争开始后，配合日军扰乱俄军后方。青木宣纯抵任后立即潜往天津，秘密会晤当时已任直隶总督的袁世凯。袁世凯与青木宣纯达成了协议：一是从袁的军队中挑选数十名干练士官，以从军营"脱逃"的方式，投奔青木宣纯麾下，协助工作；二是直隶总督府将每天收到的有关满洲地区的情报,提供给青木宣纯。

1904年2月,日俄开战的前五天,青木宣纯奉命全面切断旅顺地区俄军与其国内的电报线路。

2月8日,日本海军的突然袭击旅顺口、朝鲜仁川的俄国舰队,彼得堡因无从得知前线战况,陷入被动,日军首战告捷。

日本对俄开战后,青木宣纯奉参谋本部之命,在北京组织"特别任务班"。潜入西伯利亚及满洲地区,破坏铁路与桥梁,切断俄军的运输线。

同年9月,青木宣纯被调往满洲军司令部,坐镇锦州。仍以"特别任务班"的组织形式,网罗活跃在东北各地的马贼,组成"满洲义军",在俄军后方破坏铁路、袭击兵站、焚毁军用物资,并伺机偷击俄军。战后,青木宣纯晋升为少将。

1908年,青木宣纯又一次被派往北京,出任驻华武官。1912年,晋升中将,调任旅顺要塞司令官。1915年调回参谋本部。其时,袁世凯复辟帝制,孙中山发表《讨袁宣言》,日本内阁有意援助孙中山的倒袁运动。为此,参谋本部再一次起用,这位曾被袁世凯视为"唯一可靠的"青木宣纯,派往上海,配合孙中山推翻袁世凯政权。

1916年6月,袁世凯骤亡,青木宣纯的任务随之结束。1917年1月,青木宣纯又出任黎元洪总统的最高军事顾问。1923年12月,病故于日本家乡,彻底结束在中国长达40年的特务生涯。

(四) 宗方小太郎

宗方小太郎(1864—1923年)是清末民初最著名的日本间谍。在甲午战争中,冒死潜入威海卫军港侦察,并在暴露后,成功脱逃,立功甚伟,为此得到天皇的破格接见。

1884年,中法战争爆发,宗方小太郎随佐佐友房来到上海,随即进入上海东洋学馆,学习中文。该学馆专为日本人学习中文,"教育日本的青年子弟,彻底查明支那的国情,他日大陆经营之时肯定需要"。求学之余,宗方小太郎剃发易装,打扮成中国人,历游北方九省。全程步行,历尽艰险,收获颇丰。其长篇调查报告,获得日本高层高度关注,奠定了他作为"中国通"的地位。

1886年,宗方小太郎加入汉口乐善堂,它是日本参谋本部谍报军官荒尾精的情报机构,担任北京支部主任。

1887年,宗方小太郎以学生名义,再度申请赴东北考察。获得了总理衙门颁发的游历护照后,堂而皇之地刺探重要军情。1888年,宗方小太郎主要负责刺探清政府中央情报。1890年9月,宗方小太郎协助荒尾精，在上海开办日清贸易研究所，培养间谍人才，应邀担任学生监督。

1893年年初，宗方小太郎为筹款回到日本，但进展不顺，落落寡欢，不得不于10月间再到中国。此时，中日在朝鲜的冲突有酿成大战之势，宗方小太郎随即应日本军方要求，开始频繁活动，撰写了大量报告。内容涉及军事、经济和宗教等各个层面，如其《武汉见闻随录》中，就包括以下主题：武汉三镇情形、学校及教会、汉阳制铁厂、武昌织布局、水师及陆军概况、江南水师建制、铁政局和枪炮局。

1894年6月，宗方小太郎奉命从汉口前往烟台，接受日本驻华武官井上敏夫的指令，潜入威海。两度亲自侦察北洋舰队基地，获得大量第一手情报。8月1日，中日两国断交宣战，宗方小太郎接替井上敏夫，在烟台负责北洋舰队情报的收集和汇总。

1894年8月，宗方小太郎立下了平生最大战功之一：他在威海探得北洋舰队的出发时间。日本联合舰队遂得以在9月15日，部署于朝鲜黄海道大东沟附近，以逸待劳，为随后爆发的世界首次铁甲舰队大决战做好了准备。

不久，清廷发现并通缉宗方小太郎。在通缉令到达前，宗方小太郎于8月29日乘坐怡和洋行的"连升"号商船，乔装逃离烟台。在船上，宗方小太郎利用清军军官，躲过盘查，到达上海，逃回日本。回国后，他得到日本高层的隆重礼遇，并得以晋见明治天皇。

甲午战争后，宗方小太郎重返中国。1896年2月，宗方小太郎到汉口经营中文报纸《汉报》，为日本利益进行"文力征伐"。同时，大力支持中国的维新派，抨击顽固势力，传播西方文明，对湖北社会的风气开放影响巨大。

此后，宗方小太郎筹办《闽报》，参与创立东亚同文会，任该会汉口支部主任，高喊"保全中国"的纲领，推行亚洲版的"门罗主义"。

1914年，在上海设立东方通讯社，打破了路透社1872年建立远东分社以来，对中国新闻市场的垄断，成为日本在华的官方通讯社。

1923年，病死于上海。大正天皇特旨赐勋。其在华搜集的情报和调查报告等材料后汇编成《宗方小太郎文书》，在日本正式出版。

宗方小太郎得到日本高层的赏识，并不仅仅因为其在敌后舍生忘死的谍报生涯，更在于其具备区别于一般间谍的战略远见。宗方小太郎是一个学者型的人物，长期在华读万卷书、行万里路，使他对中国民情政风有深刻了解。应日本高层的要求，他修改完成的两份分析报告《中国大势之倾向》《对华迩言》，对中国进行了精辟入微的分析，为日本征华建言献策，至今读来，仍有相当的震撼力。

在《中国大势之倾向》一文中，他认为中国的腐败遍及全民，原有的信仰体系——孔孟之道，变成了科举的材料、当官的阶梯。庸官俗吏献媚当道，"朝野滔滔，相习成风"。宗方小太郎指出，国家是人民的集合体，人民是国家组织的一"分子"。"分子"一旦腐败，国家岂能独强？中国的"分子"们集体腐败，国家的元气就丧失消亡。他估计，早则十年，迟则三十年，中国"必将支离破碎呈现一大变化"。

在《对华迩言》中，宗方小太郎更为具体地指出，日本必须联合中国，才能对抗西方。但中日之间"若无大战，则不能大和；大战而大胜之，中国始知日本之实力之不可敌，方可收协同之效"。因此，必须先"以势力压制、威服中国"，"煦煦之仁、孑孑之义，非所以驭中国人之道"。因此，他建议当时节节胜利的日本军方，"必须排除万难，攻陷敌人之都城北京"，再"进扼长江之咽喉，攻占江淮重地，断绝南北交通，使敌国陷于至困至穷、万无办法之地，使敌国政府和人民知晓真正之失败，而后达到我之目的"。为此，他提出了九项具体压制中国的措施，成为日后《马关条约》的蓝本之一。

宗方小太郎对中国民情政风，有深刻的了解。在其发回日本的大量情报中，有一些相当精深的大势分析，成为当时，乃至后世日本高层了解中国的主要参考。而其对晚清中国全民腐败的透彻认识，至今让炎黄子孙汗颜。

（五）荒尾精

荒尾精是理清在华日本浪人错综复杂的关系，并且将日本参谋本部与大陆浪人有机地纠合在一起的第一人，被称为"东方问题兴亚大策之中枢人物""东方志士中之泰山北斗"。

曾写有一首七律以自勉："告君千古英雄士，遇得盘根错节来。冯翊功成登麟阁，班超名遂入云台。艰难经历皆如此，辛苦遭逢岂啻哉？请见前园梅一朵，坚冰凌得复能开。"

生于名古屋藩士之家，后家道衰败。16岁那年，受到了鹿儿岛军人们扩张海军、建立海权、征服朝鲜的"海外雄飞论"的强烈熏陶。1877年，年近20岁的荒尾精，决心弃学从军。次年，荒尾精从教导团毕业，被分配到大阪镇台担任军曹，随即又被选入日本陆军士官学校步兵科。

荒尾精士官学校毕业后，希望能到中国，去一展他的"兴亚"抱负。于是，奔走托告，希望能辞去军职，渡海赴华。当时的陆军大臣大山岩接见了他，听他陈述兴亚志愿，大山岩问他："目今青年有为之士，大都争往欧美留学，足下何以独欲赴固陋之极的中国呢？"他说："唯其因为大家都醉心欧美而置中国于不顾，所以我想到中国去"……"略取中国，然后施仁政，以图复兴亚细亚。"不久，日本陆军当局下令，将他调往参谋本部中国课，可以接触各种有关中国的机密文件和地图等。其间，荒尾精撰写了《宇内统一论》和《兴亚策》，系统阐述了他的兴亚思想，引起了广泛的关注。

1886年，在川上操六的亲自安排下，他奉命潜入中国，进行谍报工作。在上海，他得到了日本商人暨乐善堂老板岸田吟香的大力支持，共同建立两个以"大东亚共荣"思想为宗旨的谍报机构：汉口乐善堂与上海日清贸易研究所。汉口乐善堂以经营眼药水、书籍、杂货为掩护，组成了一个遍布中国主要城市的间谍网。日清贸易研究所除提供大量军政情报外，也对中国经济进行了深入研究，出版《清国商业总览》，"世间始明中国实情"，煌煌2300多页，成为研究中国的重要文献。1896年，荒尾精前往台湾，染鼠疫而亡。

第四节 对外扩张

这是日本历史上高速的对外扩张期。1879年，染指清朝的朝贡国琉球国，改设冲绳县。1894年，在甲午战争取胜。1900年，加入"八国联军"，攻占北京。1904年、1905年，取得日俄战争的胜利，通过中日《马关条约》《辛丑条约》等不平等条约，以及日俄签订的《朴次茅斯和约》，割占台湾及其附属岛屿（含钓鱼岛），强占东北南部。1910年，吞并朝鲜。

一、大陆政策

16世纪末，日本初步实现统一。1592—1598年，为了平息武士阶层对土地分封的不满，转移国内日益激烈的矛盾，执政者丰臣秀吉悍然发动朝鲜战争。初期的胜利，近乎本土面积的2/32的朝鲜半岛，瞬间沦为殖民地。大量的物资和人口被掠夺。不久，日军主力被李如松、李舜臣、麻贵统率的中朝联军击溃。骚扰东南沿海的多股海盗，相继被戚继光、俞大猷、谭纶的明朝官军剿灭。经此一役，德川幕府残喘未定，无力再战。

（一）幕府时期

1715年，近松门左卫门编剧的大型戏剧《国姓爷合战》上演，幻想日本武士打进明朝的国都南京，建立新的日本国。这部充满想象和自淫的闹剧，连续火爆 3 年，观者如堵。国民的心态被煽动、情绪被点燃、欲望被膨胀。

18 世纪中叶，流落日本的荷兰海盗们，争得一小块居留地，成为日本唯一能够接触西方文明的窗口。近代科学逐渐盛行，称之"（荷）兰学"。幕府后期，本多利明、佐藤信渊和吉田松阴等人，先后提出侵略朝鲜半岛、中国大陆的主张，多是原始的扩张欲望的萌芽，并无切实的物质基础。

其一，1798 年，本多利明的《经世秘策》写道，日本国土有限，物产不丰，难以满足不断增长的人口的需要。根本出路，就是效法西方殖民主义者，从事海外贸易和殖民事业。

其二，1823 年，佐藤信渊的《宇内混同秘策》论及，"皇大御国，乃大地最初成立之国，为世界万国之根本，故其根本确立之时，则世界悉为郡县，万国君长皆为臣仆。"主张"宇内混同"（即统一世界）。提出先从进攻满洲开始，随后征伐支那，论及"攻取"中国的方法、步骤，甚至出兵顺序和作战分工。断言"只要支那入我版图，其他如西域、暹罗、印度等国渐慕其德，并畏其威，必将隶为臣仆。故由皇国统一万国，并非难事"。

其三，1858 年，吉田松阴的《幽囚录》说道，"垦虾夷，收琉球，取朝鲜，拉满洲，压支那，临印度"，狂妄地拟定"收满洲逼俄国，并朝鲜窥清国，取南洋袭印度，宜择三者之中易为者而先为之"的战略选择。

1840—1842 年的第一次鸦片战争之后，中国几无安宁。日本的噩梦随之而来。1853 年，美国东印度舰队司令长官柏利，率领 4 条军舰、打了几炮示威。德川幕府赶紧求和。次年，与美国签订《神奈川条约》。1859 年冬，"咸临"号军舰护送美国使节到华盛顿，准备交换商约。26 岁的福泽谕吉，获准随行。次年，出版《华英通语》。1866 年，西行欧洲的福泽谕吉，依照旅行笔记和英文著作，撰写《西洋事情》（总共 10 卷，1870 年完成）。这部书如同警钟、振聋发聩，民众争相购买，发行量高达 25 万册之多。

树欲静而风不止。1856—1860 年的第二次鸦片战争，1851—1864 年的太平天国运动，清朝政府被迫与俄、美、英、法签订《天津条约》，与俄国签订《瑷珲条约》。1860 年，曾国藩创办安庆军械所，仿制西式枪炮，兴建近代军事工业。1861 年 1 月，恭亲王奕訢、东阁大学士桂良、大学士文祥等人，顾及时局、着手变革，上奏《通筹夷务全局酌拟章程六条》，设立总理各国事务衙门，推行以富国强兵为目标的洋务运动。12

月，26 岁的慈禧太后夺得实际统治权，重用曾国藩、左宗棠、李鸿章等汉臣。1865 年，在上海成立江南机器制造总局，又在南京建立金陵机器制造局。1866 年，兴建马尾船政局。

1867 年，清朝政府创议新式海军。就在这年，疲于此起彼伏的倒幕运动，德川庆喜被迫还政天皇（即大政奉还）。长达 680 多年的幕府政治，历经镰仓幕府、室町幕府、德川幕府，就此结束。日本进入半殖民时代。

（二）明治维新

1868 年，明治天皇睦仁登基伊始，就在《天皇御笔信》宣称，"开拓万里波涛，宣布国威于四方"。这种演说，无外乎是收拾破旧的山河，提振国民信心之举。

1868 年 3 月，明治政府公布《五条誓文》（即施政纲领）和以天皇名义发表的《宸翰》（即御笔信）宣称，"朕安抚尔等亿兆，终欲开拓万里波涛，布国威于四方，置天下于富岳（即富士山）之安"。随后，经明治政府统治层的进一步阐发，形成了近代日本对外侵略扩张的基本国策，即"大陆政策"。

1871 年，中日签订《中日修好条规》，明确约定，"嗣后大清国、大日本国倍敦和谊，与天壤无穷。即两国所属邦土，亦各以礼相待，不可稍有侵越，俾获永久安全。"

1871 年，岩仓具视为特命全权大使，大久保利通为副使的官方使团，前往美国、英国、法国、比利时、荷兰、德国、俄国，旨在试图修改幕府末期以来，对外缔结的各种不平等条约，考察"欧美诸洲开化最盛之国体，诸种法律、规则等实务"，寻求富国强兵的新道路，历时 1 年 9 个月。

1873 年，明治政府建立专政体制，太政大臣三条实美、右大臣岩仓具视、内务卿大久保利通，以及大隈重信的大藏省和伊藤博文的工部省，成为变革图强的核心决策层。自称"东洋俾斯麦"的大久保利通，发现日本与英国地理条件颇为相似：面积小、资源少，主张兴办海运和工业，强调煤和铁是制造业的动力。当年，33 岁的大藏少辅涩泽荣一，辞官创办第一家股份制银行，开始企业家生涯。业务遍及金融、铁道、海运、矿山、纺织、钢铁、造船、机电、保险、建筑等众多领域，一生创办了 500 多家企业，著述《论语与算盘》，堪称日本近代的"实业之父"。

1874 年，明治政府公开招募通晓英语的人才。这是一个典型标志。1878 年，"日本近代陆军之父"、陆军中将兼陆军部长山县有朋发表《告诫军人书》，强调勇敢、忠诚和服从天皇的旧有美德，反对民主和自由主义倾向。1882 年，又以天皇的名义，进一步发布《军人敕谕》，明确规定

"我国军队世世代代为天皇所统率",此乃日本的"国体"。提出"忠节""礼仪""武勇""信义"和"质朴"的军人精神标准。针对中国的情形,"倘若我邦至今仍不恢复尚武之传统、扩大陆海军,以我帝国为一大铁甲舰力展四方,以刚毅勇敢之精神运转,则曾被我轻视的邻近外患,必将乘我之弊云云"。英国武官回忆说:"在那些出类拔萃者,在这里接受世界上严酷无比的艰苦训练……为了天皇和祖国,他们可以不惜一死。"

日本摆脱殖民地危机的时候,反而加速殖民扩张,先后入侵台湾、朝鲜。1878年5月,党同伐异、铁腕著称的大久保利通,被刺杀。精英政治、工业强国的理念,却是深入人心。

1879年,山县有朋的秘书福岛安正,乔装成中国人,对上海、大沽、天津、北京、内蒙古等地,进行5个多月的实地侦察。撰写的《邻国兵备略》《清国兵制集》判断,"清国的一大致命弱点,就是公然行贿受贿,这是万恶之源。但是,清国人对此毫不反省,上至皇帝大臣,下到一兵一卒,无不如此。此为清国之不治之症。如此国家,根本不是日本之对手。"

1883—1885年,中法战争。1884年8月的马江战役,是中国近代海军组建以来的对外第一仗,却以福建水师几乎全军覆没而结束。可是,台湾及杭州湾防卫成功,冯子材统率各部取得镇南关大捷。50岁的慈禧太后,顾及全局、乘胜即收。双方签订《中法新约》。

1885年6月,清廷发布上谕,承认"造船不坚、制器不备、选将不精、筹费不广",坚定表示"当此事定之时,惩前毖后,自以大治水师为主",并要沿海各督抚"各抒所见,确切筹议,迅速具奏"。10月,清政府设立总理海军事务衙门,管理全国海军,统一海军的指挥权。

1888年秋,负责改建颐和园工程的醇亲王,遂以强壮海军的名义,集得白银260万两。12月,北洋海军列装之际,已有25艘军舰、50艘辅助军舰、30艘运输船,也算蔚然可观。官兵4000余人,战舰舰长及高级军官,皆为福州船政学堂毕业,且在英国海军学院留学和实习。中层军官内多有留美的幼童们。英国、法国、德国军官组织训练,内部指挥命令亦是以英语发号。

不久,海军衙门奏准,以北洋水师记名提督、直隶天津镇总兵丁汝昌为海军提督,旋赏加尚书衔。在威海刘公岛,设立水师学堂,培养驾驶、指挥军官。在大沽、旅顺设立水雷学堂,培育鱼雷军官。在山海关设立武备学堂,在威海设立枪炮学堂,培育各级专业军官。时称亚洲第一,世界第六(也作第九)。

1891年,清流派领袖、户部尚书翁同龢提交《请停购船械裁减勇营折》，以治理黄河经费不敷，建议停止进口船炮。亲政的光绪皇帝准奏。海军建设速度放缓，维护和更新不济。

1885年，被誉为日本"近代最重要的启蒙思想家""第一位军国主义理论家"、时年50岁的福泽谕吉，继《支那人民的前途甚多事》《到支那去应受奖励》《有支那色彩的东西应该摒弃》《日本不能被支那所遮蔽》等言论之后，在《脱亚论》严厉指出："故今日我国之上策，与其坐等邻国开明而共兴亚洲，毋宁不与他们为伍，而与西洋文明共进退；与支那、朝鲜接触时，也不必因为他们是邻国就特别客气，而以西洋人的方式处理即可。与恶人交友就难免恶名，我们要从内心里谢绝亚细亚东方的恶友。"

1887年，参谋本部草拟《征伐清国策》的战争计划，把对华战争的时间定在5年以后，计划吞并盖平（今辽宁盖平）以南的辽东，以及山东的登州、舟山群岛、澎湖列岛、台湾和长江两岸十里以内的地区。

1890年12月，日本爆发经济危机。在举行第1届帝国会议上，内阁首相山县有朋宣称："盖国家独立自卫之道有二：一曰防守主权线，不容他人侵害；二曰保护利益线，不失形胜地位。何谓主权线？国家之疆土是也；何谓利益线？同我主权线安全紧密相关之区域是也。"基于"主权线""利益线"的所谓"大陆政策"，得以明确和界定。

日本决意超常规扩充海军。国家财政收入的60%用于海军、陆军建设。1891年7月，北洋水师第2次"访问"日本。中国海军在"定远"舰举行招待会，国会议员和日本各界名流争相出席，备受刺激，旋即掀起"海防献金运动"。"定远""镇远"两舰的木制模型，成为日本小孩玩投掷游戏的靶子，"定远号被击沉"的欢呼声，不时传来。

1892年、1893年，德富苏峰出版《吉田松阴》、发表《大日本》，强调日本"自主的外交"，努力寻找"扩张日本的途径"。《海国人民的思想》提出"国民扩张"的设想。其后，在《国民之友》杂志陆续发表《日本国民的膨胀性》《好机会》《日本在世界上的地位》《战争和国民》《战胜余言》等文章。这些言论得以结集出版，即是《大日本膨胀论》。

1893年的初冬，一场小雪，悄然而至。日本海军规模已然可观。32艘军舰、24艘鱼雷艇以及辅助船舶，总吨位4.1万、总马力6.9万匹、总排水量7.2万吨、编队航速14.5节，数量和质量全面超过北洋海军，不动声色地成为亚洲第一。

(三) 甲午战争

1894年4月，朝鲜爆发全琫准、金德明等人领导的东学党起义。清朝应邀出兵，陆续在忠清道牙山登陆。伊藤博文内阁派遣1万多名日军，以保护侨民和使馆为借口，陆续在仁川港登陆。

1894年的夏天，艳阳高照。北洋舰队1875—1894年4300万两的军费，实际只到位2200万两。舰艇群无力维修，加之高层腐败，动辄以碎媒充当动力。闲来无事的官兵们，频繁出入附近的烟馆、妓院和酒场。捉襟见肘、忧心忡忡的李鸿章，秘密呈送《覆奏海军统将折》，黯然指出"今日海军力量，以攻人则不足；以之自守尚有余"。23岁的光绪皇帝闻讯大惊，失手打翻茶杯。

7月，日本大本营决定对清朝开战。伊东祐亨担任联合舰队的司令。潜伏在北洋舰队及其周边地区的乐善堂、玄洋社等间谍组织，源源不断地发来详细而精准的情报。

甲午海战旋即爆发。这是小国对大国的冒险，岛国对大陆的挑衅，日本对中国的赌博。然而，茫茫无垠的东海上，却是1894年的亚洲海军第一，对阵1888年的亚洲第一。1885—1894年，清朝的10年狂欢和自恋，迎来世界近代史上的军事奇观。陆军推诿不前、畏战如虎。南洋海军、广东水师、福建水师纷纷自保，不派一舰一艇北上救援。1895年3月，手脚笨拙、处处受制的北洋海军官兵们，只得硬着头皮孤军奋战，一败再败、终至覆没。

反观日本，举国上下视之为扭转命运的决战。8月1日，宣战的当天，企业家涩泽荣一等5人，以"报国会"发起人名义，在各大报刊发出通知，召开支持日本政府对中国开战、筹措军费的大会。他们号召，值此日中开战之际，全国有志之士，要筹措军资，捐献政府，尽一国民之义务。希望华族、富豪带头，积极响应。

1895年4月，中日签订《马关条约》，割让辽东半岛（招致外国干涉未能得逞）、台湾岛及其附属各岛屿、澎湖列岛，赔偿2亿两白银，增开沙市、重庆、苏州、杭州为商埠，并允许日本在中国的通商口岸投资办厂。更重要的是，日本朝野达成共识，那就是图谋中国，不再是夜郎自大，而是指日可待。

甲午战争前后，福泽谕吉发表《御亲征准备如何》《战争一旦发动就应有必胜之信念》《应该直接对支那朝鲜两国开战》《支那庞大，但不足惧》《赶快攻略满洲三省》《旷日持久会上支那人的当》等文章，推崇天皇制专制集权，鼓吹国家体制的军事化，动员国民踊跃参军，鼓动国民为战争捐款,极力主张日本军队攻略中国"四百余州"。福泽谕吉设计的日本军国主义,是以传统武士道精神为内核、以近代文明为标榜,充满非理性和冒险性,穷兵黩武、弱肉强食,却与不断验证的国际格局、不断取得的战争成功,彼此推进、相互激化。因此,极具煽动力、始终拥有极高的人气,遂成主流共识和舆论支柱。1901年,福泽谕吉死去,日本的军国主义正在放开步伐、加速前进。

1896年,山县有朋的《外交政略论》提出,"我国经过此次战争,必将获得海外新领地。果真如此,则必须扩张兵备以为守备之用。况且,乘连战连捷之势,欲成为东洋之盟主,亦必须扩张兵备。"同时鼓吹,"以往之兵备,专以维护主权线为本,为不使此次战胜效果空掷,并进而成为东洋之盟主,则必须准备经营利益线。然以现今之兵备,尚不足以维护主权线,又何能经营利益线,以称霸东洋耶。"如是,"利益线"扩大到"必将获得"的"海外新领地"。

1898年6月,戊戌变法。9月,慈禧太后发动政变,囚禁光绪皇帝,宣布"亲政",下令逮捕维新派。伊藤博文指使驻华公使,串通英国公使,共同营救在上海被捕的黄遵宪,协助改良派的康有为和梁启超逃往日本。二人后与流亡日本的革命派领袖孙中山,商议合作、无果而终。

这是日本侵华谋略的新变化,就是多渠道、全方位地介入中国政治,采取软硬兼施、分而治之的方法,打击洋务派、扶持改良派和资助革命派别。思路清晰、布阵俨然。

(四) 八国联军

义和团运动兴起后,英国深恐波及属其势力范围的长江流域,便策动两江总督刘坤一、湖广总督张之洞等与列强合作,经买办官僚盛宣怀从中牵线策划,由上海道余联沅出面,与各国驻沪领事商定《东南保护约款》和《保护上海城厢内外章程》,规定上海租界归各国共同保护,长江及苏杭内地均归各省督抚保护。

1900年6月,慈禧太后向全世界宣战,狂妄地宣称"与其苟且图存,贻羞万古;孰若大张挞伐,一决雌雄"。见此情形,两江总督刘坤一、湖广总督张之洞、两广总督李鸿章、闽浙总督许应骙、四川总督奎俊、铁路大臣盛宣怀、山东巡抚袁世凯等,即和各参战国达成协议,约定"无论北方情形如何,请列国勿进兵长江流域与各省内地;各国人民生命财产,凡在辖区之内者,决依条约保护",史称"东南互保"。

英、德、俄、法、美、日、意、奥等国家,为了镇压义和团反帝爱国运动,以保护侨民为借口,开始组织侵华联军。面对朝廷接连发出的救援诏书,"东南互保"视为义和拳民胁持皇帝的"矫诏、乱命",不发一兵一卒。

6月15日,日本政府派遣福岛安正少将率领3000人的混合部队,参加侵华联军。随后,又增派山口素臣中将率领的一个师团。6月16日夜,各国海军陆战队攻占大沽口炮台,日军首先占领西北炮台。

在随后进犯天津的战役中,福岛安正为主要指挥官。7月14日攻陷天津。8月4日,以1.3万名日军为主的八国联军,由天津出发向北京进犯。日军主帅山口素臣为联军指挥官。8月14日,攻占北京。日军率先炸开朝阳门和东直门,进而侵占皇宫,随后大肆掠夺财物,残杀人民。

1901年9月7日,八国强迫清政府签订《辛丑条约》,向中国索取赔款4.5亿两白银。日本获得巨大的利益,主要包括：获得巨额赔偿约3480万两白银,以海关税、盐税担保；允许派兵驻扎在北京和山海关铁路沿线12个战略要地；允许派兵保护在北京强行划定的"使馆区"；永远禁止中国人成立或参加"与诸国仇敌"的组织；日本人的安全受中国各省官吏的保护；等等。

(五) 日俄战争

1902年,英国和日本结成同盟。加之,中国的甲午、辛丑两次巨额赔款,日本实力大增。

在日俄开战之前,明治天皇举行御前会议,决定在无法避免开战的时候,采取非常手段促成俄国国内反战、反政府活动,造成自然战争停止的可能。1904年2月,日本军部命令出击,旨在歼灭黄海的旅顺口及仁川港的俄军。清朝政府宣布中立,专门划出交战区。4月,俄国舰队大败,太平洋舰队司令官马卡罗夫海军上将战死。12月,日军攻克旅顺。1905年5月,俄国波罗的海舰队长途奔袭,却在对马海峡海战中,遭遇日军突袭,全军覆没。

1905年9月,日俄在朴次茅斯签订和约。自此,日本在朝鲜享有政治军事及经济上之"卓越利益"。俄国将旅顺口、大连湾并其附近领土、领水之租借权以及有关的其他特权,均移让与日本政府。俄国将由长春(宽城子)至旅顺口之铁路及一切支线,以及附属之一切权利、财产和煤矿,均转让与日本政府。须不知,日俄战争也是一场谋略战,这为日本局部侵华、全面入侵积累了丰富的谍报经验。

二、侵略战争

明治时期,接连发动的侵略战争,不过是反复验证,近代日本的人才积累、培育和放纵，以及失控的效果。

（一）入侵台湾

1874年年初，日本政府以台湾居民于1871年，杀害琉球渔民为借口，决定发动侵台战争。5月初，派遣陆军中将西乡从道率领3600余日军，开始向台湾进犯。日军在琅峤湾登陆后，烧杀掳掠，对台湾人民犯下了严重罪行。

由于台湾人民的英勇抵抗和中国政府的抗议，日本政府于同年10月31日，再同清政府签订《日清两国间互换条款及互换凭章》（又称为《北京专约》），迫使清政府支付50万两白银赔款。

（二）入侵朝鲜

1875年5月，"云扬"号等3艘日本军舰进入朝鲜釜山港，后在朝鲜东部沿海进行武装侦察和作战演习。同年9月20日，"云扬"号闯入朝鲜首都汉城附近的汉江河口，进行武装挑衅，炮轰江华岛，并在该岛登陆，大肆烧杀劫掠而去。

1876年2月，日本迫使朝鲜签订不平等的《江华条约》。江华岛事件是近代日本侵略朝鲜的开端。

（三）甲午战争

1894年，朝鲜爆发了东学党领导的农民起义，即甲午农民起义。应朝鲜政府之请，清政府于同年6月出兵朝鲜。伺机侵略朝鲜和中国的日本政府，于6月2日通过出兵朝鲜的决议。随后在保护使馆和侨民的名义下，大量向朝鲜出兵。7月23日，侵朝日军占领朝鲜王宫，成立傀儡政权。7月25日，日本海军在丰岛海面突然袭击中国运兵船。29日，日本陆军向驻成欢的清军进攻，次日占领牙山。

8月1日，日本向中国正式宣战。9月中旬，中国军队在平壤战役和黄海海战中受挫，日军侵占朝鲜全境。10月下旬，日军渡过鸭绿江侵入中国，攻占九连城和安东（今丹东）。同时，日军渡海在辽东半岛的花园口登陆。11月间，先后攻陷大连（旧称青泥洼）、旅顺，并制造骇人听闻的屠杀事件。

1895年2月，日军占领威海卫，清军北洋舰队全军覆没。3月上旬，日军连陷牛庄、营口、田庄台。

至此，持续近8个月的甲午战争，以清军失败而告终。4月17日，日本迫使清政府签订《马关条约》，从中国割取辽东半岛（后被迫归还）、台湾和澎湖列岛，索取赔款2.3亿两（含"赎辽费"3000万两）白银，并在中国获得一系列特权。

海战之前，北洋水师军纪不整、经商成风。日本间谍长期潜伏，洞若观火。战事打响，增援的陆军行动迟缓。南洋水师和福建水师记恨中法战争期间，北洋水师不肯南下，象征性地派出几条老舰。血性十足的广东水师，匆匆北上，已是不济。

（四）日俄战争

八国联军攻占北京之后，俄国借机出兵，占领中国东北全境，日本全国上下群情激昂，强烈呼吁驱逐沙俄，独霸东北。政府心花怒放，立即着手备战。日俄之战已势不可免。

1904—1905年，日本和俄国为争夺在朝鲜和中国东北的权益，爆发了大规模战争。中国东北成了这场帝国主义战争的战场，给中国人民的生命财产造成了巨大损失。日军所到之处，擅立官府，发行纸币，乱捕滥杀无辜百姓。

1905年9月，日俄两国签订《朴次茅斯和约》，规定俄国把攫取中国的旅顺、大连的租借权，以及长春至旅顺间的铁路及其支线的权利转让给日本，并承认日本在朝鲜的统治权。从此，日本加紧向中国东北实行殖民扩张，并于1910年吞并了朝鲜。

第五节　移民海外

这是非常隐蔽的国家猎头。一是消化国内压力，及时调整和更新人才结构。二是寻求非暴力的扩张，运用国家机器，使之能够在陌生的外国，迅速扎根、迅猛成长，变为不是殖民地的殖民地。三是外派人才，形成蔓延滋生、旁枝侧起，力图日后的一呼百应，也就是星星之火，可以燎原的憧憬。

一、前站：夏威夷

1795年，夏威夷国建立。德川幕府末期，与日本就有契约移建。移民行动还未履行，明治政府旋即成立，全面否定交涉内容。但是，首批移民的渡航准备就绪，经过一番周折，1868年4月，153名契约移民，在尚未获得新政府的许可下，搭乘英国船只到达了夏威夷的火奴鲁鲁，被视为近代日本海外移民的肇始。

此后，零星的海外移民活动断续出现。早期移民，由于语言、文化、习俗和气候等原因，在移民接收国出现了"水土不服"，被称为"元年者"现象。1869年9月，上野敬介（景范）、三轮甫一作为移民调查使节，受命出使夏威夷，着手处理相关事宜。1871年，缔结《日夏友好通商条约》，正式建立外交关系。

1868—1884年，明治政府实际上采取了禁止海外移民的政策，17年间的移民总数1354人，其中，大部分并未获得政府的许可。1884年，日本与夏威夷签署《约定书草案》，方才达成共识。次年，946名获得明治政府正式承认的日本契约移民，赶赴夏威夷。

1886年，双方签署《日夏移民条约》《与夏威夷政府缔结渡航条约》，成为明治政府签署的第一个移民条约。官约移民的出现，标志着明治政府近20年的禁止海外移民的政策变革，近代日本迎来的第一个海外移民高潮。

1893年，夏威夷被美国占据。日本停止官约移民的输出。10年间，输往夏威夷移民共26批，总人数达3万人左右。值得一提的是，1941年12月，日本海军偷袭珍珠港之前，吉川猛夫、喜多等200多名间谍，借口探亲访友、观光旅游，全面搜集美军的各种情报，导致美国太平洋舰队遭受重创。

二、美国大陆

种族偏见和歧视，是历史上美国排斥外来移民的主要因素之一。1882年，"排华法案"出台，中国赴美移民数锐减。加州地区因此产生的劳动力不足，交由日本移民接替。

据美国政府移民规划局统计数据，1891—1900年，日本移民美国本土人数计有25942人，同期中国移民人数是14799人，日本首次超过中国。加州地区陆续推出针对日本移民的限制法案。日俄战争之后，再次引发加州地区的排日情绪。1907年，双方迫于国内国际压力，进行限制日本移民的外交协商。"排日浪潮"随即发生。

尽管如此，1868—1941年，日本海外移民77万多人。其中，夏威夷23万多人，占总额的37.45%，巴西18万多人，占30.54%，美国10万多人，占16.86%。

1941年12月7日，日本发动珍珠港偷袭行动，美国深受冲击，迅速采取针对日本移民的报复性措施。次年2月，罗斯福总统签署命令，授权军队可以将"有关人等"，从军方指定的"军事地区"内赶走，"安置"在其他地方。12万多的日本移民，包括男女老少，被强制运到阿肯色州的荒无地带，一直拘留到1946年。

美国学者托马斯·索威尔（Thomas Swowell）指出，日裔美国人的历史，是一个悲喜交集的故事……日本人遭受的冷眼和遇到的隔阂，也堪称最甚。

事实上，"二战"结束，经遣返回国，或者许可居留，或者登记在册以外，仍然有200多万日本的移民、侨民，宣告失踪。这是日本历史的巨大羞辱，也是人类史的罕见惨剧。

三、后期：巴西

1822年，巴西宣告独立。作为南美洲的大国，有着数百万平方公里的国土，但是，人口却十分稀少。劳动力明显不足。

于是，巴西政府开始全球寻求劳动力。除了渴望欧洲移民外，巴西政府将眼光投向东亚，尤其是人口众多的中国。19世纪末，巴西政府派人来到中国，与清朝政府商谈，并提出了3项条件：第一，凡愿移往巴西的中国人，必须加入巴西国籍；第二，愿移往巴西的中国人，必须带家眷同往，单身汉不得移民；第三，愿移往巴西的中国人，必须是农工为业之人，无业游民不收。清朝政府认为有损尊严，便没有答应。

巴西政府无奈，只好把目光投向另外一个人口大国，也就是东方的日本。不料，日本爽快同意，并表示大力支持。原来，明治维新的工业化，使得一大批农民失去土地，成为无业游民。为此日本政府伤透脑筋，一听到这消息自然一拍即合。

为了顺利移民，日本专门成立皇家移民公司。1908年，客船"笠户丸"从神户出发，前往巴西圣保罗州圣多斯港。首批日本781名移民，包括165户（733人）及单身48人，基本符合巴西的移民要求。到1914年，约1.5万日本人分成10批成功移民。

凭借1895年的《马关条约》、1901年的《辛丑条约》等，清朝的赔款源源滚入，日本政府的资金非常充足。移民们都有一定的开拓资金，加之，巴西政府为了吸引移民，提供诸多便利。初登巴西的日本移民，敬业勤劳、收益颇丰。

1923年，关东大地震造成15万人丧生，200多万人无家可归，财产损失65亿日元。地震还导致霍乱流行。因此，日本掀起移民热潮。1925—1941年，17多万日本人背井离乡，来到南美洲的巴西。

初到巴西，日本移民主要在圣保罗内地从事咖啡种植。在相当长的时间里，移民的社会地位低下。于是，日本移民开始抱团，组织自己的社区，完全保持着日本的社会及文化习俗。伴随新型的农作物种子，从日本引进，并在巴西试种的成功。此后，日本移民基本垄断了全国的蔬菜和水果种植业。

"二战"爆发前夕，巴西的日本移民及其后裔，超过 300 万。1941 年 12 月，日军进攻香港，英国总督杨慕琦投降。被葡萄牙租借的澳门，岌岌可危。不料，曾经是巴西宗主国的葡萄牙，突然通过巴西政府，直接向日本发出警告，如果日军进攻澳门，巴西将驱逐所有的日本移民及其后裔。所以，日本政府妥协，指示军方停止行动。

因此，澳门得以幸免。抗战期间，25 万多民众前往避难。广州当局将澳门列为学校疏散区，内地陆续迁入小学、中学、中专 30 多所。澳门爱国人士组织了"澳门四界救灾会"，展开抗日救亡活动。高剑父、关山月等著名画家避难澳门，以抗战为主题，进行创作和慈善活动。

1944 年年初，南番中顺游击区指挥部，与澳葡当局警察厅达成秘密协议。包括在澳门建立秘密办事处，为部队开展募捐筹款，筹集军需给养；不公开地发动爱国人士募捐、收税、筹集抗日经费；默许抗战部队购买弹药、医药；共同打击汉奸；等等。

1959 年开始，日本又向巴西移民，规模不如先前。日裔在巴西政界崭露头角。相互提携、彼此帮衬，加之竞选基金充足，上木诚昭、续木清吾等人，脱颖而出，跻身于巴西政界和军界。

随着日本经济的复苏，改向巴西移民为资本输出，主要是投资矿业。日裔与日本政府联系密切。长期以来，日本多次向巴西提供巨额农业开发、科研项目的贷款和赠款。除美国外，日本是巴西侨民的第二大输入国。从 1990 年起，汇往巴西的款，支持巴西的平衡对外账户。仅在 2002 年，日本返款 26 亿美元，超过巴西的飞机和汽车的出口收入。不仅如此，日本政府每年还提供文化交流基金。

进入 21 世纪，通过政治默契、经济控制、文化交融，乃至军事互动，日本和巴西关系紧密。须知，巴西是南半球最大的发展中国家，领土面积 850 多万平方公里，约占南美洲的 46%，相当 23 个日本。2015 年的人口接近 2 亿，相当 1.5 个日本。

第七章 大正时代

明治天皇于1912年驾崩,子嘉仁继位,改元大正,是为大正时代(1912—1926年)。

第一节 帝国扩张

1911年,辛亥革命爆发。次年2月,爱新觉罗·溥仪颁布《清帝逊位诏书》,2000多年的中国封建帝制,就此完结。中华民国临时参议院选举袁世凯为临时大总统,通过建都南京的决议。

1912年7月,日本明治天皇去世,资本主义并未停止脚步。正是这年,中岛端出版《支那分割之命运》,认为日本的使命,就是保证中国不被列强所分割,必须独占中国。

1913年,洒卷贞一郎发表的《支那分割论》中,他认为中国人没有国家观念,共和制在中国根本行不通;中国必被列强所瓜分,日本最好是"保全中国",最有资格占有和瓜分中国的,应该是日本;等等。

日本对华谍报的第二代巨头、青木宣纯的弟子坂西利八郎,提出"支那并吞论","值此欧洲无暇东顾之际,应利用此千载一遇之好机会,断然处置支那。非他日而应在今日实行吞并支那为最好"。然而,"不管是革命党,北洋派还是什么派,只要是在希望发展日中关系的理念上采取行动的人,我皆视之为同志。我想应该以这样的态度来处理事情"。甚至补充说,"支那很难依靠自身维持完全独立"。但是,这种应景的"强硬论",逐渐成为日本陆军的主流中国观和基本态度。

1914年7月,第一次世界大战爆发。在华拥有巨大利益的英、法、俄、德、美等列强,都被这场空前的战事缚住手脚。于是,日本投向协约国,向德国宣战,获得了发展和扩张的良机。

8月,青木宣纯发表《有关时局的意见》,针对混乱的中国政局,极力主张"大正首要之喜事,认为天予之机会终于到来",侵略中国的时机已经成熟。"作为归还青岛的报酬,在我(日本)势力范围的满蒙地区,由他（袁世凯）……让于我，以表明其诚意。其他各种行政、军事和外交等要害部门都要有我国之顾问；陆军教练、武器、装备等也只能使用我国制造的"。这是"二十一条"的预演。

1915年1月，日本驻华公使日置益，觐见袁世凯，递交"二十一条"文件，逼迫袁世凯政府承认日本取代德国在华的一切特权，进一步扩大在满洲及蒙古的权益，承诺聘用日本人为顾问，以及将中国纳入保护国等要求，还威胁北洋政府"绝对保密，尽速答复"。

5月9日，袁世凯主政的北洋政府，以"国力未充，难以兵戎相见"为由，部分接受"二十一条"，布置官员拖延抵制，务必使之成为废纸。消息传出，举国震怒。

12月，在国会、高校、民众请愿团、筹安会和各省国民代表的推戴下，准备建立君主立宪制。袁世凯多次揖让，接受皇帝尊号，准备成立中华帝国。表面支持帝制的蔡锷和唐继尧在云南宣布起义，发动护国战争，讨伐袁世凯。贵州、广西相继响应。次年3月，袁世凯被迫宣布取消帝制，不久死去。黎元洪、段祺瑞、张作霖轮流当政，遂生府院之争。

1917年1月，《青木中将支那之行时所带给山县有朋的书信》全面分析以北京为中心的政治形势，借以掌握官僚与民党的对立形势。其中，逐一评价黎元洪、段祺瑞、唐绍仪、孙中山、梁启超、汤化龙、岑春煊、冯国璋等派别领袖，供日本政府决策。

1917年7月，段祺瑞出任中华民国国务总理后，为了镇压护法运动，不惜转向日本借款5亿日元。山东和东北地区的铁路、矿产、森林等权益，被大量出卖。

1918年11月，第一次世界大战结束。1919年1月，巴黎和会召开。参加协约国，支援大量粮食，派出17.5万名劳工，牺牲了2000多人的中国，作为"一战"的战胜国，索回德国强占的山东半岛主权，本是顺理成章。4月30日，英、法、美三国会议在不考虑中国利益的情况下，决定把德国在山东的全部权益让给日本，并将有关条款列入《凡尔赛和约》。中国代表几经交涉，毫无所获。五四运动遂发。6月，中国拒签和约。

第二节　关东地震

1921年，太子裕仁摄政。1923年9月1日，日本关东地区发生的7.9级强烈地震。地震灾区包括东京、神奈川、千叶、静冈、山梨等地，死者和下落不明者共达15万人，200多万人无家可归，财产损失65亿日元。

史载，处于饥饿状态的幸存者试图从池塘里和湖泊里抓鱼充饥，并排着两英里的长队，等待着每天的定量口粮（饭团）。地震还导致霍乱流行。为此，东京都政府曾下令戒严，禁止人们进入这座城市，防止瘟疫流行。

消息传到中国，北洋政府迅速行动，号召"广募捐款，尽数拨汇，藉资拯济，以申救灾恤邻之至意"。同时，提醒百姓，必须忘却28年前的甲午战争，不再抵制日货，以减轻日本人民负担。北平、天津、成都等城市，成立救灾团体，演艺界筹款筹物。曾经多次访问日本的梅兰芳，破例义演。许多中学生捐出零用钱。红十字会救护队紧急奔赴日本。

谁也没有料到，比地震更加血腥的，却是预谋已久的屠杀。《读卖新闻》发布"朝鲜人罪行"，无端指责朝鲜人冒犯神灵，导致灾难发生。甚至暗示，他们正在"谋划"趁火打劫。来自上层高端人才群体或者个人，刻意发动的漩涡，迅速形成。向来以政府为准线的民众，顿时信以为真。

日本军民抗震救灾之际，趁乱屠杀革命志士和旅日华工。700名以上的中国同胞，被日本军队、警察和民族排外主义者屠杀。五四运动的先驱人物、旅日华工领袖王希天，也惨遭杀害。后经日本学者查证，关东地区大地震期间，华侨受害者总数是758名（包含姓名不详的42名）。死亡656名，失踪11名，重伤91名（其中，89名不治）。"在日朝鲜同胞慰问会"统计，约6000名朝鲜人，先后被各色人等捕杀。一些外地的日本人，由于口音接近朝鲜腔调，也遭到杀害。

1924年3月，《民国日报》率先报道惨案。10月，北洋政府强烈谴责虐杀。日本先是矢口否认，随即承认误杀，"震灾发生之时，韩民暴动随处发生纠纷，致华人误被杀伤殊属不少"，"地震时韩人暴动，群情愤激，误伤华人"，"如此多数人之被害，在常识上难于置信，且其原因，又为震灾、水灾等不可抗力，诚属无可如何之事。"后来，还封锁一切关于这场大屠杀的消息来源。

第八章 昭和时代

1926年12月，大正天皇驾崩，皇太子裕仁继位，这就是昭和时代。距离1868年4月，明治天皇发布具有政治纲领性的《五条誓文》，远去58年，几乎是1个甲子。至1989年止。

第一节 军国主义

军国主义（Militarism），即指崇尚武力和军事扩张，将穷兵黩武和侵略扩张作为立国之本，将国家完全置于军事控制之下。这是系统化、制度化和群体化的潜在犯罪现象。

一、潜在的战力

明治维新以来，日本奉行军事立国的基本国策。在前方战场上，甲午战争、日俄战争、"一战"的相继获胜，巨额的海外利益和战争赔偿，使得职业军人成为社会上最受尊敬的群体。

由于长期对外执行扩张政策，军国主义意识增强，军校是日本军事的重中之重。1911—1931年，中央和地方军校，纷纷开足马力，像流水线一样，昼夜不停地生产职业军人。"九一八"事变之前，中日高端人才群体的整体水平，特别是军政人才的数量和质量，相差很大。主要体现在：

将领对照。国民政府的高级军政人才，大都是日本留学生。比如：廖仲恺、汪精卫、方鼎英、刘峙、邵力子、杨杰、蒋中正、何应钦、王柏龄、陈诚、鲁易、阎锡山、蒋百里、熊雄、周佛海、钱大钧、李济深、周恩来、宋希濂、宣侠父、周逸群、朱绍良、何成浚、陈仪、贺衷寒、刘斐、程潜、郭汝瑰……尽管不乏一些优质人才，相比日本经年培育的将领群体，却是不可同日而语。

教官档次。当时，中国军校教官实行终身制，通常没有充足的战场经验。日本有强大的物质基础，国家财政充足。军校的教学条件优越，外籍和本土教官、学员待遇丰厚，生活条件舒适，营养充足。至于教官，都是经过战场的磨炼，并取得一定战功的优秀指挥官。特别是，日本军校的外籍教官自主权力很大，管理也很严格，能够充分发挥才干。

士官数量。抗日战争全面爆发之前，中国95%的士兵是文盲，根本不识字，约50%的低级军官接受过中学以上教育。而在日本，90%以上的士兵是中学毕业，90%以上的军士接受过中学以上教育，或在专业的士官学校毕业，超过50%的军官受过高等教育。

教程设置。以日本陆军士官学校为例，课程教学主要有战术学、战争史、编制学、武器学、射击学、航空学、工程学、交通学、绘图学、马学、卫生学、教育学、军队教育、外国语等。而在中国，仅有黄埔军校，能够达到如此水准。

武器装备。军校的教学武器不仅新型、先进，而且实现了标准化。特别是电报，早已应用于军事指挥，还专门培养破译人才。进攻战中，日军掷弹筒小组跟随一线步兵作战，主要打击机枪火力点，效果惊人。中国长期军阀割据，加之经常混战，地方军校通常自行购买器材，器材质量参差不齐，时称"万国牌"。

招生选拔。选拔标准决定生源的素质。中国军校招收生源主要有3个方面：全国新军普遍考选入校，多是以前陆军小学、陆军中学的学生，或者直接招收普通中学学生，学制两年。日本军校的生源，主要来源于高中毕业生，还从部队招收经考试合格的军士入学。从1920年起，分设预科和本科，学制延长。预科两年，本科1年10个月。因此，日本军校生源素质整齐，普遍素质较高。

实习考核。中国的军校生，通常是毕业后，分拨到各团见习4~9个月，由陆军部授以军衔，然后分发各军队。日本军校生则需要进入部队服役半年，及格毕业后，再由国家统一安排。实习安排在学员就读期间，实习完再毕业。

晋升体制。日本军官被要求效忠天皇、服务命令，晋升主要依据是在职年限和考试成绩，晋升一级需要3~5年时间。而且，各军队中，各级军衔的编制人数十分严格，不得超编。中国军官的晋升，通常是长官意志，带有严重的个人崇拜和随意性。

直接战力。抗战全面爆发前夕，日本陆军有17个常备师团、4个混成旅团、4个骑兵旅团、5个野战重炮旅团、3个战车联队、16个飞行联队，海军总吨位达190万吨，空军有建制飞机2700架；中国陆军拥有步兵182个师又6个旅、骑兵9个师又6个旅、炮兵4个旅、20个独立团、海军11万吨，空军拥有各种型号的飞机600架，其中能飞的不足300架。

军力总量。中国人口足有 4 亿多，现役兵力 170 多万，补充兵约 50 万。但是，由于地域广大，且尚未实现真正的统一，加之民国政府不得民心，战争号召力极差；日本人口 7000 多万，真正的日本人只有 4500 多万。但是，由于完善的兵役制度，兵员总数为 448.1 万人，其中现役兵、后备役兵、预备役兵作为战斗兵，数量 199.7 万人，后备兵人数 248.4 万。及守备部队，加上海军，战时，日本可实际动员 1000 万人。

二、失落与躁动

1921 年华盛顿会议之后，日本政府开始大规模裁军。1921 年，日本的军费是 7.3 亿日元，1930 年则裁减到不足 5 亿日元，裁减额高达 40%。

大规模的裁军，引起职业军人的强烈不满。军校招生严重不足，只好招揽外国，特别是来自中国的留学生。由于军人喜好闹事，一些饭店甚至拒绝穿军服者进入。不久，一些失落和焦躁的军人们，开始秘密成立天剑党、樱会、一夕会等军人组织。臭名昭著的石原莞尔、东条英机、冈村宁次等人，都是活跃分子。

日本军方的高层，很快看到了问题的实质：职业军人除了打仗，几乎没有其他技能；如果没有战争，就没有军费；职业军人就失去原有的和应有的尊严，一定就会闹事；等等。为此，军方必须参与国家治理，介入政治决策，且拥有相当的影响力。

三、皇姑屯事件

最早吸引军方注意力的，是中国的东北地区。这里幅员辽阔、自然环境优越，森林、水产、矿产等资源丰富。日本和俄国对东北的富足垂涎三尺。日俄战争之后，日本控制下的满铁，几乎控制了整个东北的经济命脉。然而，1916 年，奉系军阀张作霖成为奉天省军政首脑兼东三省巡阅使以来，对日本阳奉阴违，采取了发展农业、兴办实业、扩大教育、振兴民族经济等举措。

"九一八"事变以前，东北三省是中国最重要的商品粮基地、军工基地、工矿业基地和教育基地。统计表明，东北（黑吉辽、蒙东、热河等）的 GDP 高居亚洲第一，世界第四。工业总产值是山海关内各省总和的 19 倍。东北大学教授工资为 360 元，高于北京大学、清华大学、南开大学等名校，并且一律以银元支付，从不拖欠。

1925 年 11 月，奉系军阀内乱。关东军趁机要求日本内阁紧急增援，借机获取利益。情急之下，张作霖与日方缔结密约，换取关东军出兵。郭松龄战败被杀。战后，关东军要求张作霖兑现承诺，却只得到一些银元作为回报。

再说中国的南方。1926年7月，在苏联政府、共产国际、中国共产党的强劲支持下，10万之众的国民革命军誓师北伐。远道而来的苏联顾问，昂然走在队列中。各式各样的苏式装备，耀眼而醒目。

1927年4—7月，蒋介石、汪精卫联合日本、美国、英国等反苏势力，争取地方财阀的支持，制造和左右社会舆论，相继制造"四一二"政变、"七一五"政变，疯狂屠杀共产党员、革命群众和国民党左派。国共合作宣告破裂。国民政府与苏联断交，陆续驱逐军事顾问。

日本高度关注中国的时局。参谋本部的铃木贞一起草、取名《田中奏折》的《帝国对满蒙之积极根本政策》，提出"唯欲征服支那，必先征服满蒙。如欲征服世界，必先征服支那。倘世界知东亚为我国（日本）之东亚，永不敢向我侵犯"。又及，"所谓满蒙者，依历史，非支那之领土，亦非支那之特殊区域"。再二，"南满铁道之举动往往而累及内阁，皆因南满铁道之组织虽为半官半民，其实权皆操诸内阁之手，是每每欲发展于满蒙之时，国际间每不满南满铁道公司为一经济公司，而竟看作政治的纯然机关。"

后又，"故拟南满铁道公司根本变更，将南满铁道公司之附带事业中，择其利多益大事业悉数提出为独立公司，暗附南满铁道公司之势力而急进满蒙……为帝国使命而猛进。"《田中奏折》成为战略与战术之间的谋略，描绘日本发动战争的步骤和蓝图。

1927年6月，外务省、陆海军省、参谋本部、关东军、研究中国的专家等，参加日本内阁在东京召开的"东方会议"。会议通过的《对华政策纲领》明确提出，满蒙地区，特别是东北三省，与日本"有重大的利害关系"，日本决心负起"特殊的责任"，"使之成为国内外人士安居的地方"。《对华政策纲领》还决定，日本将采取包括使用武力在内的一切手段，来维护并进一步扩张其在满蒙，特别是东三省的权益。

不久，关东军参谋板垣征四郎与石原莞尔等一行，进行了"北满旅行"，从旅顺出发，先后途经长春、哈尔滨、齐齐哈尔、海拉尔、满洲里，接着经昂昂溪、泰来、洮南返回旅顺，对中国进行军事侦察。其后，关东军又先后组织3次所谓的"参谋旅行"，并拟定各种战略方案。

中国的时局再度发生变化。1928年，宁汉合流后，国民革命军继续北伐，并在西北的冯玉祥、山西的阎锡山加入下，100多万的北伐军，开始向奉系发动进攻。6月2日，张作霖离开北京，乘坐火车返回东北，拒绝与日本的深度合作。4日，关东军司令部高级参谋、陆军大佐河本大作，日本驻奉天总领事林久治郎，关东军大尉东宫铁男，胆大妄为、擅自作主，悍然在沈阳皇姑屯炸死张作霖。12月29日，少帅张学良通电全国，宣布服从国民政府，改变旗帜。北伐结束，国民政府完成统一。

关东军的"以下犯上"，使得分化、击破的"大陆政策"陷入困局。首相田中义一，得知情形，大骂河本大作，"真是混蛋！简直不懂为父母者之心！"昭和天皇震惊，亲自过问。田中义一如实禀报。然而，在内阁会议上，陆军参谋总长宇垣一成，严厉指责田中义一诬蔑陆军。田中义一随即改口，"张案经过周密的调查，发现关东军并未牵涉在内"。昭和天皇再次大怒。1929年7月，主张柔性蚕食、逐步侵占东北的田中义一内阁，宣布总辞职。陆军强硬分子和少壮派顺势上位。武力解决东北问题，遂成军方共识。

1931年春，"满铁"理事松冈洋右在《动荡之满蒙》说道："今天满蒙之地位，对我国说来，不仅在国防上十分重要，而且对国民经济也是不可缺少的。换句话说，作为一个现实问题来看，不仅在我国的国防上，就是在经济上，也可以说是我国的生命线。……我国要牢固地确保和死守这条生命线，而不必害怕任何国家和任何人。"

日本军部于是发布命令，要求所有记者、讲演者都必须宣传，"满洲是日本的'生命线'，日本必须囊括满洲"；凡是违反这一方针的一切言论和行动，都要严厉取缔和制裁。从此，"满蒙生命线论"迅速风靡日本。

四、"九一八"事变

东北易帜，既是张学良的爱国之举，也是时局变幻的应对；然而，年轻气盛、不谙江湖，也是禀性。

（一）杨常事件

1929年1月，张学良枪决杨宇霆、常荫槐。两人均是奉系的元老重臣，与张作霖以兄弟相称，根本不把张学良放在眼里。时常，他们对张学良动辄训骂，俨然以父亲自居。年轻气盛的张学良，遂下杀心。此事虽然对于张，有立威之效，实则已为奉系高层争斗埋下祸根，暗示东北军已走向颓败之势。

（二）中东路事件

东北易帜前后，国民政府派遣吴铁城来到东北。他不禁感慨"不到东北，不知东北之大；不到东北，不知东北之危"。这时的蒋介石，一是革命成功，踌躇满志、意气风发，收复东北的所有主权，自然是顺应民心之举。二是清除异己、巩固中央的统治地位。东北军是中国唯一陆、海、空军兵种齐全的地方派，实力雄厚、引以为患。众口铄金、三人成虎。张学良顿感不安和焦虑。

1929年7月，28岁的中华民国陆海空军副司令张学良，遵照"革命外交"的指令，态度强硬，准备以武力，收回苏联控制的中东铁路部分管理权。17日，49岁的苏联统帅斯大林得知，立即断绝外交关系。

日本军部得知情报，立即判定东北将有变故，火速调任"中国通"本庄繁，担任关东军总司令。久居中国18年的土肥原贤二，担任沈阳特务机关长。

当年9—11月，深谙中国实情、返回不久的布柳赫尔（加宁），被斯大林挑中，出任苏联特别远东集团军总司令，大举进攻东北边防军。张学良误信情报，贸然开火。一线激战兵力超过20万，包括重炮、坦克、飞机和军舰等。及至战事扩大，张学良"心中无数，仓促应战，指挥失措"。帝国主义列强顾及自身利益，冷淡处置。东北军大败，被迫与苏联签订《伯力条约》，黑瞎子岛被强占。

中东路事件爆发后，关东军畑英太郎大将不准东北军经由南满铁路北运，掐断兵力和后勤供给。同时，又命令日本关东军高级参谋板垣征四郎和关东军主任参谋石原莞尔等5人，组织"参谋旅行"。不久，石原莞尔分发《战争史大观》《回转国运的根本国策：满蒙问题解决案》和《关东军满蒙领有计划》。

在诸多报告之中，石原莞尔一针见血地指出，解决满洲问题，乃我日本生存下去的唯一途径；解决满蒙问题的钥匙，掌握在帝国国君手中；扫荡军阀、官僚、没收其官方私有财产；把中国的旧体制改由关东军统治，并在关东军占领下，推翻当地统治阶层；在军政方面，让日、朝、中三民族"自由竞争"，采取士农工商各类型相区别原则，日本人从事"大型企业和脑力劳动方面的事业"，朝鲜人"开垦永田"，中国人从事"小商业劳动"；用4个师团防御俄国入侵；等等。

至此，日本军国主义的侵华政策、方针和对策，逐步细化到战术和实施层面。基于广泛深入的实地调查、连续全面刺探的情报统计，行动更有针对性和实效性。

（三）万宝山事件

小国谋取大国、弱者吞并强者，始终采取先边缘、后中心，先试探、后突破的步骤。日本也不例外。

1931年7月，驻长春日本领事田代重德唆使朝鲜人，擅自远离限制垦居区，到中国属地万宝山境内勾结中国奸商，非法租种农田，与当地农民发生了利益冲突。随后，日本警察和宪兵以保护朝鲜人为由，开枪镇压中国农民，强行开垦农田。

事后的日本，更是颠倒是非，大造谣言挑拨中朝关系，试图煽动民族情绪，有意扩大冲突。日本趁此良机，借机向朝鲜增兵，其用意明显。张学良意识到，日军是故意挑起事端，意图扰乱大局，便授意下属采取力避冲突的方针。

（四）中村事件

1931年4月，驻扎日本仙台的第二师团，受命进驻辽阳。6月，参谋本部大尉中村震太郎等人，以"考察农业"为名，潜入兴安屯垦区，搜集兴安屯垦区军事情报，被中国屯垦军拘获。张学良接到密报后，指示关玉衡团长，下令秘密处死。日军得知后大为震怒。张学良为了避免与日军冲突，特派东北宪兵司令陈兴亚前去调查，随即将关玉衡免职，并向日本道歉，保证惩凶并赔偿损失。

张学良严厉指示"对于日人无论其如何寻事，我方务须万方容忍，不可与之反抗，致酿事端"。

（五）"九一八"事变

"九一八"事变是昭和军阀头号"下克上"事件，也是筹划已久、处心积虑的阴谋，更是现代猎头史上的经典案例。

当年，号称日本"第一兵家"的石原莞尔、"中国通"板垣征四郎，合称"石原之智、板垣之胆"，并非浪得虚名。

第一，国际形势相对平静。1929年，苏联红军打败张学良的东北军，获取巨大的利益之后，热火朝天地投入到第一个"五年计划"的社会主义建设。美国、欧洲地区正在遭受世界性的经济大危机（1929—1933年），根本无暇顾及东方的局势变幻。国际联盟力不从心、名存实亡。

第二，中国南方形势十分严峻。那时，雄心勃勃的国民政府，既要"剿共"，又要"抗洪"，忙得焦头烂额。

1930年12月—1931年9月，国民党集团获得中原大战的胜利之后，先后3次调集重兵，对共产党领导的鄂豫皖区、湘鄂西和中央苏区进行军事"围剿"，硝烟满天、战火纷飞。

加之，1931年8月，长江流域发生特大洪水，淹没农田5000多万亩，淹死14.5万人，370多万人死于疾病和饥荒，16个省范围内的8000多万人受灾，是20世纪导致死亡最多的自然灾害之一。

第三，东北军士气低落，畏战情绪弥漫。张学良历经杨常事件、中东路事件、万宝山事件、中村事件，声望大跌、身心俱疲，且已经率领东北军主力南下。

第四，关东军的少壮派被"最终战争论"和"满洲土地无主论"煽动，摩拳擦掌、跃跃欲试。桥本欣太郎中佐、根本博中佐、建川美次少将、重滕千秋大佐、永田铁山大佐、小矶国昭少将、二宫治重中将等中高级将领，对在东北动武的计划，或参与，或默许。

第五，满洲守备队和朝鲜驻屯军的呼应。8月下旬，日军南满铁路守备队秘密从大连柳树，转移到达沈阳车站附近。还从国内调来30多架飞机、20多门野炮，安置在沈阳附近苏家屯、浑河一带。日军又运来300多箱新式步枪、大量弹药和其他军用物品。朝鲜驻军参谋神田正种，承诺将会越境"应变赴援"。

早在1930年，石原莞尔就制定作战计划，"集中兵力攻克沈阳城"，"闪电般地歼灭奉天附近的军队，推翻其政权"。不料，扬言动武的消息，很快泄露到东京。

日本政府非常警觉关东军的屡次异动。昭和天皇谕令关东军整顿军纪。迫于天皇和同僚的质疑，陆相南次郎大将和参谋长金谷决定，派遣作战部部长建川美次，亲自赴东北，制止石原莞尔等人的行动。但是，却被参谋本部情报课的俄国班班长桥本欣五郎，密电告知关东军高级参谋板垣征四郎，让他们尽快行动。

9月18日，建川美次到达沈阳，板垣征四郎便将其安排在沈阳菊文旅馆，并为其召来一名艺妓，暗示建川美次只管纵情玩乐。美酒与艺妓相伴，建川美次很快便乐在其中。就在这时，2万多关东军分别从西北、西面、东北三个方向，开始对东北军的北大营发起进攻。同时，日军步兵联队分三路向沈阳城进攻，攻打东三省的兵工厂以及飞机场。日本驻奉天领事馆领事森岛守人，闻讯奔赴关东军特务机关，要求停止袭击。板垣征四郎拒不接受，花谷正少佐拔刀威胁。而在东北军方面，张学良正在北平观看京剧，突然接到急电，误以为日军只是在挑衅，即刻回电指示一律不可抵抗。沈阳就此陷落。

次日，日本政府召开紧急内阁会议。南次郎强调，事变是关东军的自卫行动。但是，外务大臣币原喜重郎，怀疑这是关东军的阴谋，试图通过外交手段解决事端。9月24日，内阁会议决定"不将事态进一步扩大"的方针。会后，日本陆军大臣和参谋本部，分别向关东军发出电报，传达内阁"不扩大"的方针，同时，赞扬关东军的"决心和措施是适宜的"，"提高了日军的威望"。石原莞尔、板垣征四郎、神田正种等人，受到军部鼓励，遂决定无视政府的方针，仍然打着自卫为名义，不断扩大战线。12月11日，若槻礼次郎内阁总辞职。次日，激进的犬养毅出任首相兼外相，荒木贞夫任陆军大臣。石原莞尔、板垣征四郎、神田正种，先后晋升、声名鹊起。

战后，15.5万东北军，仅有4万多撤回关内，其余或投敌，或被歼灭。堆积如山的各式枪支9万余支、各式子弹1.8亿发、炮弹50万发、大炮600余门、265架飞机……号称"亚洲第一"的东三省兵工厂，规模可观的辽宁迫击炮厂，皆落入日军之手。

14年艰苦卓绝的抗战史，就此开始。国民政府的不抵抗政策，顿时引起全国人民愤怒。以马占山为首的东北义勇军，率先与日本关东军主力多个师团和伪军张海鹏激烈战斗，毙敌甚多，成为著名的民族英雄。中国共产党满洲省委陆续派出杨林、杨靖宇、童长荣、赵尚志、冯仲云等高级领导人到前线，先后建立多支抗日队伍，规模超过4万人。

中国战场始终是东方反法西斯战线的主战场，牵制半数以上的日军。1938年10月，日本陆军总兵力为34个师团，其中朝鲜1个、中国32个、本土1个。太平洋战争时期，日本陆军总兵力为51个师团，其中本土4个、朝鲜2个、中国35个、东南亚10个。1943年年初，日本陆军在中国战场部署66万人，太平洋战场为48万人。战争尾声，太平洋战场尚有83万余人，中国战场将近105万人（不含缅甸战场）。

2017年1月，中华人民共和国教育部基础教育二司，发出《关于在中小学地方课程教材中全面落实"十四年抗战"概念的函》，并要求对各级各类教材进行修改。

五、"二二六"政变

日本地域狭小、人口众多。明治维新以来，封建主义和资本主义共生共存。加之，国家神经长期处于焦虑和紧绷状态，民众普遍带有躁动心理和不安情绪。

社会阶层贫富不均，逐渐呈现严重的两极分化。底层的普通农民，夏季耕耘土地，冬季进城找工，艰难维持生计。至于山区农民，全家人背井离乡，追随政府组织的东北开拓团，垦荒谋生。而在城市，青年男女进厂做工，工资微薄。上层社会，却是景象万千。伴随资本主义的发展和对外侵略，高端人物及其政党，明争暗斗、攻击取乐。各种财团势力凭借政治、经济的优势，残酷地剥削普通民众，渗透、影响，甚至是左右政府的对内、对外政策。

诚然，任何社会都有病态；病态，通常都是合力所致；很难采取单一渠道，根除综合症。特别是，也存在着资本主义初中期那种贫者越贫、富者更富两极分化和资本垄断等严重的社会问题。

特别是，明治维新崇尚武力立国、军事优先的国策，给予军人更多、更广的优越感。当时，政府和民众极力规避本土战争，极力阻止社会动荡；但是，对外侵略带来的巨大财富，却是全体国民乐于赞叹和欣赏的。正是这种土壤，使得少数激进主张，被默许、被鼓励，甚至是被支持。

日本极右组织得知"九一八"事变的成功，异常振奋。樱会首领桥本欣五郎中佐、长勇少佐等陆军军官，密谋通过武装政变，建立军人专政，一举解决侵占中国东北和内蒙古的问题。在民间右翼势力首领大川周明、西田税等人的支持下，计划在10月21日，出动12个步兵中队、16架飞机，袭击首相官邸和警视厅，杀死首相若槻礼次郎、外务大臣币原喜重郎及内大臣牧野伸显，颁布戒严令，推举曾任陆军大学校长、皇道派领袖荒木贞夫出任"总理兼陆军大臣"，建立法西斯政权。不料计划泄露，主谋者被捕。但是，并不知情的荒木贞夫，反而因祸得福，出任犬养毅内阁的陆军大臣。

荒木贞夫主持陆军期间，关东军迅速占领了中国的东北三省，接着又进军热河、染指华北。狂热的国家主义思潮，勃然兴起。每天清晨，日本电台都要播放军歌，"啊，满洲的大平原，从亚洲大陆东方升起……"他还不失时机地利用电台、报纸和书籍等，拼命鼓噪"昭和日本的使命"，大谈日本的生命线，竭力增加陆海军的经费，扩大对外侵略摇旗呐喊。一时间，日本社会对军部的批判，如同退潮一般，突然悄无声息。

这就是日本的人才漩涡，也称为人才领域的"日本病"。不管什么人，做什么事，只要能够给日本，带来短期可见、切实可观的国家利益，消除民众的惊恐、增强民众的信心，就能够成为英雄人物。反对派通常选择沉默、避让和纵容，甚至是赞赏。如此一来，国家的未来命运，反而高度集中在少数人物的手中。

1932年1月28日，日本侵略军进攻上海。在英、美、法、意等国的调停下，中日双方签署《淞沪停战协定》。1934年1月，强烈主张发动侵苏战争的荒木贞夫，导致稳健派忍无可忍，终于被迫辞职。曾经参与"九一八"事变的陆军大将林铣十郎出任陆相，完全听从统治派永田铁山的控制，皇道派失势。

1936年2月26日，东京都大雪纷飞。皇道派军官香田清贞大尉、安藤辉三大尉、河野寿大尉、野中四郎大尉率领1400多名士兵，刺杀了内务大臣斋藤实、大藏大臣高桥是清、教育总监渡边锭太郎，天皇侍从长铃木贯太郎受重伤，并占领了首相、陆军大臣官邸，陆军省，警视厅及附近地区，要求罢免、逮捕统制派军官，建立以皇道派为首的内阁。昭和天皇痛斥叛军，陆军奉命镇压。直接参与政变的80多名军官被判刑，其中17名主要分子被处决。皇道派被彻底清洗。史称"二二六"事变。

次月，广田弘毅出任新的内阁首相，恢复"军部大臣现役武官制"，完全听命于以寺内寿一为首的新统制派。皇道派的军人法西斯专政梦想，反而被统制派轻易实现。日本的军国主义，再次迎来新的高潮。

六、人才漩涡

皇道派、统制派的实现路径略有差异，但是，同属法西斯专政一脉。远在大海对面的中国前线，日军的中下级军官更加骄横霸道、肆无忌惮，甚至是刻意挑起战端、扩大战事。

（一）卢沟桥事变

1937年7月7日，驻丰台的日军中队长清水节郎，借口士兵走失，要求进入中国守军驻地宛平城搜查，被严词拒绝。少佐一木清直（1942年8月，追晋陆军少将）、大佐牟田口廉也（1940年8月，晋升陆军中将），旋即开炮挑衅，并向卢沟桥守军发动攻击。匆匆赶到现场的少将河边正三（1945年3月，晋升陆军大将），擅自命令继续猛攻。

其后，中日双方商议，前往卢沟桥调查。荣升参谋本部战争指导课课长的石原莞尔大佐，赶到现场想阻止。时任参谋本部作战课长的武藤章大佐调侃道："石原桑，我们只不过是在重复先辈在满洲干过的事情，有什么不对吗？"

消息传到东京，48岁的日本首相近卫文麿，在日记写道："我方有点可疑，确定不扩大事态的处理方针。但是，大佐田中新一和武藤章，极力劝说陆军大臣杉山元，一边与国民政府谈判，一边增加驻华兵力、扩大战争规模，利用'皇军之父'山县有朋制定的（战时）内阁不得干预、军事统领权的体制，并向昭和天皇担保，3个月解决中国事变。"

1937年7月11日，杉山元责成陆军省和参谋本部制定《关于华北作战的协定》，向内阁提出增兵华北方案。7月23日，杉山元亲自下达动员令，向华北增兵20万、军马5万匹。训练有素的陆军和掌握绝对制空权的空军，联合作战、势如破竹。7月29日凌晨，攻占北平（今北京）。次日，攻占天津。

华北战场的冒险与胜利，再次成为前线中下级军官"以下犯上"、博取功名的主要动力，也成为迫使政府纵容、党派失音、民众欢呼的雄厚资本。8月15日，日本政府发表杉山元起草的《对华宣战声明》，全面侵华战争遂始。

（二）诺门罕战役

诺门罕战役是"日本陆军史上最大的一次败仗"，这是一个小参谋招惹的灾难。

开战前夕，日本竭力避免与中国以外的国家，尤其是美国和苏联交恶，竭力避免多边作战的困境。但是，这个战略方针很快受到来自军方下层的冲击。1933年8月，参谋本部进行"苏联对新疆的渗透情况之调查"项目，少佐作战参谋辻政信，受命在甘肃的兰州、肃州等地活动。

1939年5月，外蒙骑兵渡过哈拉哈河，和当地的伪满军队发生武装冲突。驻扎在海拉尔的日军第23师团，决定主动进攻。辻政信随军出发。由于配合不力，东面的支队被歼灭。日军撤退，苏蒙联军进驻哈拉哈河东岸。这就是第一次诺门罕事件。陆军省指示，不要扩大事态。

关东军参谋中佐服部卓四郎和少佐辻政信，决意继续作战，挽回面子。辻政信提出，出动精锐的陆军第7师团、空军第2飞行集团。司令官植田谦吉认为，第23师团也要参加。大本营闻讯，争执不下。6月27日，胆大妄为的辻政信，私自拟文、私自签字，下达空袭命令。第二次诺门罕事件，随即爆发。6月20日，日军进攻。到达渡河口，朱可夫大将指挥苏蒙联军的坦克集群和远程火炮，迅速截击。日军措手不及，只得撤退。8月20日，苏蒙联军突然发起反攻。日军第23师团全部、第7师团的2个联队、第1师团的1个野战重炮旅团，被全歼。

1940年1月，前来谈判的苏蒙代表团，不辞而别。遂成无果。直到1978年9月，知情人方才揭露，狂妄残暴的辻政信，居然瞒着上司，连夜给苏方团长波哥塔诺夫少将，捎去口信，威胁双方如果敢签约，就要暗杀代表团的全体成员。

诺门罕战役，关东军损失惨重。12名中佐及以上的高级军官、7720名士兵战死。1966年10月，靖国神社统计，实际战死18868人。关东军司令官植田谦吉，被大本营撤职。高级军官们纷纷被撤职，或者转入预备役。当时，第72联队酒井大佐，身负重伤住进医院。不料，少佐辻政信主动找上门，在其床边放上手枪。离开不久，酒井自杀。的确，日军有兵败自杀的传统，但是，公开逼迫战败的军官自杀，实在是开创日军陆军的先例。

辻政信安然无事，被调往台湾，没受到任何处罚。其后，参与菲律宾、马来亚、新加坡、缅甸、泰国的入侵作战。多次制造恶性事件，沾满东南亚人民的鲜血。

第二节 中日战争

战争，始终是残酷的。"九一八"事变之后，日本突然发现，看似一盘散沙、漫无斗志的中国，各种人才陆续汇合、聚集在抗战的旗帜之下。1936年12月，西安事变之后，国共第二次合作。次年，抗日民族统一战线形成。

反观日本，明治维新以来始终有着较为完备的侵华策略，特别是针对中国的高端人才，采取消灭、扶持、拉拢的基本方法。抗战初期，日本的政治体制、经济实力、军事潜力和教育效果，迅速在军事领域释放出来，成效显著。

与此同时，伴随战线的不断拉长、速战速决的企图落空、战略资源的逐渐匮乏，日本侵华的人才策略，更加具有目标性、针对性和灵活性。简单说，就是"殖民台湾、移民东北、分化大陆"。

一、殖民台湾

1895年，清朝政府和日本签订丧权辱国的《马关条约》，割让台湾岛及其所属岛屿、澎湖列岛。直到1945年，日本投降、台湾光复。艰苦卓绝的抗日战争，整整50年。

（一）沦陷以后

《马关条约》签订之后，清朝政府责令台湾官兵内渡，禁止大陆军民、官绅接济台湾人民抗战，彻底地出卖台湾。日军攻入台湾，随即展开殖民统治。

1. 政治上

第一，总督制。1896年3月，日本政府将台湾划归拓殖省管辖，颁布《台湾总督府条例》及相关条例，规定"在台湾，总督命令即为法律"的总督独裁制度。

第二，警察制度。1895年，在台湾全岛布设警察网，州、厅、市、郡，乃至街道，都有警察部门。警察以日本人为主体，负责各类政务。

第三，保甲制度。1898年，殖民当局又实施"保甲条例"，以一种

"以台制台"的方式，控制和奴役台湾民众。

第四，军人体制。1919年10月，殖民当局改军人体制为军政分立制，派出了9届文职总督实行同化政策，笼络台湾民众，企图达到永久霸占台湾的目的。

2. 经济上

日本对台湾的经济政策，是变台湾为日本的经济附庸，最终目的是实现"工业在日本、农业在台湾"。

第一，通过掠夺台湾大量的农林土地，控制农业生产。一方面，对农业大量投资，改善米、糖生产条件。另一方面，大肆掠夺台湾米和糖，并运往日本。在运往日本的台湾物产中，糖的价值占到该时期输日总值的40%以上，稻米占30%左右。台湾农民生产的米、糖，基本上被日本殖民者洗掠一空。

第二，鼓励日本垄断资本侵入台湾，驱逐西方经济势力。首先，通过专卖制度将樟脑、鸦片等贸易大权收归政府，指定日本资本家独占。其次，鼓励日本商业资本与产业资本相结合，提升国际竞争力。最后，全面控制台湾经济，将之变成原材料供应地、工业商品销售市场和资本输出场所。

3. 文化上

1895年7月，在台北成立"国话传习所"，推行奴化教育。1898年，制定旨在实施奴化教育的《台湾公学校规则》。

为了配合政治、经济和文化奴役，日本实行残暴统治，动辄屠杀反抗力量。比如：彰化一役，5000多人被杀；围剿云林大坪顶抗日根据地，3万多人被杀；1913年苗栗起义，200多人被处死；1915年台南西来庵起义，903人被处死，数万百姓遭屠杀；1930年雾社起义，2100多人的泰雅族，战死或者自杀殆尽……

（二）抗战时期

"九一八"事变后，台湾民族运动趋于活跃，决心"武装发难来配合中国的抗战"，起义、暴动屡禁不绝。殖民当局遂改变策略，主要包括：

1. 强制义务教育

殖民政府设立许多小学及中学，实行强制义务教育。1944年，国民学校共有944间，学生超过87万人（含女学童），台籍学童就学率为71.17%，日籍则高达90%以上，远高于当时世界的平均水平。1928年，兴办台北帝国大学，能够培养博士。

2. 推行皇民化运动

殖民政府义务教育过程中，强制推行日本语教育，不许说当地方言；规定在校读书的青年学生，必须参加"学徒兵"训练；发起更换日式姓名的运动，规定"不得使用今姓所源之中国地名为姓"的禁令；等等。

3. 征召雇佣兵

1895年，殖民政府陆续从台湾征兵。1945年1月，全面实施征兵制度。到日本投降的时候，8万多名台湾青壮年在前线作战，12万多人被征为军属或军夫。其中，3万多台籍日军，战死在中国和东南亚战场。少数高阶的台籍日军，战后受到盟军军事法庭的审判。

日本殖民当局在整整50年的时间，采取一般同化、强行同化和疯狂同化政策，执意从文化上将台湾与中国彻底分割，从精神上彻底消灭台湾人民的华夏意识，在客观上造成极其严重的后果。

二、移民东北

东北沦陷之后，日本开始实施既定的移民计划，开拓、巩固和夯实战果。1932年起，政府组织所谓的"武装移民开拓团"，强制农民大规模向中国东北移民。为此，大量征召17～25岁的女孩，嫁给"开拓团"成员，给他们的新生儿以"大地之子"的荣誉。

1935年7月，日本拓务省正式制定《关于满洲移民根本方针》，计划从1936年开始，每5年为1期，移民10万户农业移民。1936年，广田弘毅内阁上台，正式列入日本国策。计划用20年时间，向东北移民100万户，计500万人，以稀释中国人口；20年共分4期，每期5年，第1期1937—1941年，计划移民10万户（甲种移民6万户，乙种移民4万户）；第2期1942—1946年，移民20万户（甲种移民12万户，乙种移民8万户）；第3期1946—1951年，移民30万户（甲种移民14万户，乙种移民16万户）；第4期1952—1956年，移民40万户（甲种移民18万户，乙种移民22万户）。其中，甲种移民又称为"集团移民"，系指由日本政府予以优厚补助，并直接受理的移民。乙种移民又称为"自由移民"，是指日本政府予以适当补助、主要依靠民间实行的移民。

1937年，百万移民计划正式启动。到1941年止，第1期共计实际移入10万人。当时，伪满洲国推行所谓的"五族协和"的口号，到1940年，伪满洲国4200万人口，中国人占90%，其余依次为朝鲜人、蒙古人，日本人则占2%。但是，中国人在满洲里的地位，排在日本人、朝鲜人之后；直到1945年，日本投降的时候，共组织了合计14批次、总数为7万户、20万人的集团式开拓移民，侵入中国东北。

日本财阀利用东北丰富的资源建工厂、造水电站、修铁路。当时伪满洲国的铁路全长1万多公里，南满铁路两侧烟囱林立，成为亚洲经济增长最快的地区，也是侵华战争和太平洋战争的重要基地。仅农业一项，东北地区每年就向日本本土提供1000多万吨的粮食。

而众多祖祖辈辈生活在东北的农民，被剥夺了赖以生存的土地，被迫给日本侵略者出卖廉价劳动力。1939年，伪三江省依兰县的"千振村"，有日本移民348户1160人，而充当他们佃户和雇工的中国人4379户25548人，朝鲜人360户894人。那些失去土地的农民，就成了日本掠夺东北矿产资源的廉价劳动力。1941年，日本为掠夺珠河县土地，以"维持治安"为名，将县内所谓"危险地区"的600户农民，迁到鹤岗煤矿，充当苦工，大多数人葬身矿井。

1945年8月15日，日本宣布投降。当时，开拓团只剩下老弱病残和妇女儿童。人部分被陆续遣送回国。由于深受日本武士道精神的毒害，地处三江平原腹地的佳木斯、鹤岗等地的开拓团成员，在断粮、疲劳和寒冷的袭击下，许多人选择自杀，场面血腥、惨不忍睹。

事实上，应八路军（人民解放军的前身）的邀请，3万多名日籍人员纷纷加入八路军，涉及军工、铁道、煤矿、工厂、医院等领域。著名的东北航校、坦克大队，就有日本教官。1956年6月，周恩来总理接见日本代表团，深情地说道："我们很感激一部分日本人，他们在解放战争时期，作为医生、护士、技术员参加了解放战争，这些更增强了我们与日本人民缔结友好关系的信心。日本的军国主义确实是残酷的，但是，协助我们的日本人民有很多。"

三、分化大陆

东北沦陷，日本侵华的人才战略，始终是伴随的时局的不断变化，针对中国不同层次、不同性格和不同心态的高端人才，坚持主线、及时调整，有计划、有组织、有步骤地实施组合策略。概括起来，就是"以战促降、分而治之"。

第一阶段，1931年9月—1937年7月（卢沟桥事变）。主要是巩固东北、渗透华北。

关东军占领沈阳城后，继续向辽宁、吉林和黑龙江地区进攻。短短4个月内，东北三省已牢牢掌握在关东军手中。对于坚决抵抗的抗日联军和地方武装，采取武力剿杀的策略，杨靖宇、王德泰、夏云杰、陈荣久、赵尚志、汪雅臣、赵一曼等军政将领，先后殉于国难。一些军事将领和土匪头子，相继投敌和归化，成为日军的帮凶。

为了掩盖侵略的面目，巩固东北地盘，石原莞尔提出建立傀儡政权，便于幕后操纵。于是，日军派遣间谍川岛芳子去天津，女扮男装劫走婉容（秋鸿）皇后，彻底打消溥仪的顾虑。1931年10月，"伪满洲国"成立。

东北军撤退的时候，遗留大量的物资、军火，均被关东军收入囊中。一些提供给于芷山、任延吉、张海鹏、李守信等，这些已投靠日军的奉系将领，以这些物资、军火组织和扩编部队。另外一些，提供给民族分裂分子，包括蒙匪巴布扎布的儿子甘珠尔扎布、正珠尔扎布两兄弟，大蒙奸德穆楚克栋鲁普，武装军队、为虎作伥。

1935年1月，日军制造"察东事件"，迫使南京政府承认察哈尔沽源以东地区为"非武装区"。不久，土肥原贤二借口"河北事件"和"张北事件"，胁迫南京政府批准"何梅协定""秦土协定"。继"丰台夺城事件"后，再次收买汉奸、流氓发动"香河暴动事件"，加紧上层策变活动。11月，唆使殷汝耕，成立汉奸性质的"冀东防共自治委员会"。日本教唆山西军阀阎锡山、山东军阀韩复榘，搞所谓的华北五省自治。12月，宋哲元、王揖唐、王克敏等，成立变相的"自治"的"冀察政务委员会"。

应当注意，1936年12月，国共第二次合作，抗日民族统一战线初步形成。参加统一战线的，不仅有农民、工人、城市小资产阶级和民族资产阶级，还包括除了汉奸、大地主、大资产阶级投降派以外的一切政治力量。1937年，工农红军改编为八路军、新四军的时候，抗日民族统一战线正式形成，各种人才开始集聚在抗战旗帜之下，形成滚滚的洪流。这时的中日矛盾，成为最主要的矛盾。对于日本，这是最不愿意，也是最担忧出现的。

第二阶段，1937年7月—1938年10月（武汉失守）。日本采取强硬的对华政策，企图速战速决，对蒋中正为首的中央政府，以武力威压为主、政治诱降为辅。

其一，扩大特务活动。日本在中国的间谍十分猖獗，甚至到了无以复加的地步。如在1904年，阎锡山被派送日本留学，与土肥原贤二、冈村宁次、板垣征四郎等人，交往甚密。回国后，历任高官，时称"山西王"。土肥原贤二被派往中国从事间谍活动的时候，利用与阎锡山是士官学校同学的关系，仔细浏览和记录山西的地形地貌。

1937年，抗日战争全面爆发。日军向山西大举进犯。依照土肥原贤二的指点，日军携带重型武器，选择铁甲岭，突破号称天险的雁门关，导致晋北决战计划化为泡影。中国军队只得全线溃退。

其二，积极收买间谍。比较典型的，就是黄濬间谍案。民国初年，黄濬留学日本。回国后，他先后在北洋政府、南京国民政府行政院任职。1937年7月，国民政府准备在长江江阴段沉船，彻底封锁长江航道，将停留在长江的日本舰队一网打尽。不料，计划随之泄露。经查，担任国防会议秘书的黄濬，早已被日本间谍策反。8月，黄濬及其同伙10多人，被公开处决。

其三，切断国际援助。在美国、苏联、日本、德国、法国、加拿大、英国的留学生纷纷回国，东南亚华侨踊跃捐款捐物、青年子弟争相参战……苏联志愿航空队、美国飞虎队的相继出现，更加令军方高层忧惧。

海外华侨踊跃归国参战。以陈嘉庚、卢作孚、司徒美堂、李清泉、胡文虎、丘元荣、吕天龙、梁添成、陈镇和、刘盛芳、肖德清、李月美、李林等人为代表。日军全面侵华之后，封锁所有的港口，遇到口音不同、着装不同的华侨，通常是就地策反或者处决，目的就是阻止进入抗战序列。

外籍人士受到国民政府和地方军阀的邀请，纷纷加入前线作战和后勤保障。德国的汉斯·冯·塞克特、亚历山大·冯·法肯豪森、奥托·布劳恩，苏联的帕维尔·费多罗维奇·巴季茨基、帕瓦西里·伊万诺维奇·崔可夫、维尔·彼得罗维奇·日加列夫、格里戈里·库里申科、A.C.布拉格维申斯基，美国的克莱尔·李·陈纳德、约瑟夫·史迪威、约翰·司徒雷登、埃德加·斯诺、约翰·马吉、罗伯特·肖特，加拿大的诺尔曼·白求恩，越南的毕士悌、武元博，朝鲜的金九、尹奉吉，波兰的汉斯·希波、爱泼斯坦，印度的柯棣华，奥地利的罗生特、理查德·傅莱，日本的野坂参三、杉本一夫、山田一郎、绿川英子，瑞士的勃沙特等，都是杰出的代表人物。

其中，尤其是德国军事顾问，十分耀眼。众所周知，从1928年起，国民政府先后聘请马格斯·鲍尔、乔治·佛采尔、汉斯·冯·塞克特和亚力山大·冯·法肯豪森为总顾问，总计4批的、200多名的德国军事顾问团，参与策划、指挥，甚至直接参加作战，时称"中国人领导、德国人组织的抗日战争"。

日本政府对此非常忌惮，多次通过外交部抗议，目的就是阻止人才外援。伴随"轴心国"结盟、日本政府的反复催促，德国随即宣布，从1938年2月起停止军售。6月起，又宣布撤离军事顾问团，否则视同叛国。然而，1943年常德会战，一名德国顾问军官阵亡，尸体被日军发现。

日本军部再度向德国抗议，后者随即全部强行撤离。

第三阶段，1938年10月—1941年12月（珍珠港事件）。伴随占领地域扩大，守备兵力增加，作战兵力的不足，中日战争进入战略相持阶段。日本政府提出"从武力第一转变为重视政治策略"。

这个时期，日本成功策反汪精卫。后者早年投身于革命。留学法国之后，担任孙中山的秘书，后升任国防最高会议副主席、国民党副总裁。

日军锁定汪精卫，是有原因的。首先，他从小经历丧母，家庭破裂之痛，性格软弱敏感、优柔寡断。其次，汪精卫曾经刺杀清朝高官失败，被捕入狱，幸亏肃清王出手相救，由此非常珍惜生命、感恩清室。最后，汪精卫的领袖欲极强，自视为孙中山的正统接班人。1932年，"一·二八"事件爆发，日军气势凌人、来势汹汹。汪精卫时任南京国民政府行政院长兼内政部长，终日恐惧、情绪低落。7月，日军侵犯热河。汪精卫电令张学良出兵抵抗，却被50多名将领联名拒绝，只得愤然辞职。

1938年4月，蒋介石出任国民党总裁，代行总理职权，确定领袖地位。汪精卫彻底失望。日军乘虚而入，与汪精卫达成"收拾残局"、实现中日"和平"的共识。11月，汪精卫与日军谈判，达成协议。汪精卫带领20多名国民党中央委员、50多名将军，以及将近100万的军队，媚日投降。实际辖区包括今天的上海全部，江苏、浙江、安徽三省的大部分，湖北、湖南、江西、福建、广东、山东、河南等省的小部分。

紧接着，日军成功策反李士群，成立76号机关。设有惨无人道的38套酷刑，骇人听闻、闻风丧胆。仅在1939—1943年，76号机关制造3000多件暗杀、绑架事件，成为日军特务组织的重要帮凶。

第四阶段，1941年12月—1944年7月（东条英机内阁垮台）。珍珠港事件后，日本企图从中国战场抽调其主力，用于对美、英在太平洋的作战，以维持整个战线。对此，日本政府推行"以战养战""以华制华"的方针，对国民政府软硬兼施，恩威并重，加紧诱降活动，逼迫其就范。

对于坚持抗战的中共军政将领，日军狗急跳墙、不择手段。如1942年，朱德与彭德怀指挥百团大战，粉碎日军进攻计划，给日军以沉重打击。土肥原贤二收买中国人梅兰，派往暗杀八路军副总司令彭德怀。不料，被识破抓获。

第五阶段，1944年7月—1945年8月（日本投降）。欧洲战场战事结束，日本在太平洋战场节节败退，多次与重庆政府"和谈"，企图挽回败局。

14年抗战旷日持久、艰苦卓绝。结束之际，中国300多万陆军阵亡、负伤、失踪。空军阵亡 4300 多人，2400 多架飞机损毁。海军舰艇损失殆尽。200 多名国民党、共产党将军战死沙场。

第三节　冷战时期

"二战"结束，日本遍体鳞伤、满目疮痍。在美国主导下，盟军在军事占领的同时，从系统的国家机器、个体的战争罪犯入手，全面整顿和修理日本。

一、国家整肃：漩涡之灭

1945 年 9—11 月，美国先后发布了《投降后初期美国对日方针》《投降后初期对盟国最高司令官占领及管理日本的基本指令》，阐明占领和改造日本的目标与政策。

就人才领域而言，盟军整肃日本的方向、目标和手段，还是比较完备而有效的。主要包括以下几个方面。

第一，扭转极权倾向。文件规定，在政治上，"在改变日本政府的封建主义和极权主义倾向方面，允许和支持日本人民和日本政府主动进行的政府形式的变革"。在军事上，彻底解除日本的武装，实行非军事化，不允许日本保存陆海空军，并彻底消除法西斯军国主义分子的影响。在经济上，"日本军事力量现存的经济基础必须予以摧毁，并不允许重新复活"，要"消除那些主要用来准备战争的指定的工业或生产部门"。

应当指出的是，美国是依照美国的民主政治理念和方式，对日本进行修理的。至少，在美国人看来，这是有效的，甚至是唯一的。

第二，增强民主成分。文件规定，鼓励发展资产阶级民主，实行宗教和信仰自由，鼓励建立民主政党。

1944 年，鲁思·本·尼迪克特，应美国军方的邀请，撰写《菊花与刀》，首度使西方世界认清日本民族最大的特色：双重性格。她认为，所呈现的日本人性格与文化，不是无数支离独立的奇异特质，也并不宛如一堆毫无关联的砂粒，而是一张严密有致、条理清晰的蜘蛛网。日本文化具有极高度的统合倾向，每个文化由一个支配性的主题贯串而成意义的整体。

当时，盟军统帅部认为，能够解救日本的有效路径之一，就是通过改变上层建筑单一的格局，形成多渠道、多声音的复合结构，有效平衡各方的势力冲突，构建政治势力妥协平台，使得高度集中的国民性格分散化、个体化和零星化，以便降低重心、消除危险。

第三，抑制个人崇拜。文件规定，废除国家神道，实现政教分离。

明治维新以前，儒家、佛教是日本上流社会的主导力量。明治维新的时候，以本土的神道教，转向以天皇为中心，强化中央集权、紧束国民意识。这种政教合一的体制，既能富国强兵，也能蛊惑人心，还能误导民众。

特别是在战争后期，无论是神风特攻队的野蛮疯狂，还是普通民众的纷纷自杀，都给盟军留下难以磨灭的印象和创伤。因此，在保留天皇体制的前提下，必须严格限制天皇干预政治生活的地位和权利，防止皇权势力的抬头和失控。

遗憾的是，伴随"冷战"的激化，美国出于对占领安全的考虑，于1951年9月，批准靖国神社的土地转让事宜。此时，靖国神社虽已降为一般性的宗教团体，但是，14位经远东国际军事法庭审判的甲级战犯的灵位，仍然供奉在靖国神社，变为少数右翼势力为军国主义招魂、为侵略战争翻案的政治舞台。

二、人才纠错：东京大审判

1946年1月19日，远东盟军最高统帅部根据1945年12月16—26日的莫斯科会议规定，发表了特别通告，设置远东国际军事法庭，同时颁布了《远东国际军事法庭宪章》，其内容与英、美、苏、法4国，在伦敦签署的《欧洲国际军事法庭宪章》基本相同。史称"东京审判"。

1946年4月29日，美、中、英、法、苏、加拿大、澳大利亚、新西兰、荷兰、印度、菲律宾11国指派的11名法官，组成了远东国际军事法庭，向法庭提出起诉书。被告28人，除松冈洋右等3人已死亡或丧失行动能力外，实际受审25人。起诉书控告被告自1928年1月1日至1945年9月2日期间，犯有破坏和平罪、战争罪和违反人道罪。审讯自1946年5月3日开始。

审讯前后持续2年多，共开庭818次，有419名证人出庭作证，受理证据4336份，英文审判记录48412页。整个审判耗资750万美元。1948年11月4—12日，法庭宣读长达1231页的判决书，判处东条英机、广田弘毅、土肥原贤二、板垣征四郎、松井石根、武藤章、木村兵太郎等7人绞刑，木户幸一等16人被判处无期徒刑，东乡茂德被判处20年徒刑，重光葵被判处7年徒刑。12月23日，绞刑在东京巢鸭监狱执行。

作为东方抗战主战场的中国，从1945年12月中旬起，也在一些地方设立了审判战犯的军事法庭。1945—1947 年，各地军事法庭共受理战犯案件 2435 件，已判决的 318 件，不起诉的 661 件，经国防部核定判处死刑的 110 件。其中，包括对南京大屠杀的主犯之一、日军第 6 师团师长谷寿夫判处死刑，绑赴中华门执行枪决。

人才审判，是对全人类的告诫和警示。凡是被列为战争罪犯的，都是某种程度上的高端人才。进一步说，对于高端人才的审判，是人才机制的纠错，也是国家体制的反省，更是人类良知的再造。

三、经济腾飞：三种神器

日本战败之后，新政府迫于国际社会，特别是来自美国的压力，推动比较广泛的社会改革。进一步消除生产关系中的封建落后因素，再次为经济恢复和快速发展奠定基础，成为历史上政治、经济、社会的大改革，号称第二次"明治维新"。

这是多重因素的合力所致。"冷战"的加剧，以及中国革命的胜利，美国基于全球战略的需要，开始转变遏制和打压政策，帮助日本恢复经济。1950 年 6 月，朝鲜战争爆发。联合国军狂购军火和给养，日本以牺牲主权和国格为代价，得到美国大量的"特需"收入，呈现"朝鲜战争特需景气"。同时，战争促使西方各国纷纷扩军备战，掀起全球物资采购浪潮，及时挽救了困顿窘迫、捉襟见肘的日本经济。

战后，强大的复兴动力、长期旺盛的市场需要、劳动力供应不足等因素，迫使企业设法留住人才、竭力保持雇佣稳定。新的管理思想和制度，随之萌芽、形成并固化。这就是通过激励员工，使得企业获得的利润大幅上升，进而促成日本经济腾飞的"三种神器"。

（一）终身雇佣制

美国学者詹姆斯·G. 阿贝格伦提出，终身雇佣制是指劳资之间所达成的长期雇佣关系。日本学者青木仓彦和奥野正宽认为，终身雇佣制不是明确规定的固定制度，只是一种习惯或者惯例。也就是说，终身雇佣制通常针对毕业生。这类特殊的雇员——应届毕业生，从被企业录用后，将会在该企业接受特定的培训、入职。企业不得随意开除，除非出现重大经营困境，或是该雇员重大违纪。不然，应届毕业生将安稳在企业工作，直至退休。

中日战争、第二次世界大战以及朝鲜战争，对日本经济造成严重影响，大批工人遭解雇。加之，海外的军队及驻外人员和家属被遣返回国，就业岗位供不应求。为了满足从业者的需要，限制劳动力的流动，日本政府先后颁布《从业者雇佣限制令》（1939年）、《从业者移动防止令》（1940年）等法律，强化终生雇佣制度。20世纪六七十年代，终身雇佣制度被最为广泛的采用，享受终身雇佣的员工比例达到历史最高。

（二）年功序列制

20世纪50年代，由于科学技术的落后，企业为了留住有技术和有经验的人才，制定出年功序列制的企业管理制度，也就是企业的福利制度。

年功序列制是指企业根据职工的年龄、学历及其连续工作年限为依据，来确定其是否提薪或晋升的管理体制。"年功"即是工作年限，因为大多数职工，都是学校毕业后直接进入企业，所以基本上与年龄同步。"序列"就是整个企业职工形成一个随着年龄的增长，工资和职位也不断提高的一个系列。

（三）企业内工会

1946年、1949年，为了向日本劳工运动和工会组织的发展提供宪法和法律支持，日本先后颁布《劳资关系调整法》和《工会法》，规定了集体劳资纠纷的解决途径，加强了工会的谈判地位和集体行动权。工会会员随后急剧增加。一些地方的罢工现象频发，遭到企业的强烈抵抗。

终身雇佣制、年功序列制，将企业与员工的利益捆绑在一起，企业迫切要求更为合作的企业工会，出面保障、维护企业与员工的利益。因此，企业内工会得到了企业管理者的大力支持。

"三种神器"之间，彼此依赖、彼此补充。但是，整体上的优点和缺点，却是显而易见的。主要表现为"一高、一低"。

1. 凝聚度高

凝聚度高是指企业的"家文化"程度高。有了"三种神器"的保护，企业与员工合为一体、休戚与共。

有效地缓解了劳资矛盾，有利于构建良好的企业文化。由于企业保证不轻易解雇员工，确保员工队伍的稳定。这使员工与企业建立良好的信赖关系。同时，员工强烈的归属感，也有利于企业协调劳资关系和人际关系，提高工作效率，尽可能地为企业谋求利润。

节省了经营成本。依托于终身雇佣体制，日本企业的解聘、解雇后再招聘、重复培训以及适应的管理成本降低，能够实现时间、资本及管理在内的单次投入。年功序列制使得员工的实际收入，长期维持在较低的水平上，加速了企业的资本积累，为企业经营管理的现代化，提供了必要的物质基础。

促进了企业的技术创新。稳定的雇佣制度，使企业不必担心员工的离职等劳资问题，企业可以加大对人力资本进行长期投资，通过培养熟练劳动，获取稳定的投资效果。同时，雇佣稳定也使管理层能将精力主要投入到市场、产品以及技术等方面。

2. 流动率低

流动率低是指这种体制，可能也是必然导致员工积极性低下、员工工作效率降低。

年功序列工资制直接导致员工之间"同工不同酬"结局，严重阻碍有胆略、有独创精神、战略性构想的年轻人才脱颖而出，导致序列在前、辈分较高的员工，不求上进，得过且过；序列在后、年轻成员缺乏斗志，磨洋工现象频现。

单个企业组织规模过于庞大。"三种神器"约束企业不能随便解雇工人，导致企业组织规模过于庞大。体积的增大，势必影响速度的提升；速度的下降，直接影响生产结构和经营方向的调整。

企业间的人才配置不当。终身雇佣制使劳动力始终被封闭在一个企业内，与社会统一的劳动力市场相隔离。终身雇佣制的"内部性"和缺乏流动性特征，不仅使企业丧失了保护内部技术优势的功能，也常常阻断企业引进优秀人才或先进技术的途径。

简言之，"三种神器"的效能是明显的，"一高、一低"的现象也是必然的。但是，日本企业并未就此甘心，而是在此基础上，开始寻找借鉴和自我创新，催生企业间强制交流制度和人才派遣行业（猎头）的出现。

四、企业领袖：首富的变迁

1848 年明治维新以来，日本的首富实难界定。这与很多因素有关。一是长期实行军国主义体制，只能通过纳税数额，间接衡量个人财富。二是财阀内部利益交互，难以厘清。三是企业领袖们处世低调、不事张扬，真实收入和支出的数据，无从知晓。

1934 年，日本个人纳税 TOP10 榜单上，三井财阀占据 5 席，包括三井合名会社总裁三井高公，以及三井银行、三井矿山、三井信托等 5 位三井下属企业的主要负责人；三菱合资会社总裁岩崎久弥和堂弟、继任总裁岩崎小弥太占据两席；住友本社、物流仓储企业东神仓库、服部钟表店的总裁也入选。

1960 年，普利司通轮胎总裁石桥正二郎、松下电器产业总裁松下幸之助、住友公司总裁住友吉左卫门友成，以及 Pola 化妆品、三洋电机、洋马柴油机、般若铁工所、竹中建筑公司、吉田工业、出光兴产石油公司的总裁，进入前10名。

20世纪90年代以来，作为日本经济缩影的首富现象，图像更加清晰，资讯更加丰富。梳理变迁史，探讨政策、企业、企业家的关联，以及高端人才与时代节奏的切合，已然可行。

（一）系山英太郎（1996年）

系山英太郎1942年6月4日生于东京。父亲佐佐木真太郎，依靠经营高尔夫球场发迹，是1969年的日本首富。系山英太郎是私生子，未能承袭父姓。少年时期，打架、勒索、贩卖黄色照片，成为远近闻名的小流氓，也是警察局的常客。18岁的时候，父子断绝关系。系山英太郎开始醒悟，进入公司推销二手车。1年不到，顺利卖掉77辆车，创下行业的最高纪录，公司获利4000多万日元。后来，另立门户，亏损严重。无奈，只好跟着父亲经营高尔夫球场。

进入60年代，日本经济增长率连续5年超过11%，景象繁荣。这时，系山英太郎"将打架战术用在商业对手上"。开发高尔夫球场，针锋相对、毫不手软，直到把对手挤垮。不久，佐佐木真太郎与"乾汽船"的董事长乾丰彦，争夺日本职业高尔夫球协会会长。系山英太郎劝说父亲，拿出巨资，连续买进"乾汽船"股票，抄袭后路。很快，他的父亲就买下800万股，远远超过乾丰彦的250万股，取得控股权。后者登门求饶，主动放弃。

系山英太郎投资股市手法独特，从不相信操作员和曲线图，坚持逆势入市的投资理念。先后在丰田汽车、三井矿山、神户电铁等股票炒作上，获得暴利。1968年，担任佐藤荣作内阁运输相中曾根康弘的秘书。后者，成为1982—1987年的日本首相。1975年，32岁的豪富系山英太郎，成为日本历史上最年轻的参议员。1996年，重返商界，成为日本的新首富。2004年，《福布斯》杂志全球富豪排行榜显示，个人净资产49亿美元，排行第86位。

"别人干什么，你也跟着干什么的话，是赚不到钱的。"系山英太郎表示，炒股赚大钱的最大秘密，就在反其道而行之；股价下跌，既是危险，又是机会。2001年11月，市场传闻朝日银行即将倒闭，股价开始暴跌，一度跌到57日元。系山英太郎调查发现，朝日银行的业绩不尽如人意，少数股东抛售股票。但是，银行高层仍然稳定，也没有放弃努力。况且，净资产还有200日元。于是，系山英太郎分批购入。不久，朝日银行度过危机，股票很快涨到100日元以上。

系山英太郎总结成功经验的时候，反复强调：一是敢于顶风买进，或者卖出，是全部投资技巧的根本；二是终身学习，碰到不懂的事情，不能搁着不管，反而应当拼命去寻求解答；三是只要准确把握时代脉搏，即便是短时间"无偿服务"，最终也能够赚大钱；四是以反市场操作；五是分批投资，先是1/3或者1/2，剩下的钱，等着股票下跌的时候，摊平成本，（只要）赚到15%或者20%，就毫不犹豫地脱手，不再恋战。

至于，成功最重要的因素，系山英太郎说道："我做股票时就专心做股票，睡觉时就好好睡觉。我总是倾注100%的热忱，认真做事，毫无杂念，剩下的就'尽人事，听天命'。困苦悲惨的童年，使我充满斗志；立志不做游手好闲的穷光蛋，要勤奋努力，誓做有钱人……我关注社会的所有动态，因为它们都关系到我的投资活动。换句话说，只要没有特别的事情，我每天都窝在房间里，面对股票，努力赚钱。即使外出，我也积极观察和掌握资讯……操作股票，就必须付出这样的时间、体力以及耐性。我想一般人可能做不到吧。"

事实上，系山英太郎的成功，无疑是切合时代的命脉。20世纪50—70年代，正是日本经济腾飞的黄金时期。从长远来看，股市始终处于上升通道，每次回档，都是机会。再者，新事物、新现象层出不穷，只有坚持学习、专注努力，才有机会。最关键的，就是系山英太郎，是站在父亲佐佐木真太郎，也就是1969年的日本首富的肩上，饱经风雨、资本雄厚，却是常人无法比拟的。

（二）武井保雄（1999年、2006年）

2006年8月，武富士公司，这个日本最大的个人消费信贷集团宣布，创始人武井保雄在东京家中去世，终年76岁。

武井保雄是传奇人物，既是天使，又是魔鬼。1931年，出生于东京郊区。中学还没有读完，就被征召到陆军飞行学校（预备役）。日本战败，学生兵武井保雄卷入庞大的失业队伍，到处流浪，靠打零工糊口。此后，先后做过各种合法和不合法的小生意。渐渐地，他发现最赚钱的生意，那就是放高利贷。

这个灵感来自美国。20世纪60年代，有幸到美国之后，他了解美国个人消费信贷企业的运行模式，决定移植到日本。那时，日本刚刚进入经济腾飞阶段，不少的企业和个人，都是苦于资金不足。

1966年1月，武井保雄利用倒卖大米积累的资金，在东京板桥区租借一间12平方米的小屋，设立"富士商事"公司，业务就是向个人发放小额消费贷款。最初，他把赚钱的目标，瞄准数量极其庞大的家庭主妇，特别是家居干净整洁的。因为，这种群体的个人信用要比男人好，也不会赖账。果然，检验方法简单实用、经营模式独特专一、市场极其广阔，迅速致富。

1974年，公司更名为"武富士"，外号"日元商店"，意思是可以买卖日元。那时，武富士公司的名声很坏，高利贷使得不少人陷入债务危机。还有报道称，武井保雄跟黑社会关系密切。

然而，伴随日本经济的高速发展，武井保雄的生意越做越大。1996年，武富士在日本二板市场成功上市，放贷余额超过1万亿日元，成为日本个人消费信贷业的霸主。1998年12月，武富士在东京证券交易所上市。1999年，武井保雄首次成为日本首富。在《福布斯》杂志排行榜上，以78亿美元的资产名列日本第一，全球第30位。他本人一度成为日本纳税最多的个人。

2000年6月，一名记者探知武富士公司的操作黑幕，决定曝光。武富士的美女们立即前往，许以巨额的"封口费"。然而，记者执意公之于世，还声称要报警。武井保雄授意，找到私人侦探社，专门成立窃听小组，监视记者的家庭、移动和车载电话。

不久，非法窃听丑闻曝光，举国震惊。武井保雄随即被捕，被判入狱3年，缓刑4年，武富士被判处罚金100万日元。武井保雄接受法庭判决，公开道歉及保证不再犯类似错误，辞去总裁。

非常之人，必行非常之事。能够成为日本首富的，自然与普通人不一样。超级富豪武井保雄的过人之处，就是三个"极其"：极其敬业、极其独裁、极其迷信。

独裁是武井保雄的特色。总经理都是摆设，根本没有实权。部下被要求绝对服从，绝对忠诚。他还把自己的彩色照片，挂在各个分公司的显著位置，员工们上下班，都要向照片行礼，并要求部下抄背他亲自写的语录。为了掌握公司的一举一动，甚至对高层人员进行监视。特别是负责与黑社会势力打交道的部长，整天提心吊胆。

小气也是武井保雄的特色。公司利润惊人，几乎富可敌国。员工加班费，却是不给的。克扣的员工加班费，一度高达35亿日元。直到员工们忍无可忍，对质法庭。法院判决之后，武井保雄慢腾腾地予以补发。

迷信更是武井保雄的特色。来自中国的"黄历"，成了武富士公司的指南针。他的办公桌上，总是摆着一本黄历，根据吉凶，决定一天，甚至几天的工作日程。

事实上，日本的个人消费信贷，是特殊的金融行业。商业银行专注于大型企业，零售业务遂被消费信贷占领。这些公司以极低的利率，吸引存款，再以接近30%的利率，贷给工薪阶层和家庭主妇们。巨额的利差，加上黑社会时有时无的出现，行业名声不佳。

尽管如此，武富士是日本个人消费信贷行业的领头羊，1966年创立至今，每年均保持着盈利纪录。即使是在武井保雄被判刑后的2004年，总收入高达35亿美元，利润6.36亿美元。

2006年，《福布斯》宣布，武井保雄的资产为56亿美元，成为实际的日本首富。第一富豪、软银公司总裁孙正义，因为是日籍韩国人，不算正宗。

2013年4月，新华网日本频道（Record Japan）公布，东京都发表特别咨询《多重债务110号》的调查结果。东京律师协会、日本司法支援中心，正在为293名饱受高利贷困扰的人群，提供建设性的解决方案。调查发现，40年龄段人群约占28.0%，比例最高。50～60岁年龄段合占41.0%。人均债务额481万日元（约合人民币35万元）。至于借高利贷的理由，收入减少的人最多，占45.2%，回答不知不觉中的人，占13.9%。真正用于创业的，约占10.4%。

调查显示，高利贷的利息很高，最初的1万日元，15天之后就要还2.5万日元；如借2万日元，就要还3.5万日元。借钱的时候，相当容易，当天就能够拿到；但是，只要债务雪球滚动起来，偿还就会越来越困难。

甭管世人如何评说，只要符合法律，只要瞄准人性，只要市场存在，就能够大发横财。真正的企业，就是要赚钱；至于道德，当作别论。这就是日本首富史上时隐时现、神出鬼没的武井保雄，坚定而直白的处世态度。

（三）佐治信忠（2003年、2004年、2005年）

2014—2015年《福布斯》发布的日本富豪榜，佐治信忠始终是第3名。而在2003—2005年，佐治信忠却是连续夺冠。

翻开《福布斯》发布的2015年全球家族企业百强榜，三得利是日本唯一上榜的，排名第65位。它的创业史已达116年，销售规模约1300亿元人民币。2014年，超越麒麟，成为日本最大的酒类生产企业、最大的食品企业，也是最大的非上市家族企业。约56.3%的股权，被19名创业家族成员共同持有。

《福布斯》声称，"（三得利）在代际传承过渡中，领导力十分高明，以至于他们能够在维系家族控制的同时，取得巨大（的商业）成就。"三得利经常被日本专家作为样本，全力论证一个似是似非的结论：家族企业的经营，实际上不差于，甚至优于非家族企业。

在中国上海，三得利在1999—2015年，稳坐啤酒市场龙头老大，市场份额约30%。也就是说，每消费3杯啤酒，至少就有1杯是三得利。其实，三得利真正的强项是威士忌。

1899年，年仅20岁的鸟井信治郎，决定自立门户。取名"鸟井商店"，主营业务是销售从西班牙进口的葡萄酒。《三得利百年志》记载，当时，洋酒流行在日本上流社会，甚至被当作药引，与平民百姓无缘。曾经在药坊做过学徒的鸟井信治郎，决定通过商业运作，让奢侈品葡萄酒，广泛进入民间。然而，整整8年，《三得利百年志》采用"大失败"，形容创业初期的窘境。

任何传奇，永远有续集。鸟井信治郎天生热衷敢想敢试，经常讲的口头禅就是，"试试看，不试，怎么知道会怎样？"这句话，看似平常，却被三得利家族奉为"企业DNA"。松下幸之助与鸟井信治郎相交甚好，也经常引用这句话。

西班牙进口的葡萄酒，证明行不通。鸟井信治郎遂决定尝试研发符合日本人口味的国产葡萄酒。到1907年，终得完成，推出"赤玉Port Wine"葡萄酒，口感微甜，更加符合日本人口感。广告攻势随之展开，营销扩张拉开序幕。

关键的是，试验成功的1907年，日本已经成为打败东、西方大国的新势力（1894—1895年的甲午战争、1904—1905年的日俄战争）。国民心态高涨。赤玉Port Wine主打民族品牌，宣传标语赫然声称，"世上独此一家、专为日本人打造！"狂热，也是消费，还是疯狂。20年代中期，作为战利品象征，也是民族信心的"赤玉Port Wine"，占据60%以上的日本葡萄酒市场份额，至今不绝。

赤玉Port Wine的成功，鸟井信治郎获利颇丰。让之开始挑战"威士忌"。当年，决定研发符合东方口味的威士忌，遭到了周围人的强烈反对。亲朋好友均提醒他，要保持头脑清醒，不要因为在葡萄酒方面取得了成功就变得忘乎所以。《三得利百年志》记载，面对批评和质疑，鸟井信治郎回应："要让事业进一步扩大，还是守着这一亩三分地就此终老？试试看，不试，怎么会知道怎么样。"他的回忆录清晰地写道："当年，我之所以选择要酿造威士忌，是因为日本的实业家中，竟然没有一个人愿意去尝试。我就想实证一件事，那就是即使在日本，也同样能造出威士忌来。"

破釜沉舟。赤玉Port Wine的收益全部投入，都转向威士忌的研发上。1923年，兴建日本第一家威士忌酿造厂。这时，猎头应运而生。几经打探,他聘请了一位29岁,名叫竹鹤政孝的年轻人,担任酿造厂厂长。后者出身酿酒世家,曾经在威士忌故乡苏格兰,学习最地道的酿制法,还在1920年娶得苏格兰女子Linda。据说,双方第一次见面的时候,竹鹤政孝展示一本密密麻麻记录着蒸馏器操作法和威士忌酿制经验的笔记本。鸟井信治郎激动不已,立即决定以年薪4000日元聘请竹鹤政孝,这比普通银行职员的年薪还高出3倍。

1929年,推出第一支日本国产威士忌"白札",深谙广告营销的鸟井信治郎,提出的广告语,很有意思,"有了它,您不再需要舶来品"。但是,尝试遭遇惨败。凭借传统苏格兰技法制造出的"白札"因具有浓重的烟熏味,日本消费者不予接受,他的心血化为泡影。

为此,鸟井信治郎不得不变卖掉磨齿剂、啤酒等业务板块救急。后与竹鹤政孝出现分歧,最终分道扬镳。主张调和威士忌的鸟井信治郎,在1937年10月,推出第一款调和威士忌"角瓶"。这时,鸟井信治郎即将破产倒闭。幸运的是,"角瓶"赢得盛誉。这时,爆发卢沟桥事变。战争状态导致中日外交恶化,作为奢侈品的欧美威士忌被禁入。"角瓶"迅速占领日本市场,成为日本海军、陆军的将士们替代品,被指定军需物资,订单如雪花飞来。

战后,曾经过继到母方佐治家族,进而改姓的26岁的次子佐治敬三,从战场上归来。公司重建,方才被提上议程。这时,百姓生活极度困苦,假酒盛行。佐治敬三提议,研发更加便宜,更加低价的威士忌。对此,鸟井信治郎简单地回答,"试试看吧"。

1946年,面向平民百姓的低价威士忌"Torys",一经推出,便获得好评。1950年,战后经济逐渐恢复,佐治敬三推出威士忌高档品牌"SUNTORYOLD",同样获得好评。

1961年,公司更名为"三得利",取意SUN(太阳)+TORY(鸟井的日语发音),全称SUNTORY,牢牢地占有日本威士忌业界的最大份额。佐治敬三成为战后公司重生的第一功臣,誉为"中兴之祖"。实际上,更大的贡献是开拓新板块:啤酒。

三得利的啤酒事业,45年都是赤字状态。直到2005年,推出"The PREMIUM MALT'S",方才成为热销产品,赢得声誉和实利。啤酒事业板块,真正的扭亏为盈,则是在2008年。

1990年,经营权传给鸟井吉太郎之子、52岁的鸟井信一郎,他主导开拓发泡酒、营养饮料、健康食品以及新药研发等新的事业板块,并且让三得利的经营走向了国际化。1995年,在上海设立啤酒公司。1999年,获得上海啤酒市场第一份额。2004年，鸟井信一郎去世。

3年后，家业接力棒交给佐治信忠。也就是三得利的第4代。就职演讲之际，佐治信忠动情地说："'试试看，不试，怎么知道会怎样？'这句话，是祖父对父亲说的，现在想起来依然很有力量……新时代，我还要添上下半句，'试后，即使失败了，也没什么。'"执掌公司之后，遂开启系列的海外并购整合。先后收购了法国Orangina，英国Lucozade、Ribena，美国Beam。

当前，三得利已经成为世界级的饮料业帝国。2014年，佐治信忠力排众议，做了一个破天荒的决定，也就是采取猎头方式，引进外部职业经理人、罗森便利店的董事长新浪刚史，全权经营。这也是三得利创业116年以来，首次破天荒地引入非家族成员接班。从此，职业经理人登上前台，家族成员撤至幕后。

相比其他的首富，佐治信忠代表的三得利家族，之所以能够成功，可谓艰苦卓绝。这种执着型的家族传承，恰好体现了日本民族，最为典型的精神：坚忍不拔、一以贯之。然而，在冬天的顽强坚守，必须付出时间的代价；幸运的是，春天到来的时候，三得利家族迎合之，遂有合流之功。

（四）山内溥（2008年）

2008年5月，《福布斯》杂志发布富豪排行榜，山内溥成为日本首富，身价高达78亿美元。此前，山内溥身价排名第3位，由于Wii游戏机的热销，一年之内暴涨30亿美元，达到78亿美元。尽管，在2006年、2007年，任天堂的股份增加两倍之多，公司市值达到790亿美元，山内溥始终持有至少10%的股份。

至于，任天堂的网络游戏，不过是把武井保雄的高利贷，转向新的领域。这种不顾一切，疯狂逐利的企业，绝对是不会顾及，什么青少年成长，什么家庭教育的。

（五）孙正义（2014年）

1957年8月，出生于佐贺县，算是第3代的韩裔日人。家庭靠养鸡养猪，维持生活。1974年，17岁的孙正义，前往美国加利福尼亚的英语学校读书。不久，进入加利福尼亚大学伯克利分校经济系就读。在美国留学的6年，学习十分刻苦，常常连走路、吃饭、入厕甚至进澡盆，都捧着书，每天的睡眠时间浓缩为3～5个小时。

一次偶然的机会，孙正义买到《大众电子》，决定"我要搞计算机，企业家应走的路是计算机行业"。他规定自己，每天都必须有个发明，不管大小。1年后,在他的"发明研究笔记",洋洋洒洒记载了250项发明,其中最重要的1项发明就是"多国语言翻译机",从字典、声音合成器和计算机这3个单词组合而来的,类似"词霸",只要你输入1个日文单词,就会有正确的英文发音来回应。

为了推销自己的产品,孙正义在假期里回到日本,事前先发信给50家家电厂商的社长,并亲自拜访佳能、欧姆龙、日本HP、卡西欧、松下电器、夏普等10家公司,但无一例外,都遭到了拒绝,有的前台人员甚至说这个东西"一文不值"。但是,孙正义并不气馁。几经周折和关系,孙正义见到了夏普的负责人、"日本电子产业之父"佐佐木正,刚开始的时候,佐佐木对这个年轻人并不在意,但在孙正义认真讲述自己的发明时,他被这种"认真"和"朝气"打动了,他认为这个年轻人很勇敢,要"大力栽培"。于是,佐佐木用4000万日元,也就是当时的100万美元买下了这个发明,而孙正义获得了自己的第一桶金。

1978年,孙正义利用销售多国语言翻译机与翻译软件所取得的巨额权利金,在美国开设一家公司,名叫Unison World,从事多国语言翻译机的商品化与其后的产品开发,以及进口电玩机与开发电玩软件。他从日本买进电玩机,经过重新组装后,放在餐厅、酒吧、咖啡厅与学生宿舍等地,全盛时期,曾经拥有350部电玩机。

1980年3月,孙正义就读加州大学伯克利分校时所设立的Unison World,多年来经营相当顺利,大学毕业时,员工已有25人,以200万美元将公司出售给合伙人,回到日本。

21岁时,孙正义回到了日本。没有休息,这个工作狂就开始筹划自己的事业,成立了"株式会社和音世界"。那时,他到处奔走,想对市场做彻底的调查。"要做,我就要做到在该领域是日本第一。问题是,选择哪个竞技项目。"孙正义决定花两年时间来寻找合适的项目,但实际上日子却很难熬。家有妻子,大女儿又刚刚出生,怎么才能维持生计?他越来越感到不安,"就好像钻进了看不到头的隧道",很想随便找个项目做算了,但又觉得"一旦事业起步,就要投进去好几年,如果不成功,重新来一次的话,就绕远了"。为此,他对40种项目都做了10年的预想损益计算表、预测平衡表、资金周转表及组织结构图。所有的文件垒起来,竟然有10多米高。

1981年,24岁的他成立软件银行,在成立软件银行(批发商)半年之内,与日本42家专卖店和94家的软件从业者交易来往,并说服东芝和富士通投资,扩大规模。但因经营不善亏本。一年后他退回财团原有投资资金。虽然孙正义一肩担起了损失的责任，却赢得了前辈们的佩服，软件银行从此声名鹊起，也为孙正义奠定了事业的信用基础。同年，成立 Unison World 日本，以公司名义进行市场调查，用时 1 年半。对 40 个行业展开一连串市场调查，拜访过各式各样的人，阅读了许多书籍与资料，分别编制出十年份的预估损益平衡表、资产负债表、资金周转表，以及组织图。还依时序的不同，制作出不同形态的组织图，将结果与检查项目表对照，判断这些是不是适合自己投入一生的事业。（调查报告高 34 厘米，10 多米宽）

1982 年，他在展会上看到 HP 的《个人电脑图书馆》，于是同日本最大的出版商联系出版。因出版《个人电脑图书馆》而打出名堂，让软银声名鹊起。同年，业务蒸蒸日上的日本软件银行，遇到了意想不到的难题。I/O、ASCII、微软却拒绝为软银刊登广告。1982 年 5 月，孙正义创办两本杂志 *Oh! PC* 和 *Oh! MZ*。两个月后，退货率高达 85%，堆积如山的杂志被裁成了纸片。

1984 年，在桥本五郎的帮助下，孙正义创办了购物指南杂志——*TAG*。但百试无方，最终因销量不佳关门，这半年间共亏损了 6 亿日元，处理善后事务花了 4 亿日元，合起来就是 10 亿日元的债务。

1991 年，以 C 语言编译器闻名的 Borland 公司，准备在日本发行升级版。Borland 公司执行长 Philippe Kahn 很快就和软体银行达成共识，他说："如果我们有任何分歧，都在寿司店里谈妥了。"同年，他说服美国区域网路专业公司网威 ell，开创东瀛新市场。为了分散风险，再度邀约迪士尼入伙。到了 1994 年，开花结果，网威系统成为区域网路主要标准之一，年营业额达 13000 万美元。网威副总裁 Darl McBride 认为，孙正义是一个可以使任何事成真的中介人。

1994 年，37 岁的孙正义，伴随公司上市，成为 10 亿美元富豪。同年，收购 Ziff 通讯。但是，因接手设施不完善未能成功。不久，软件银行在日本拥有展览业界最大规模的 Expos 协会，也持有朝日电视的少数股份。

彼得·克拉克说："孙正义不像慢条斯理的日本人，反倒像一个身手敏捷的剑客。"互联网世纪萌芽，软体银行却已如火如荼。同年，拉斯维加斯 Comdex 电脑展，再次与 Ziff–Davis 出版公司搭上线，以 21 亿美元买下 Ziff–Davis 部分股权。同年 11 月，对雅虎公司投入 200 万美元。

1996 年，总共注资 31 亿美元才完整拥有 Ziff–Davis 出版公司，以出版电脑周刊（*PC Week*）、专门从事个人电脑市场行销研究的 Computer Intelligence 公司；同年 3 月，又注资 1 亿美元，拥有了雅虎 33% 的股份。日本雅虎成功进军东瀛，第一年就获利。85% 日本的网友，声称登录过此网站。软件银行还投资雅虎电子商务。1996 年 7 月之后，雅虎的用户以惊人的速度增长。

1998 年 2 月，软体银行以 41000 万美元，脱手雅虎 2% 的股票，净赚 39000 万美元。1996 年，以 1 亿美元购入 30% 的雅虎股份，如今剩 28%，市场价值 84 亿美元。7 月，以 4 亿美元，投资美国著名的 ETrade 线上券商。

1999 年 10 月，孙正义给马云写信，相约在北京见面。马云回忆说："我们聊了 6 分钟，孙正义要为阿里巴巴投资 3000 万美元，我觉得 3000 万美元太多，只要了 2000 万美元。"2014 年 9 月，阿里巴巴集团在纽约证券交易所正式挂牌上市。日本软银是最大股东，占比 34.4%，股票价值 668 亿美元。也就是说，历时 15 年，投资回报率约为 3440 倍。

至 2000 年，软件银行拥有重要的合资或独资企业为：美国企业 300 多家，日本企业 300 多家，辖下关系事业、创投资金和策略联盟等一切资产，总共 400 亿美元。跻身于日本前十大会社。孙正义终于成为了真正的"全球作手"。

2001 年 4 月，日本雅虎公司开始 BroadBand 业务，孙正义要开发像 NTT 公司那样的公共通信设施的梦想实现了。9 月，宽带正式开通商用服务。2002 年 5 月，达到 3 亿美元；9 月，已经突破了 100 万条线路。2003 年 2 月上旬，就已经突破了 200 万条线路；8 月，突破了 300 万条线路。2004 年 3 月，突破了 400 万条线路，仅仅 31 个月的时间已经突破了 400 万条线路。2004 年 3 月，突破了 7 亿美元，可以同时提供搜索、目录、组织、经济、汽车等多种服务。

（六）柳井正（2013 年、2015 年）

《福布斯》2015 公布全球富豪榜，资产 10 亿美元以上的富豪达 1826 人，比去年增加了 181 人，创下史上人数最多纪录。经营著名休闲服饰品牌优衣库的迅销集团董事长柳井正，排名第 41 位，继 2013 年之后，再度成为日本首富。

优衣库相当于日本的 ZARA、H&M。据说日本每 3 个人就有 1 件优衣库的摇粒绒外套。该品牌已经在中国开店。优衣库走的价格路线非常平实，在日本属于极为低廉的服装，但也曾经和多位大牌设计师合作，推出特别系列。

《福布斯》杂志于北京时间 2009 年 2 月 13 日，公布了全球最富有的十大 CEO。依据为全球 CEO 所持公司股票截至 2009 年 1 月 23 日的价值。柳井正（Tadashi Yanai）以财富价值 60 亿美元，位列第 10 位。根据美国《福布斯》统计，2009 年日本第一大富豪，是迅销公司董事长兼总经理——柳井正。从 2008 年的第 6 名跃升为第 1 名，身价 61 亿美元，比 2007 年成长了 14 亿美元。

在柳井正的自我解读当中，这段最忙碌的日子，却成了他日后成功的最大关键。"创业不需要有什么特别的资质。我认为几乎所有人都能创业，重要的是自己做做看。不论失败几次都不气馁地持续挑战，在这样的过程中，就能培养出一位经营者。"隐隐地，柳井正著名的"一胜九败"哲学正在成形，"重点在于尝试，错了也没关系，错九次，就有九次经验。"

所有大小事，都亲力亲为，自己思考，自己行动，这正是做生意的基本原则。他看一个人的穿着，可以一眼看出他穿哪一个尺寸的衣服，腰身大概多少。这种功力，就是他不断尝试错误，并且汲取经验之后的结果。

柳井正似乎非常风光。但是，2003 年出书的时候，却把书名定为《一胜九败》，因为做 10 次新的尝试，会有 9 次面对失败。在他的观察中，一些成功的经营者，甚至尝试 100 次，只有 1 次成功。经营本身就是错误尝试的累积，失败是家常便饭。

柳井正进入小郡商事第 12 年之后，开了第一家 UNICLO。那时，日本流行有设计师品牌的商品，但是，价格居高不下。柳井正想开一家让青少年也买得起的休闲服饰店。而且，只要商品像书店一样齐全，销售采取自助式，消费者方便，卖方也可以节省成本。

柳井正选定广岛市中区袋町。因为担心场面冷清，开幕前透过电视、广播、发传单等方式宣传。结果，当天早上 6 点开幕前，就有人排队等候。因为来店的人数太多，柳井正竟然在广播电台接受采访的时候说，"非常抱歉，现在来排队，也可能进不了店里。所以，请大家不要来。"

关于店名，柳井正认为，太长会让消费者不容易记住，决定缩短为 UNICLO。但是，公司后来在中国香港登记的时候，承办人却错写成 UNIQLO。意外地，大家发现 Q 这个字看起来反而比较有型，于是决定把日本的店面，全都改名为 UNIQLO。

2010 年，全球首富比尔·盖茨和"股神"沃伦·巴菲特的财富，因国际金融危机纷纷缩水时，日本迅销株式会社主席兼首席执行官、优衣库的创始人柳井正，却"因祸得福"，以 76 亿美元的身家成为日本新首富，并位列全球富豪第 89 位。

媒体报道说，已过花甲之年的柳井正，看上去一点也不像同龄的老人。其实，他非常了解流行趋势，随时关注巴黎、伦敦、纽约最新的潮流资讯，并判断出下一季的流向趋势；他能用一件夹克或一件内衣掀起时尚热潮，并在世界各地制造出优衣库风潮；他还会与来自世界各地的独立音乐厂商、设计师、艺术家合作，将T恤变成艺术品，使最普通的T恤衫成为每一季最值得期待、每个人都能买得起的收藏品。一次，柳井正接受CNN采访，建议女记者去买一条宽松牛仔裤，因为"上一季的修身、紧身牛仔裤已经不流行了"。他还向记者大力推销羊绒连衣裙，"这可能会是今年秋冬最流行的单品，我建议你最好去买一件。"

Jil Sander，这位以洁简著称的设计女王，因不满老东家PRADA而从时装界隐退。谁也不知柳井正用了怎样的办法，说服了她重回时尚界，并于2010年3月起，正式成为优衣库的创意总监。消息一出，迅销株式会社的股价大涨8.6%。

为了捕捉最新的流行趋势，优衣库在潮流前沿的东京、纽约、巴黎和米兰等城市设立研发中心。研发人员的主要任务，就是找出下一季会流行什么元素，然后，在此基础上研发新产品。

五、人才派遣：现代猎头

日本企业"三种神器"优点是明显的。至于主要的弊端，就是导致人才流动率较低。为此，政府鼓励、推动，进而强制企业之间的人才交换。劳务派遣应运而生。

（一）企业间人才交换

日本企业之间，可在保证双方企业秘密不被泄露的情况下，进行"人才的交换"。各企业劳资人事部门保持人才信息的联系。企业可相互间推荐本企业暂时闲置的人才。作为回报，企业在急需某种能力的人才时，可向以前进行过人才交换的企业，进行人才的引用。

在人才交换的过程中，企业间第一时间要做的，是建立人才信息库，将所有企业发布的待交换人才信息汇集起来。并且必须保证信息库提供的人才资料是最全面、最真实的。

具备公信力的人才信息库，能够节省企业寻找交换人才信息的时间，准确地找到合适的人才信息。这种方式，切实优化了企业人力资源的配置，满足企业对人才的不同需求，提高企业的工作效率，并使得同一行业的企业之间，保持长期而友善的合作关系。

（二）人才派遣

"二战"期间，人才派遣最早出现在美国，也称为人才派送、人才租赁。是指企业委托人才派遣机构招聘雇员，并由企业与机构签订委托合同、机构与企业签订代理合同。企业只负责考核雇员、与之并无劳动关系。派遣机构代放薪酬、代办社会保险、管理档案等。

从历史上来看，人才派遣是军工生产的产物。企业接到军工订单，就要紧急招聘，迅速投入到生产；订单结束，企业迫于工会的压力，又不能轻易解聘；新订单往往与旧订单不同，需要重新招聘。在此情形下，人才派遣机构应运而生。

日本派遣行业起步较早。"二战"结束不久，朝鲜战争（1950年6月—1953年7月）随即爆发。日本迅速从战争废墟中恢复过来，成为以美国为首的"联合国军"的后勤供应基地和物资集散地。这极大地刺激了劳动力市场，增加了大量的就业机会。伴随持续高涨的"婴儿潮"，以及美国新兴的派遣法案，使得日本派遣业务剧增，并最终促成了猎头行业的发展。

在亚洲各国，日本政府是最早认知现代猎头，并积极干预的国家。当时的政府认为，如果要发展民族猎头，和美国猎头抗衡，获胜的概率是很小的。这如同一个小学生，想和一个大学生打架，越是冲动，越容易被痛打一顿。但是，美国也有弱点。这就是政府的政策不能及时到达市场经济条件下的猎头市场，也就是所谓的"失灵"。在这种情形下，日本必须利用政府的力量，而不能指望新生的猎头行业。政府首先选择了大型企业，却惨遭失败；尔后，政府实施保护性的产业政策，并利用独特的优势，最终赢得了胜利。这种做法也被许多亚洲国家所仿效和提升。

日本政府打的是组合拳。简单地说，主要从5个层面进行规制，其中包括：

1. 规范人才介绍业

日本政府认为，这是猎头行业生存的根本所在，也是刺激猎头公司的要点所在。

从类型来看，日本人才介绍行业可分为三个类型：①以年轻者、骨干层为核心，基于用人单位和求职者各自的委托来介绍的一般登录注册型；②以上级管理职务和上级专门、技术职务为中心，基于用人单位的委托，以求职者为对象进行最合适的人才搜索型；③向企业介绍高级经营管理人员，并收取佣金，以中高年人为中心，对人员削减、雇用调整的对象者，支援再就业的职业介绍型。另外还有再就业支援型，即对个人简历的制作、面试技巧、用人企业的挑选等，以再就业支援事业的方式来进行。因为就业活动是个人自主的行为，所以，政府规定不适用于人才介绍行业。

从业界的内容来看，登录注册型占67.1%，猎头公司占21.3%，还有劳动者派遣、业务外包、人事咨询等兼营机构。日本劳动研究机构（JIL）"人才介绍事业"和中高年白领调查表明，1996年的人才介绍业事务所数量为300个左右，1997年的劳动省修改令生效后，数量迅速上升到1999年的947个。2000年12月介绍预定派遣领域解禁，人才派遣公司数量激增到2001年的2741个。

从资本系列来看，可分为独立系和系列系。其中，系列系的母公司业种有制造业、商社、服务业等。5人以下的事务所，占业界总数的80%。90%的事务所按照入职者年收入的一定比例收取，其中，辅助指导公司是16.6%，人才介绍机构是23.8%，猎头公司高达29.4%。

2. 兴建人才银行

20世纪60年代，一批退休的专业技术人员，发起成立了老年人技术协会，自发组成某一行业的研究组织，并推广研究成果。这些人先前在行政单位、高科技行业就职，视野宽阔、经验丰富，熟悉业务秘密和市场需求，具有一定的专业技能，收费也不高。因此，他们受到许多企业的欢迎。

一些财团见此良机，遂发动成立"人才银行"，把各种具有专长的人才的资料，包括个人履历、专长、志愿等信息登记起来。委托方需要用人的时候，银行便为其介绍候选人；如录用，则付给银行少量的介绍费。这么一来，也使许多退休的高层次人才，再度发挥威力。几经发展，人才银行也吸引了很多愿意兼职工作的在职在岗人员，影响很大。这种民间自发成立的人才银行，很快得到政府的政策支持，得以迅速扩张。

1977—2000年，日本人才银行从20所起步，累计增加到1000家。平成十九、二十年度（2007年、2008年）的人才银行统计来看，在就业率、满足率、固定就业率、使用者的满意度、对人才银行服务的整体满意度等指标，国家性质的人才银行都超过了民营企业。2012年，厚生劳动省人才银行成立，设立东京、名古屋、京都、大阪等6个分支机构。

3. 大力发展人才派遣业

日本猎头公司多以人才派遣公司的名义存在，而且数量非常大。主要从事两种业务：一是面向个人提供就业单位的信息；二是面向企业，提供搜寻服务。前者类似于职业与人才介绍所，后者就是常见的猎头公司。

1985年，日本政府颁布《人才派遣法》。以明确的法律形式，规范了以商业方式，对特殊项目进行专业技术人员配置的人才市场运营机制，保证人才派遣业商业运营的健康发展。还修订了《职业安定法》，增加了有关"人才派遣业"的条款,从而把新型的人才派遣行业的市场运营机制,纳入了日本法律统一规定的、人才综合运营体系之中,并把其置于人才市场主管部门的指导、监督的管理之下。

1986年,《劳动者派遣法》施行,只有专业性高的16种业务解禁;1996年,《改正劳动者派遣法》施行,扩大到26种业务,增加了规划、立案、旅游向导等业种;2000年12月,介绍预定派遣领域解禁,人才派遣公司数量激增到2001年的2741个;2004年,《改正劳动者派遣法》施行,26种涉及软件开发、机械设计、秘书、财务处理、旅游向导、咨询、研究开发、广告设计,室内装潢设计等,为无期限业务;其他的为3年。

日本人才派遣公司包括三类:①拥有各种专业技术人才的人才派遣公司;②拥有高度的信息技术知识与经验的情报技术人员的"技术者供给企业";③专门的劳动者派遣企业。对于经常性的特殊项目的人才派遣,实行商业化的市场配置机制。一方面,满足了知识型企业对特殊项目工作者的需求,避免了因中途录用与挖人所带来的企业间的纠纷,同时也免除了因年轻人的跳槽,所导致的企业教育成本的流失,而增加经营成本的弊端。另一方面,满足了女性专业技术人员从事自由就业的需求,满足了青年男性个性化的职业需求,更给中老年的男性专业技术人员提供了再就业机会。

4. 重视行业监管

日本政府主导人才派遣协会,强化行业管理。1984年,日本事务处理服务协会成立。最初是劳动省批准的下属社团法人。1994年,改为日本人才派遣协会,下设6个专门委员会。基本职能是:为人才派遣事业的有效运营与健康发展提供咨询、指导与援助;为派遣人员或者考虑成为派遣人员的人员,提供教育训练的机会,促进能力的开发与提升;为增强派遣人员的雇用稳定和福利开展各种活动;开展有关人才派遣的调研,举办专题报告会等;与相关的政府部门及团体加强联络沟通,通报行业发展情况,提出政策建议,编辑出版人才派遣白皮书,支持设在各地的区域性协会,互换信息等。

1984年,拥有5000人以上规模的大企业中,有79.4%的企业使用了派遣人员。1992年,2065家公司从事一般劳动者派遣事业(自由登记型),81964家从事特定劳动者派遣事业(派遣劳动者与劳动者派遣公司已经建立雇佣关系的常用型)。1998年,人才派遣市场的规模为89.5万人,2003年达到236.2万人,5年间扩大了1.5倍多。1998年,人才派遣市场营业额1.33兆日元,2003年达到2.36兆日元。2012年年初,人才派遣规模将近100亿美元。

（三）政府干预

"二战"后，日本经济持续高速增长，工厂任务饱满，员工热情高涨。1971年，美国颁布人才派遣法。那时，日本政府正在大力整顿人才介绍行业，闲散人员在兴办人才银行，企业家们在组建各种行业协会，员工们正沉迷于"日本奇迹"的"三种神器"。

20世纪80年代中期，日本政府意识到企业人力资源发展的瓶颈问题，着手研究人才派遣。但是，政府并没有完全照搬美国模式。1986年，劳动者派遣法实施后，政府首先想到的是必须控制这个新兴市场。于是，政策制定者们鼓励日本大型企业进入，希望能够主导新兴的人力资源，特别是猎头市场。但是，由于涉嫌行业垄断，大型企业不得不全线撤退。

日本政府面临一个发展中国家普遍遇到的难题：如何利用还在成长的本土猎头，抵御风头正劲的国际猎头公司。在一系列组合式整治措施中，一个简单的规定发挥了巨大的作用，那就是"派遣必要场所营业"制度。

制度规定派遣（猎头）公司的派遣员（顾问），每年最多只能承担一定数量的派遣工作；不管是1间公司有100个派遣员，还是100间公司合计有200个派遣员，都得同样地按照规范，与派遣的业务量同步；如果业务增加了，就要按照比例增加派遣员。

这招貌似简单，却非常管用。首先，方便了企业需求的就地登记和及时派遣，保证了派遣工作的质量服务。其次，迫使习惯在高档写字楼办公的外资猎头，在规模稍有一点扩张的时候，经营成本却要上涨几倍。最后，巧妙地利用了日本的民族性格特点。除非不得已，日本企业和求职者通常首选本土，而不是外资的猎头。如此，许多外资猎头少有订单，反而成了送上门的免费教材，加速本土公司的专业化和国际化进程。

2010年5月，日本工会总联合会以"春季生活斗争"为旗帜，与日本人才派遣协会、日本生产技能劳务协会等机构，先后经过4个多月的反复协商，最终签署《共同宣言》。主要措施包括：

第一，由于震灾，劳务派遣公司无法进行正常操作时，要迅速同劳务雇佣公司携手，为确保劳务派遣工的就业竭尽全力。当雇佣公司遇到实际雇佣困难时，劳务派遣公司要支付劳务派遣工停业补贴，并及时采取妥善的停业措施。

第二，劳务派遣工的劳动合同在履行中途，不允许被解除。当雇佣公司遇到迫不得已的情况，必须同劳务派遣工解除劳动合同时，也要支付到合同期满为止的剩余合同时间的工资保证金。

第三，由于震灾导致公共交通设施不能开通、延迟等状况，劳务派遣工不得已缺勤、迟到以及早退等，雇佣公司应该视之为正常出勤；等等。

此举，日本猎头通过有效路径，高效协商解决行业矛盾。紧密团结、少有内讧的猎头行业，公开宣称自己是"政府手中的一条枪"，非常忠诚地为政府和国民服务，在赚取利润的同时，也推进民族产业的健康运转。

进入21世纪，伴随日本企业推广人才现地化战略，猎头行业跟随出击。日资企业偏爱使用本土猎头。瑞可利、仕达富、沃德博三家猎头公司占据70%以上的本土份额。2009财年，3家公司的全球总收入超过9960亿日元（约107亿美元）。2012年年初，仕达富猎头拥有4000多名专业顾问、90多个海外分支机构和办事处，已然跻身于国际一流。

六、国家猎头：筑波科学城

筑波科学城也称为日本科学研究中心。1963年，日本政府出于振兴科学技术，充实高等教育，实现"技术立国"，以及缓解东京都市圈生态和社会发展压力的考虑，决定在距离东京市中心约60公里处的筑波，建设一个国家级科学城，总面积284.07平方公里。2015年的人口约20万。

1968年开始动工，耗资50亿美元。到1982年，已有10个省、厅的43个国家研究所（约占日本40%的主要科研机构）、2家私人研究所和筑波大学等两所大学，约有1.1万名研究人员、专家和后勤人员，再加上附属人员，从事科学研究的总人数已达2.2万人。

科学城的标志性人物：江崎玲于奈、福田信之、宫岛龙兴、山田信博、岩崎洋一。灯塔型机构：日本农业研究所、高能物理研究所、产业技术综合研究所、纳米技术研究部。

筑波科学城以研究机构为主体，主要从事基础知识和技术的创新研究，经费来自政府财政预算。从属于技术研究与开发机构的各种企业，也因为可以获得大量的企业研究经费支持，产出激励明显不足。以1998年为例，筑波的产值是50亿美元，硅谷却高达2340亿美元。筑波科学城的战略定位就是相对封闭的，只是国家创新系统的建设者。而且，建立初期的研究人员，几乎是清一色的日本人，缺乏与外来思想、文化的交流与碰撞。这些问题都一度困扰着日本政府。为此，政府的人才政策主要从三个方面入手：

（一）积极吸引海外高端人才

为了促进筑波的迅猛发展，日本政府相继颁布了一系列新政，以吸引海外高端人才。1975年，日本政府在通产省设立了"风险投资公司"，目的是促使银行向高科技企业贷款。规定银行贷款的 80% 由该公司给予担保。同年，又成立了"研究开发型企业育成中心"，对持有高技术，但因资金不足而难于商品化的风险企业，承诺无担保的财务保证。日本科学技术厅下设"新技术开发事业团"，对于开发风险较大的新技术企业，提供 5 年内无息贷款，成功者返还，失败者可不偿还。

2007 年，日本政府实施的《雇佣政策法》，明确将促进留学生等高层次海外人才在日本就业，提升到国家级雇佣对策的高度，使海外人才获得受聘机会。日本还修订居留资格的各项规定，让拥有各领域技能的外国人在日本居留更长时间。

（二）实施外籍研究员制度

日本政府基于外国研究人员严重不足的现状，通过日本学术振兴会（JSPS）的桥梁作用，进行改革。主要内容包括：

1. 外籍特别研究员

对获得博士学位 5 年以内的、35 岁以下的、在日本从事 1～2 年博士后研究工作的外来学者，设立专项资助项目。由独立行政法人日本学术振兴会（JSPS）管理，并负责实施。

这是在 1964 年建立的"外国人奖励研究员制度"的基础上发展而来的。在 1988 年，更名为"外国人特别研究员制度"，计划是吸引邀请 35 岁以下、已经取得博士学位的，来自美国、英国、法国、德国的年轻研究员，在日本大学、研究机构的日方专家指导下，进行 1～2 年的共同研究，促进日本科技规划的实施、激活日本研究人员的工作热情。

1994 年起，招收对象国扩大到凡是与日本建交的国家。日本方面负责提供往返国际旅费、生活费（38.2 万日元/月）、赴日临时费用（20 万日元）和在日研究旅费（5.85 万日元/年）。2000 年以后，JSPS 通过该制度，每年投入约 65 亿日元，从海外聘请约 1700 名优秀人才来日进行研究。

2. 外籍聘用研究员

该项目是经批准的日本大学、科研机构的日本学者邀请外籍研究人员，来日从事共同研究，以及相关的学术交流活动。人员要求具有卓越研究业绩，获得博士学位或具有教授、副教授以及助教职称的大学教师。

短期项目。每年名额 300 人，在日本研究 15～60 天，日方资助国际旅费、生活费（1.8 万日元/天）和 15 万日元在日本研究旅费。

长期项目。每年名额 80 人，在日研究 2～20 个月，资助国际旅费、生活费（36.9 万日元/月）、10 万日元在日研究旅费和 4 万日元研究经费。

3. 外籍著名研究员

已取得开创性卓越成就的外国研究人员，可以应邀在 1 年内多次访问日本，向日方研究机构提出研究建议，指导研究活动。截至 2010 年，一共聘请了包括 23 名诺贝尔奖获奖者在内的 37 名研究员来到日本。

对于上述各类研究人员，日本除了提供优厚的研究经费和生活津贴，还提供海外旅行伤害保险等，并且根据在日研究的成果和期限，灵活调整额度。

该制度推行之后，每年能够大约吸引 1900 名海外研究人才来日本从事研究工作。2007 年，在日外国人研究员总数，达到了 1.1 万名，占日本全体研究人员的比例达到了 1.43%。较之 1992 年的 0.65%，有了较大幅度的提升。2007 年，大学里的外籍教师比例，达到了 3.5%，外籍博士后比例达到了 22%。

（三）建设国际化的高等教育基地

20 世纪 90 年代，日本政府开始扶植了一批具有产生世界前沿水平研究成果潜力的教育研究基地，如物质材料研究所、产业技术综合研究所、东京大学先端科学技术研究中心、大阪大学工学研究科等，从人、财、物等方面，对这些基地给予了极大的支持。

在国家的大力支持下，这些教育研究基地取得了许多卓越的研究成果。2002 年，作为"大学构造改革方针"（2001 年 6 月，又称为"远山计划"）的重点措施，文部科学省推出了旨在培育世界水平的研究和教育基地、培养世界顶尖科技人才的"21 世纪卓越研究中心计划"，即"21 世纪 COE 计划"（Center of Excellence）。

计划的基本目的，就是提高研究水平，培养世界顶尖的创造性人才，在大学里建立以学科为单位的世界最高水平的研究教育基地，加强大学的国际竞争力。

2007 年，日本政府在总结经验的基础上，又开始实施"世界顶级研究基地形成促进计划"（World Premier International Research Center Initiative），试图通过重点、集中的支持，创造优质教育和研究基地。

（四）促进外国研究者日本落户项目

日本政府鼓励录用优秀的外国研究人员。主要措施包括：促进大学和研究机构录用优秀外国研究人员；提高外国研究人员和博士生比例；完善招聘外国研究人员制度，尽早在博士生阶段就签订录用协议，外国博士生回国后也通过网络等手段与之经常保持联系；完善招聘外国研究人员政策，包括简化居留资格认定手续，延长居留时间，降低获得永住权条件，改善住房和工资待遇等。

2005年，日本政府着手改革出入境制度，把原来只在"构造改革特区"实施的"外国人研究者接受促进事业"逐步推向全国，还把经过认定的研究人员签证时间从3年延长到5年。

从2007年开始，实施"促进外国研究者日本落户项目"。在日本企业和研究机构里，提供与研究业务相关的工作体验场所，向有志于从事科研的留学生、青年研究人员提供需求信息，促进外国研究人员在日本落户。

（五）提供人性化服务

针对外籍人员学术科研、工作环境和生活便利的实际需要，筑波科学园不断完善各种生活、娱乐和商业设施。职员公寓、外国专家宿舍、医疗福利设施、美术馆和图书馆等一应俱全。学校和幼儿园，也根据城市的建设规模和人口状况进行配套建设。各个研究机构都设有专门照顾研究人员生活的部门。科学技术国际交流中心也提供外籍科研人员的家属访日、孩子就学、开设银行账户、女性研究人员生育孩子等协助服务，让科研人员在生活方面没有后顾之忧。

经过40多年的建设，筑波现有31家国家级研究和教育机构，约占日本的40%；加上周边的民间研究所，研究机构总数约有300家，每年使用40%以上的政府财政预算研究经费。科技园还经常举行国际人才交流协会、学术会议、巡回讲座等，加大国际化的开放交流力度。外国研究人员的比例从1992年的0.65%，提高到2009年的1.4%，总数达到约1.1万名。

2001年，来自世界138个国家的3352名外国研究员，平均停留2周以上。其中，中国学者达943人。到2010年1月，筑波已有2.1万名外籍研究员，占总量的10%。

第九章 平成时代

1989年1月7日（昭和六十四年），昭和天皇驾崩，太子明仁继位。史称平成时代，至今延续。历经前期萌芽和积累，日本猎头进入巩固期、成长期和稳定期。审时度势、因地制宜，成为东西方猎头有机结合的典范。

主要表现在：

在国家层面上，持之以恒地坚持人才立国，政府规制理念先进，法律法规已然完整。

在行业层面上，职业中介、人才派遣和现代猎头的界限分明，产业结构清晰而合理，全力遏制跨国猎头，刻意培养民族产业，紧随日本企业的海外扩张，刺激跨国猎头。

在公司层面上，崇尚民族集聚，运营管理高效，技术实用便捷，服务妥帖到位，海外扩张严谨有序。

第一节 猎头产业

日本猎头起步晚于美国40多年，迅猛追赶、转化及时，俨然并驾齐驱。可是，也存在诸多的先天问题，比如整齐划一、鲜有纵深，且过于刻板死守。主要是人口比较密集、地理环境狭小、战略空间短促、矿产资源紧缺等因素造成的。

一、本土

派遣业最早出现于美国，后来居上的日本，却是青出于蓝而胜于蓝。瑞可利（Recruit）、仕达富（Faro Recruitment Group）和沃德博（WDB），堪称日本猎头的标志。为了减少繁琐、行文方便，瑞可利放在本章第三节介绍和分析。

（一）仕达富

仕达富于 1981 年成立，创业社长是冈野保次郎，原英文名：Staff Service，新名"Faro"是西班牙语"灯塔"的意思，力求塑造新的国际形象。

它是日本规模最大的人才服务（人才派遣）机构，世界领先的雇员招聘和人力资源管理公司之一。经营业务涉及行政管理岗位、技术员、IT 工程师、制造业事务、护理和家庭看护、医疗保健等领域的人才派遣、介绍预定派遣员、人才介绍、事务承包等。

仕达富的公司发展历史，可分为五个主要阶段，这几乎也是日本猎头产业发展史的缩影：

1. 黎明期的奋斗

1981 年，31 岁的冈野保次郎，从三井住友建设株式会社辞职，开始创业。当时，人才派遣业可以说是事务处理型服务业，是派遣法颁布前的法律"擦边球"行业。冈野保次郎先在京都落脚，一年后移到了市场更大的大阪，并很快建成了牢固的商业据点。

1986 年的劳动者派遣法实施后，市场巨变。许多从未涉及该行业的大型企业，纷纷宣布进入。实力弱小的仕达富，决心存活。事隔不久，风云突变。大型企业，因涉嫌行业垄断，不得不全线撤退，仕达富巧遇良机，迅猛成长。在京都、大阪、神户一带，它的业务量仅次于临时就业中心，营业额达到第二位。在本地关西一带站稳脚之后，仕达富于 1989 年开始进军东京市场。起初顺利，但好景不长，恰逢泡沫经济瓦解期。到 1992 年，营业额是 240 亿日元，年销售额垂直下降了 100 亿日元。高峰期的 680 名从业人员减少到 280 人。不过，这个危机很快过去，仕达富再次焕发青春活力。

2. 改革营业方式

冈野保次郎确有过人之处。1994 年，泡沫经济瓦解时，冈野保次郎却化"危机"为"机会"，大量聘用具有忠诚勇敢、取义舍命、勇于献身"武士道"性格的职业经理人。从日本派遣行业营业额排名第 20 位，急速冲进前 10 强。为了让公司职员能仔细、认真地做好能做的事情，公司经营开始系统化、程序化。这是仕达富和派遣公司明显不同的地方。

冈野社长通过市场分析认为，人才派遣不是一个靠运气发展的行业。比如，偶尔碰到岗位空缺，或者企业准备增加人员，就会收到业务订单。诚然，派遣行业不能控制一个企业是否需要招聘派遣员工，但是，它一定不能错失任何企业出现的市场——把握这种市场时机，是非常重要的。基于此，他让手下的经理们，每天要对20～40家公司进行定点观测。通过这种方式，仕达富能够敏锐地捕捉到市场信息源——也就是企业的第一线需求。一旦发现需求，且须在需求未变之前，能在2小时内，迅速通报给仕达富全体从事派遣业务的职员。这些程序化的业务信息，很快变成谁都知道，谁都能够做的公共资讯，仕达富的标准管理，转变为行动管理。

与现有的大型派遣企业相比，仕达富并没有作为独立法人进行运营。按照政府从事劳务派遣、必须实行派遣必要场所营业的规定，仕达富不是以公司为单位，而是以大厦单位、楼层单位来配置业务支撑基点，比起以公司总部为基础进行统筹管理，更加容易把握时机。

3. 加大情报系统的投资

为了满足客户企业"希望立刻派遣员工"的迫切需求。2000年6月，仕达富实行"2小时推荐人选"的作业制度，即在接受客户企业的委托以后，两个小时以内，就要选择出最合适的人选名单，迅速完成公司的各级审批，然后统一推荐给客户。2001年1月，为提高运营效率，公司引进建设"新协调体系"（New Coordinate System，NCS）。10月，开始提供更快捷的服务。即公司收到订单起25分钟以内，项目经理必须到达客户公司办公地点或者订单发出地点，登门拜访。2小时内，提供符合要求的派遣人选名单。这种速度服务，让全日本的其他派遣公司，相形见绌。

2002年9月，仕达富通过个人掌上电脑（PDA），引入营业支援系统。公司所有职员，人手一台掌上电脑，内置个人手持电话系统（PHS）。可随时浏览、调用需拜访企业的业务内容、事业规模、业务部门负责人（关键人）的名字等情报。从技术的角度来说，营业支援系统能够彻底支援前往拜访企业的项目经理，详尽地掌握目标、任务和联系人等信息。

登门拜访后，项目经理在个人掌上电脑上，会记录拜访信息，包括：今天拜访了谁？看见了谁？遇到了什么事、我是怎么处理的？有没有和我们竞争的其他企业？竞争企业的派遣员是否增加了？办公室的密度怎么样？等等。这些信息都会及时输入，并统一由PHS网络输送到数据中心。

有时，一个项目经理一天要访问20～40家公司，工作日报也不完整、详细。而在同时支援大量访问用户的时候，营业支援系统也非尽善尽美。然而，每一个到公司访问的最新情报，能被立即汇总、累加。因此，不断提高了情报的精确度，堪称"移动云服务"。

4. 利用商业广告提高知名度

泡沫经济时期，仕达富发展又一次遇到瓶颈，那就是知名度低。特别是在首都圈一带，竞争异常激烈。

1997年5月，公司为了提高品牌影响力，打出了价格昂贵的商业广告。在商业广告里，为了用最小的成本，获得最大的影响力，大胆采取了"波地行走"的概念。"哦，猎头！"这一新颖口号也助力不少。仕达富开始被人记住，知名度有了很大的提高。

5. 全日本拓展

2001年12月，仕达富完成了业务的全国性拓展。与其他大型派遣公司利用本地人才铺开方式不同，仕达富是全部通过自身网络实现的。通过直营型分支机构，总部能够指挥全国的业务，掌控所有的信息反馈，并能够确保统一的运行标准和营业风格。

2003财年，仕达富全球总收入高达23亿美元。2010年3月—2011年3月，集团的营业额达到1807亿日元。1988年，仕达富在香港设立了第一个海外分部。到2012年年初，拥有4000多名专业顾问，已开办90多个海外分支机构和办事处，业务范围涉及英国、美国、中国香港、中国、日本、澳大利亚、匈牙利、波兰、泰国、巴西、印度尼西亚、新加坡、意大利、西班牙、法国、瑞士、越南、澳大利亚等国家和地区。

仕达富集团的主营业务，包括人才招聘、薪资管理服务、人事测评、专业人才再就业等。凭借遍及全球的信息和网络，可为从跨国公司到小型企业在内的各类企业，提供人员配置解决方案、外包服务和人力资源管理咨询。知名的子公司包括：仕达富业务支持公司、Techno业务支持公司、Techno服务公司、医疗服务公司和仕达富国际培训公司。

（二）沃德博

沃德博株式会社的前身是日本工作数据银行株式会社。1985年，中野敏光在兵库县姬路市创建。

早期的主要业务，是以化学为中心的理科系研究职务的人才派遣、人才介绍。2011年11月，开始转变为控股公司。同时，旧的沃德博株式会社，更名为沃德博控股公司。

沃德博控股是日本人才派遣协会（社团法人）的主力成员。以关东为中心，由国内51个据点、4个研究所/研修所构成。集团公司有包括控股公司沃德博在内的14个公司。另外，虽然以研究所命名，但是，实际上不是真的研究，仅仅只是作为注册人员的研修设施。

2007年（平成十九年）1月15日，日本媒体发表的公信榜"顾客满意度高的人才派遣公司排名"中，沃德博的员工服务是第一位，工作质量是第一位，决策速度是第二位，方便性是第四位。

2011年（平成二十三年）12月28日，在"2012年度版顾客满意度高的换岗、人才介绍公司十佳公司"公信榜中，综合排名第一位。此外，在"年收入不满400万日元"和"年收入400万～600万日元"的各部门顾客满意度的评比中，排名也是第一位。在2011年3月—2012年3月决算期，集团公司销售额超过224亿日元，基本利润超过16亿日元。

二、海外

20世纪90年代，日本海外猎头的方向，主要是给迅猛扩张的日本企业，方便、简明地提供各类人才。但是，日本本土企业仍然非常重视从海外引进高端人才。卡洛斯·戈恩就是代表人物。

日产汽车公司创立于1933年，是日本三大汽车制造商之一。它同时拥有堪称世界一流的技术和研发中心，被车界称作"技术日产"，也是著名的"日本神话"之一。但是，亦如其他大型企业，通病不可避免，即内部官僚主义盛行，成本控制不力，遂疲态渐露。

1991—1999年，日产汽车公司连续7年亏损，背负的债务高达21000亿日元，市场份额由6.6%下降到不足5%。如果这样持续下去，公司只能破产。

1999年5月28日，法国雷诺按照每股400日元的价格，以48.6亿美元收购日产汽车36.8%股权，以7660万美元收购22.5%的股权。另外，雷诺还以3.05亿美元，收购了日产在欧洲的5个财务子公司。这样，雷诺公司一共花了52亿美元，完成对日产的收购交易。收购后，雷诺共有17人进入日产高层，分别进驻重要部门。其中，卡洛斯·戈恩进入日产董事会，担任首席营运官。

戈恩在巴西出生，父亲是黎巴嫩商人，母亲是法国人。6岁时，随母亲及姐姐移居黎巴嫩。在一所法国耶稣会学校上学。10年后，他通过激烈的竞争，就读于法国国立高等综合理工学院，获得工程学学位。接着，他进入法国国立巴黎高等矿物学院，参加研究生培训。1978年，加入米其林集团公司。1985年，任米其林巴西分公司CEO。1989年，任米其林北美分部CEO。1996年，出任雷诺汽车公司副总裁。其间，戈恩因关闭多家工厂、节省15亿美元，一举成名，被称为"成本杀手"。令人称奇的是，戈恩熟练掌握法语、英语、西班牙语、意大利语和葡萄牙语，后来居然也掌握了日语。

1999年7月，刚刚到任的戈恩，迅速成立9个跨职能团队，负责采购、研发等不同项目。经过近3个月的详细调查和充分讨论，戈恩制定出了著名的日产复兴计划（Nissan Revival Plan，NRP），宣布到2001年，通过综合经营消灭赤字，2002 年销售利润率达到 4.5%，有利息的债务降低到 7000 亿日元以下。

戈恩无视日本的商业传统，一反"和风细雨"式的改革，首次采用"外科手术"式的大胆手法：直接减少 50% 的零部件供应商，即由 1300 家零部件供应商，减少到 600 家左右；3 年内使采购成本下降 20%；削减 20% 的销售成本和管理成本；公司在 3 年内裁员 21000 人，关闭 5 家工厂；卖掉所有与汽车生产无关的非汽车产业，其中包括房地产股票投资，甚至是日产公司引以为豪的航天部门；等等。为此，戈恩一度成为日本传统主义者的公敌。

日产汽车公司高层眼见于此，备感痛苦。与日产汽车有着千丝万缕关系的供货厂家，也是苦不堪言。一些被裁员的职工们，自发集中在工厂门口，默默不语、泪如雨下。但是，日产的生产能力利用率从 51% 上升到了 74%，暂时摆脱困境。

戈恩上台之后，通过退休、人员流动等方式，强行实现裁员 2 万多人。据此，现代猎头也被称为魔鬼，空降的候选人动辄造成大量的失业悲剧。同时，他力主打破日本企业传统的资历体系，股票期权等。西方公司的管理、奖励体系，被引入日产。

2001 财年，日产创下 480 亿美元的销售记录，盈利 29 亿美元。戈恩赢得了日产公司，甚至全日本的尊重。2002 年，戈恩又提出了综合性运营的"180 计划"，旨在通过增加销售量，提高利润率和实现零负债来支持日产的持续性发展。2003 年，日产和雷诺公司所有车型的销售量，总和为 540 万辆，比 2002 年提高了 4.2%，在全球联合汽车公司中，名列第五。

2005 年 5 月，戈恩出任雷诺汽车公司第 9 任 CEO。自此，成为同时执掌横跨 8 个时区、相隔近万公里的两大国际汽车巨头的"双 CEO"。9 月，戈恩宣布，与 2001 财政年度相比，日产实现了销售增加 100 万辆的目标，"180 计划"全面完成。

法国媒体评论说，在过去 150 年的历史中，可能只有 3 个人，对日本社会心理产生了颠覆性的影响。1853 年，美国海军准将马休·佩利（1794—1858 年），依仗船坚炮利，迫使日本签订第一份不平等条约。但是，他们有感于佩利刺激日本开放改革，走上富国强兵之路，从而视为日本的恩人，还专门建了一个纪念公园。1945 年 8 月，顶着"澳大利亚的保卫者、菲律宾的解放者、日本的征服者、朝鲜的捍卫者"光环的道格拉斯·麦克阿瑟上将（1880—1964 年），叼着玉米芯烟斗，在"密苏里"号军舰的受降仪式上,演戏一般地依次用 4 支派克金笔签字。这似乎让日本人感觉很体面。

卡洛斯·戈恩拯救了日产。对于日本人来说,日产公司破产,才是真正的丢脸。为了表达对他的尊敬,还出版了一本以戈恩为主人公的漫画书。客观地说,日产汽车存在什么问题、如何整治,许多企业家都心知肚明,只是不愿意触及日本人的心理底线。因为,外科医生是从来不给自己动手术的。正是如此,"空降兵"戈恩,被誉为国际汽车业的"艾柯卡""鹰眼总裁"和"成本杀手"。

日本政府、企业和公众开始认同"外国空降兵"。2005 年,索尼公司首席执行官霍华德·斯金格就任,三菱和马自达公司也出现外国人担任的高管。日本效率协会以上市公司新任的董事们为对象,进行"日本企业中的外国人担任最高领导者的心理接受程度"调查,肯定回答从 66.7%(1999 年调查)增加到 74.7%(2003 年调查),对 4 名新任董事中的外国最高领导者高达 3 个,并没有异议。在"最佳首席执行官"的排名中,卡洛斯·戈恩是第一(得票率 16.8%),第二是号称"经营之神"的松下幸之助(得票率 8.8%)。应当说,成功的"外国空降兵",日本媒体和国民是高度认可和赞赏的。

第二节 非营利猎头组织

非营利组织(Non-Profit Organization,NPO)是介于政府和企业之间、不以营利为目的的社会组织。

非营利猎头组织具备猎头功能,能够提供高层次人才举荐服务,信息来源比较广泛、收费很低甚至免费。

一、财团与基金型

明治维新以降,伴随经济的迅猛发展、财富的日益集中,日本的财阀,逐渐成为国民经济的重要支柱。20 世纪中期,一些财阀出面或者暗中支持,提供公益型猎头服务。

(一)笹川和平财团

笹川和平财团简称 SPF,是日本财团法人中规模较大、运作成功的国际化的代表。1986 年 9 月,由日本财团和赛艇业界共同出资设立,以推进国际理解、国际交流及国际协作,以健全国际社会和实现世界和平为宗旨。总部位于东京都港区,主管部门是国土交通省,并在联合国正式注册。

笹川和平财团设置笹川太平洋岛国基金、泛亚洲基金、中欧基金、日中友好基金等。其中，日中友好基金总额为 100 亿日元，是中日之间数额最大的民间友好交流专项基金。笹川和平财团主要是通过项目，向对象国实施援助，可分成三种方式：

1. 自主项目方式

财团包揽资金筹备、全盘运营的策划及实施。

2. 助成项目方式

财团交付认可项目以资助金，而项目则完全由选定的组织实施。必要时，财团方面只是行使一定的监督职能。

3. 自主兼助成和自主兼委托方式

往往是针对一些专业性较强的事业，聘请有关专业机构，与财团一起筹划并展开项目。如为推进日中青年历史研究者的交流，以自主兼委托的方式，邀请早稻田大学主持项目的具体实施。

笹川和平财团的国际猎头行动，带有相当的政治和外交色彩。比如：免费为太平洋岛国培养各类高层人才，并提供远程教育；为越南、老挝、柬埔寨和缅甸政府进行人力资源规划；邀请波兰、捷克、斯洛伐克、匈牙利东欧四国的科技精英和研究人员进行双向交流；向中国著名大学日语系的学生提供专项奖学金，组织中日两国少校及以上级别的军事人员进行交流和研修；定期组织中国市长代表团访日；每年选拔 10 名越南政府机关的中坚官僚及经济政策立案者及学者，赴韩国大学进修，并在政府机关及民营企业实地考察两周；等等。

（二）三菱财团

三菱财团即 The Mitsubishi Foundation，1969 年成立。宗旨与活动：以提高日本学术水平、教育水平和文化水平为目的，对有关学术研究、社会福利等活动实施资助。资助范围包括自然科学研究、人文科学研究、社会福利事业等。

（三）松前国际友好财团

松前国际友好财团简称 MIF，1979 年成立。旨在促进世界和平与人类社会的进步，开展不分国别、民族、性别、宗教、思想、国家体制的研究活动，努力加深世界各国对日本文化的理解。对希望到日本开展学术活动，尤其是对年轻研究人员给予鼓励和资助，对留学日本人员提供奖学金。

二、技术交流型

政府和民间出面，组织专业技术人士，针对特殊的学术、科研领域，提供公益型的猎头服务。

（一）花甲志愿者协会

花甲志愿者协会简称JSV。1977年9月，在原亚洲开发银行行长渡边武的倡议下，由一批志愿人员发起成立，并设立的财团基金。1979年1月，经日本外务省批准，成为财团法人。

JSV的合作方式比较简便。符合申请条件的单位，填写"邀请专家申请表"，明确需要专家指导的技术内容、现状与技术交流等信息，经政府部门审核或者担保，即可视同正式的申请，直接提交到日本花甲志愿者协会。派遣专家的国际旅费由JSV负担。

但是，如果派遣期限未满两周，或者提出的申请超出年度预算，则属例外。派遣期间的交通费、房租费、生活费、紧急医疗费均由用人单位负担，不用支付工薪。但是，用人单位应当根据专家的具体情况，负责配备技术交流和日常生活上的翻译；按照50元人民币/天的标准，发放专家零用钱。

中国的企业（含合资企业）、学校、研究所、行政机关均可申请JSV专家援助。准备邀请专家的用人单位，应向省、市地区的人才办或引进办提出申请，将所希望交流的详细技术内容及信息传送给协会。JSV收到中方申请后，将组织专门研究，在已登记的会员中选拔最合适的人才，并附上本人的履历书推荐给中方。如有中方已知的专家，亦可指名邀请。日本的专门技术分类较细，不可能满足过宽的专业要求。因此，JSV建议初次派遣的期限不宜过长。

（二）海外贸易开发协会

海外贸易开发协会简称JODC，隶属于日本通产省的非营利性机构，无偿向发展中国家提供技术援助，目的在于帮助发展中国家的企业提高产业技术水平。

协会本部登记1300多名专家，涉及矿业、建筑业、制造业、服务业等领域，内容比较广泛。JODC特别擅长制造业领域、机械电子、钢铁金属、石油化工、纺织、食品行业的加工工艺和质量管理。该协会不派遣医疗、教育、农渔林业方面的专家。

用户单位可以登录协会网站，查询专家资料。通过各地的引智部门提出用人申请，申请项目分别为指名和非指名两种。接到申请后，协会本部就开始联系专家。经过反复询问调查，在专家同意指导、企业同意接受的情况下，本部召开"派遣调查会"对项目进行审查，全部合格后方可执行派遣。

JODC 规定，派遣专家所需费用的 25% 由用人单位负担，即解决专家派遣期间的交通、住宿、饮食和零用钱等，其余费用由日方承担，不支付工薪。专家聘用期最长可延至两年。

（三）技术士学会

技术士学会简称 IPEJ，成立于 1951 年，是日本著名的公益法人机构。2009 年，学会技术士注册人数为 78500 名。IPEJ 丰富实践经验的技术士奔赴各国，在机械、电气、通信、建筑、农业、情报经营等多种技术领域，做出了广泛认可的贡献。

专业领域涵盖：机械、船舶海洋、航空宇宙、电气电子、化学纤维、金属、资源工学、建筑、上下水管道、卫生工学、农业、森林、水产、经营工学、情报工学、应用理学、环境、原子能放射线、综合技术监理等。

（四）日中农林水产交流协会

日中农林水产交流协会简称 JCEAA，全称为"社团法人日中农林水产交流协会"，前身为日本中国农业农民交流协会。在中日两国尚未恢复邦交正常化的 1971 年 8 月，日本众议员八百板正为团长，成立了该协会，主要致力于中日两国农业及农民间的交流事业。1985 年，成为社团法人。

主要领域为：接受农业进修生赴日本农业现场，学习农业生产技术、经营方式，以及互相派遣留学生；1979—1999 年，接受约 1600 名除西藏外的各省、自治区、直辖市的进修生。此外，为支持中国的长期农业发展计划，向中国派遣专家组进行实地考察、研究及进行示范性课题合作。

合作示范项目包括：1979 年，在吉林省公主岭市进行了"日本水稻种植安全多收、省力机械化栽培展示"项目；1981—1983 年，在四川省进行了日本果树（锦橙）示范项目；1998 年，在辽宁省大连市指导"大连市城市绿化事业"；从 1981 年起，日本福岛县与河南省洛阳市洛宁县，开展了日本苹果栽培示范项目；1985 年，由日本青森县常磐养鸡农业组合与吉林省梨树国营农场，合资兴办了 10 万只养鸡规模的养鸡企业；1999 年 3 月，与陕西省开展了肉牛繁育项目。

JCEAA 在了解中国农业及农村现状的同时，积极组织派遣各种包括由年轻人及妇女的友好交流团，及农业技术专家组到中国进行农业技术交流；同时也接受中国相关人士，到日本访问交流。其中，1971—1999 年，派遣至中国的交流人士为 6000 人次，并以接待了中方 900 名各类人士的访日活动。

（五）学术振兴会

学术振兴会简称 JSPS，创建于 1932 年，2003 年改为独立行政法人。主要宗旨与活动：资助自然科学、医学、人文社会科学各学科的学术研究，以及研究人才的培养和国际学术交流活动，是日本最重要的学术研究资助机构。

1953 年，资助企业与大学的合作项目和研究项目；1959 年，资助青年研究人员项目；1960 年，资助外国研究人员赴日研究项目；1963 年，资助日美科学合作项目，颁发佚父宫纪念学术奖；1967—1976 年，实施同英国、德国和法国、亚洲学者的交流项目；1978 年，接受国有专利申请、实施博士学位资助计划；1983 年，实施海外特别研究员派遣计划；1984 年，开设开罗研究联络中心；1985 年，推行特别研究员事业计划，创立国际生物学奖，开始实施日中医学研究人员交流项目；1995 年，实施重点研究国际合作计划，开设伦敦研究联络中心，并设置研究人员国际交流中心；1996 年，实施开拓未来学术研究推进计划；1999 年，接管文部科学省的部分科学研究费补助金；2000 年，实施外国著名学者招聘计划；2002 年，实施 21 世纪先进科研基地计划；2004 年，创立日本学术振兴会奖；2006 年，增设青年学者资助项目；2007 年，实施研究生院教育改革资助计划，开设北京研究联络中心；等等。

第三节　政府猎头

欧美地区的工业、行业和产业，英文名词都是 Industry。日本在引进行业管理的时候，鉴于东方民族的集权倾向，以及政府的引领和指导作用，将之区分。一是行业管理，以行业规划、行业组织、行业协调以及行业沟通为对象，包括行业协会和企业联合会，与政府部门密切配合。二是产业管理，重点是产业结构、产业关联、产业组织与产业政策。

据此，行业管理偏重市场自发。产业管理偏重政府引导，延伸为全新的领域：政府规制（Government Regulation），又称为政府管制、政府监管，即政府运用公共权力，通过一定的规则，以及一些具体行动，对个人和组织的行为进行限制与调控。

政府猎头，是指以政府为主体，搜寻、甄别和引进高端人才的实践过程，重点是海外高端人才的引进机制、体制、政策和战略。一些中国学者，也称之为国家猎头，多指国家为主体的猎头。通常情形之下，单一集权、多个政党轮流或者联合组成的政府，能否真正体现国家主权、意志和利益，实在难以分清。但是，日本的政府猎头和国家猎头，浑然一体、几无差异。

一、全球战略：人才培养与储备

1983年，中曾根康弘在首相就职演讲的时候，发表《对21世纪的留学生政策建议》，旨在检讨并改革留学政策。8月，日本政府在高等教育水平以上的教育、研究领域方面，从国际理解、国际协调的推进、发展中国家的人才培养合作的观点出发，提出综合性的留学生政策，通称"留学生10万人计划"。计划提出，留学生数量要由1983年的8116名，在2000年达到和法国一样的10万人，其中，公费留学生1万人，其余的是自费生。

2008年1月，日本首相福田康夫在施政方针演说中提出，要"接收30万外国留学生"。7月，文部科学省联合外务省、法务省、厚生劳动省、经济产业省、国土交通省，制定"留学生30万人计划"。计划以2020年为目标，将在日本学习的留学生人数增加到30万人，以此作为日本加强国际化程度、提高国际地位的重要政策之一。

主要包括5个方面的内容。其中，在"吸引外国学生赴日留学"领域，基本内容包括：使学生树立留学日本的正确动机，并为学生提供最完善的留学相关服务，日本各方加强对外宣传；加强与海外大学合作，有效地增设日语教育基地，积极促进海外的日语教育；通过举办日本留学说明会，进一步提供留学信息；驻外使领馆、独立行政法人的海外办事处、大学等在海外的办事机构要加强合作；加强日语教学，为希望留学日本的人员提供一站式服务；等等。

与"留学生10万人计划"相比，"留学生30万人计划"不仅只是简单的规模扩张，而是通过日本大学自身水平的提高，来吸引外国留学生。特别是降低语言障碍，吸引英语国家的留学生。为了帮助留学生毕业后在日本就业，政府还延长留学生在日本找工作的时间。对于30所接收留学生的高质量、高水平的试点大学，政府在5年内给予经费援助，这就是后续的"国际化基地建设项目Global 30"计划。

2012年6月，由日本内阁官房长官任议长、国家战略担当大臣、外务大臣、文部科学大臣、厚生劳动大臣、经济产业大臣为组成成员的"全球化人才培养推进会议"发表了题为《全球化人才培养战略》的审议报告，就日本应对"全球化时代"的人才培养战略，做出了全面部署。

该报告提出，到 2020 年，日本不仅要将接受外国留学生的数量扩大到 30 万人，而且选派 15～25 岁的日本学生，到海外留学的总体规模，也要扩大到 30 万人。同时要改善机关与企业的用人机制，为具有海外留学和生活经历的年轻人，创造更多的机会。

（一）时代背景

根据文部科学省的统计，自 2004 年以来，日本青年学生到海外留学的人数一直呈下降趋势，特别是在美国大学留学的人数下降，最为明显。日本国立大学协会 2008 年的统计调查表明，主要原因包括：

一是大学期间的海外留学，直接影响到大学毕业时的就业，甚至造成不能按时毕业。

二是经济负担加大。2000—2008 年期间，美国大学学费上涨 150%，同时日本经济不景气，造成家庭收入减少；另外，政府对学生海外留学的经济支援也不足，2010 年度日本政府用于派遣大学生海外留学的预算，只有 8 亿日元（850 人的规模），而用于接收外国留学生的预算，则为 312 亿日元（26000 人的规模）。

三是日本企业的用人机制，不利于大学生赴海外长期留学。日本企业一般在每年 4 月录用新员工，大学生在三年级就开始应聘活动，企业在大学生毕业的前一年就基本确定了录用人选。而国外大学大多为秋季入学，夏季学业结束，留学回来时，日本企业的招聘活动大多已结束。而且，对具有留学经历的大学毕业生，没有特别的优惠政策。

四是日本的高校对学生海外留学的支援措施不到位，学生的信息来源有限，并且在学分认定上制度不完善。2010 年 7 月，统计显示，不希望到海外工作的人数，明显增多（2004 年为 27%，2010 年增加到 49%），主要原因是担心当地的治安情况和外语沟通能力不足。而同一调查又显示，具有海外留学经历的大学毕业生中则有 85% 的人，希望到海外公司工作。

由于日本国内人口的不断减少，扩大国内市场需求的希望渺茫。进入 21 世纪以来，日本企业在海外的销售与生产比率持续上升，以制造业为主，部分服务行业，也开始将扩大海外事业规模，作为企业成长战略。如果说日本企业的经营模式从 20 世纪 80 年代以制造业为中心、开始寻求海外市场（主要是走向欧美），是其全球化过程的第一次浪潮；那么 90 年代，为寻求削减成本，开始在海外构筑生产基地，则为其全球化过程的第二次浪潮；而 21 世纪初开始的推进销售、生产机能的当地化，则是其全球化过程的第三次浪潮。目前正迎来第四次全球化浪潮（摘自《日本经济同友会报告集》）。随着日本企业海外销售和生产比率的上升，以海外现地法人的雇员为主流，日本企业的外籍人才日趋增多。从世界各地招揽人才，已成为日本企业在海外经营的基本。

然而，日本企业在国内总部的经营决策层，则面临着人才匮乏的危机。据日本经济产业省预测，到2017年，日本需要"全球化人才"417万人，其中日本人为378万人，而日本只有164万人。如果按照目前日本大学培养人才的做法，2017年度的大学应届毕业生就职者中，只有18万人符合"全球化人才"的标准。因此，对"海外销售额占企业总销售额20%以上的日本企业"的一项调查显示，有近85%的日本企业面临着如何培养和确保全球化人才的课题。

针对上述问题和矛盾，日本政府以企业界为平台，邀请社会各界就"如何培养全球化时代的人才问题"，提出看法和建议。

2010年4月，文部科学省、经济产业省共同主导的"人才培养的产学合作伙伴关系——全球化时代人才培养委员会"，发表《产学官共同开展全球化人才培养》的报告。6月，政府颁布经济"新成长战略"，为推进和加速实现"新成长战略"提出的目标。9月，成立由内阁总理任议长的"新成长战略实现会议"，研究部署应采取的政策措施。12月，前联合国副秘书长明石康、日本前驻联合国大使大岛贤三、日本国际交流中心理事长山本正等人，联合发表《关于全球化时代人才培养的建议》。

2011年1月，日本中央教育审议会发表了《全球化社会的研究生教育》专题报告。4月，文部科学省的"产学合作全球化人才培养推进会议"发表了《产学官合作的全球化人才培养战略》。5月，又设立了上述由6位内阁成员组成的直属"新成长战略实现会议"的"全球化人才培养推进会议"。6月，日本经济团体联合会（简称"经团联"）发表了《针对全球化时代人才培养的建议》。

2012年5月，由日本20家大企业负责人和12所知名大学校长共同组成的"产学协同人才培养圆桌会议"，发表了应对全球化时代的人才培养和创新人才培养《行动纲要》。6月，在汇集各部门和企业团体等意见的基础上，"全球化人才培养推进会议"发表了"中期报告"，提出了《全球化人才培养战略》的主要指标，再次征询社会各界的意见，最终形成日本政府的《全球化人才培养战略》。

（二）主要内容

关于全球化人才的定义，《全球化人才培养战略》在汇集各方面意见的基础上，提出了 3 个基本要素：语言与交际能力；主动性、协调性、灵活性、挑战精神、责任感与使命感；对不同文化的理解与对本民族的认同感。

未来 10 年，日本的 18 岁人口将维持在 110 万~120 万人的规模。作为战略目标之一，到 2020 年前后使日本 20 岁左右的同龄人口中，具有海外留学一年以上经历的人数比率，达到 10%（11 万~12 万人），其中高中阶段 3 万人，大学阶段 8 万人。

1. 积极推进高中阶段的留学体验

主要包括：在高中生达到 18 岁以前，使其具有在海外留学或生活 1 年以上的人数，达到 3 万人的规模；推进 IB 课程（国际文凭课程）在日本高中的开设比率，今后 5 年内使开设 IB 课程的学校总数达到 200 所（2010 年度仅有 19 所）；增加海外归国子女在初高中阶段的插班名额；创建高中到大学的跳级制度和提前毕业制度等；增加外籍英语教师人数；全体英语教师参加一次托福等英语考试，根据其成绩安排进修计划；等等。

2. 完善大学入学考试制度和大学教育

鉴于大学入学考试直接影响着初中与高中生对海外留学和生活的选择，应予以改进，解除其后顾之忧。同时，进一步改进面向具有海外留学和海外生活经历的考生的单独选拔机制。灵活运用托福考试等的成绩，大学和高中教师等要共同合作，开发能够均衡体现考生"听、说、读、写"4 项技能的英语考题。

大学要进一步开发和增加英语授课，推进 9 月入学机制建设，积极向学生提供到国际机构实习的信息，研究生院要积极培养能够活跃于全球化时代的人才，充实年轻研究人员参与国际共同研究活动的机会并在职务职称评定时予以积极评价。要采取有效措施使日本顶尖级大学，占据世界各类大学排行榜中的前列位置。要使日本大学阶段学生的海外留学规模扩大到 8 万人，加上高中阶段的 3 万人，达到 11 万人（占同龄人口的 10%）。

同时，积极吸引海外优秀学生来日本留学，以此推进日本学生的全球化意识，要进一步明确各地方政府针对各国和地区的国别留学生交流战略等。

3. 改进和完善企业等用人机制

普及和促进企业将大学毕业 3 年以内的学生，均视为新毕业生。同时实行全年招聘制度，以解除大学毕业生因留学或海外实习等，错过企业录用机会的担心。政府要向经济团体开展公关工作，使企业积极录用具有海外留学经历的高校毕业生。根据日本《国家公务员制度改革基本法》的要求，为有助于确保多样化人才，进一步完善考试体系中的相关机制。

从2012年起，在"综合岗位"中，创建"政治与国际"考试项目，明确推出培养全球化人才的政策取向。日本政府部门要公布录用具有海外经历人员的比例，以及非定期录用的情况。

同时，要把国家公务员掌握外语，如托福考试成绩、国际交流英语考试成绩等，作为一项基本能力和素质；企业和大学等研究机构，在员工职位晋升时，要把是否具有海外经历，作为一项评价标准，要公布各级岗位员工中具有海外经历的人数和比率等。

（三）政策措施

为落实上述人才培养战略提出的政策目标，自2012年度起，以文部科学省为主，日本中央政府各有关部门纷纷推出"全球化时代人才培养"的政策措施和具体实施项目。以文部科学省2012年度财政预算和有关项目为参照，具体的政策措施有：

1. 扩大政府奖学金公派留学生规模

为落实政府内阁《全球化人才培养战略》中提出的，"到2020年前后使日本20岁左右的同龄人口中，具有海外留学经历的人数占到10%（约12万人）"的目标，在2012年度政府奖学金公派留学生中，面向日本在校大学生的长期生（1年以上，每人每月奖学金14.8万日元，政府负担学费120万日元以内，负担往返国际旅费等），派出名额增加100人（比2011年翻一番）；短期生（3个月至1年，每人每月奖学金8万日元等）派出名额增加1520人（2011年为760人，2012年总数为2280人）。政府预算增加13亿日元（其中长期生预算增加2亿日元，短期生预算增加11亿日元），总额达到31亿日元。

此外，为鼓励和支持大学生自费留学，日本政府还通过"日本学生支援机构"（文部科学省直属机构）以低息贷款的方式，对自费留学生予以帮助。2012年度用于此项经费的预算额，增加了13亿日元，总额达39亿日元。可接受此项贷款的学生数，由3175人增加到5094人。对于参加大学校际交流项目（如暑期班等）的大学生，2012年度政府预算中，列支了6300人规模的资助经费，预算额为10亿日元。

2. 完善大学教育全球化的体制机制建设

为了实现政府内阁《全球化人才培养战略》中提出的"有关培养能够积极活跃于全球化舞台的人才"的各项指标，文部科学省在2012年度的预算中，新增了"推进全球化时代人才培养工程"，预算规模达50亿日元，用于对日本国公私立大学完善全球化人才培养的体制机制建设。其中，遴选出的10所大学，在今后的5年内，将分别在具有海外留学经历的学生占同年级学生的比例、外国留学生占在校生的比例、外籍教师占教师总数的比例、外语授课所占比例、大学职员取得英语TOEIC考试800分以上的人数等多方面，达到规定的要求。另外，将选择30个以本科学院或研究生院研究科为单位的特色项目，予以资助。如该学院或研究科今后5年，将在全球化人才培养方面拟达到的目标、大学英语授课规模，大学教师应对全球化的教育能力等等。

通过继续实施"强化大学国际拓展力项目"，对日本的大学与亚洲和美国的大学之间，开展的"亚洲校园计划""促成与东盟各国大学开展全面交流计划"和"创建与美国大学的协同教育机制"，予以支持。2012年度项目总预算27亿日元。

通过继续实施"构建大学国际化网络项目"，完善大学海外事务所建设、大学接受外国留学生的环境建设，以及大学校际交流的协作网建设等。2012年度总预算26亿日元，入选院校将每年获得2亿日元左右的项目经费支持。

加强与产业界的协作。政府将向经团联等企业团体发出呼吁，希望企业采取措施，更多地照顾和聘用具有留学经历的大学毕业生。

3. 加强海外派遣和参与国际研究

文部科学省通过其直属机构——日本学术振兴会，设置了面向34周岁以下的年轻学者，到海外研究机构，进行为期2年的学术研究的资助项目。每年派遣500人左右（预算为21.72亿日元）；设置了面向国公私立大学和研究机构的"加速智力循环的年轻学者海外派遣战略项目"，通过大学和研究机构的组织申请，对隶属于其研究组织（学院或研究科、研究所等）的45周岁以下的年轻学者或博士生，到海外研究机构从事1年以上学术研究予以资助，每人年资助额为1000万日元左右。2012年度的预算额为20.5亿日元。

4. 扩充高中生国际交流和海外留学的机会

为增加日本高中生的国际交流和海外留学机会，2012年度日本政府大幅度增加了对高中生海外留学的资助力度。总预算由2011年度的2700万日元，增加到1.23亿日元。对高中生参加由地方政府或民间团体组织的海外留学1年的项目，日本政府每人资助40万日元，人数由2011年度的50人增加到300人。同时，对个人或参加海外留学项目的高中生，只要留学期限在半年以上，日本政策金融公库（隶属于日本政府的金融机构）可提供低息贷款，贷款额度每人300万日元以内。

此外，日本政府为激发高中生对海外留学的兴趣和拓宽国际视野，还专门列出新的预算项目。即对有关民间团体和地方政府举办的面向高中生的留学说明会、配置留学咨询员、聘请具有海外工作经历或留学经历的知名人士到学校举办讲座等，予以资助。

5. 改善基础教育阶段的英语教育和师资队伍，扩大IB课程规模

为提高基础教育阶段英语教师的师资水平，深化日美同盟关系，日本中央政府委托负责中小学师资的地方政府，选派100名20~30多岁的年轻英语教师，赴美国的大学进修半年。所需经费由文部科学省和外务省共同负担。2012年度的总预算为4亿多日元。

为落实《全球化人才培养战略》提出的今后5年内将日本开设IB课程的学校数增加到200所（目前为19所）的目标，2012年度文部科学省新增预算1500万日元，专项用于开展国际IB课程的信息收集和对5所指定学校探索开设IB课程的试验。

（四）借鉴与启示

1. 政府主导、官民并举，紧扣国家经济增长战略

到2016年，日本国内已初步达成了官民并举共同培养全球化人才的共识。中央政府高度重视，内阁官房（国务院）牵头，文部科学省主抓，各相关部委共同研究分析国家人才需求问题，把人才需求与国家宏观经济发展战略及具体需求相结合，紧扣国家经济发展战略与经济增长趋势，从宏观和微观、政策和具体措施同时入手，边制定政策，边试点实行。在中央政府的主导与支持下，日本地方政府、大学等各级学校以及社会各界积极响应，再次将人才培养视为日本社会经济发展的原动力与日本未来的生死存亡。

20世纪六七十年代，日本成功实现国民收入倍增计划和经济高速增长以来，日本政府把贸易立国、科技创新立国、教育立国作为基本国策，人才培养计划一直是社会经济发展规划和战略目标的重要组成部分，教育改革也紧紧围绕社会经济发展对人才的需求而不断推进。前首相森喜朗指出的那样，日本是自然资源匮乏的国家，是用教育的作用开发人的脑力、心中的智慧资源和文化资源的，这是日本在经济、社会、文化上得以发展的原动力。

面对日趋激烈的国际竞争，日本举国上下再次认识到，作为资源小国的日本，要维持世界经济大国的地位，只有依靠不断开发人力资源，才能推动日本社会经济的发展。

2. 教育界与企业界良性互动、密切配合

日本的全球化人才培养战略,是日本政府与民间充分讨论的基础上形成的,它与日本经济成长战略密切配合,特别是积极地回应了日本企业"全球化经营策略"对人才的需求。在政府《全球化人才培养战略》的引导下,大学与企业界密切配合,教育界对企业界的诉求积极回应、伸出援助之手,企业界则从机制与经费上支持教育界对人才的培养,具有长远发展的眼光和忧患意识。

例如,日本经济团体联合会与入选文部科学省"全球化30"项目的院校合作,从2012年度起每年选派30名大学生赴海外留学一年,每人100万日元奖学金,留学回国后,经团联组织相关企业专门为具有留学经历的大学毕业生举办就业洽谈会等;早稻田大学、一桥大学等多所高校设立了专门资助学生出国留学的资金项目;横滨国立大学将从2014年度起对4个学院的新生加试英语能力考试,其中10%的新生入学后必须到海外的校际交流学校留学半年。

与此同时,日本经济产业界与社会对大学的改革也积极予以响应,如东京大学提出5年后将新学期的起始时间由春季改为秋季,以便于与世界大多数国家高校的交流,进一步推进大学的国际化进程,尽管日本教育界还有不同看法,但是,日本政府和经团联等经济产业界都积极表态,予以肯定和支持。

3. 在国际人才竞争中加强人才队伍建设

日本的全球化人才培养战略,实际上也是日本政府应对国际人才争夺战的战略部署,2012年6月,日本内阁举行"国家战略会议",明确提出到2020年,大学聘用的外籍教授人数要增加1倍,即由2011年的1996人,增加到2020年4000人的规模。

日本法务省针对海外高层次人才,从2012年5月起实施"积分制度",达到规定分数的海外高层次人才,不仅在申请签证的时候受到优先照顾,而且可以申请加入日本国籍。

4. 在基础教育阶段开展国际理解教育

日本的全球化人才培养战略,不仅将对日本高等教育的人才培养模式产生直接影响,而且对基础教育阶段的人才培养,也将产生积极影响。东京都提出,到2020年将选派3000名高中生赴海外留学,积极培养"国际感丰富"的未来领导者。许多地方政府在中小学外语教学和国际理解教育以及国际交流方面,开始积极应对。

早在20世纪50年代，联合国教科文组织的倡议国际理解教育。70年代，随着日本对外经济往来和国际交流的日益增多，政府有意识地在中小学开展以"生存于国际社会的日本人"为主题的国际理解教育，关注如何与不同文化背景的人相处。

进入21世纪，日本更加重视国际理解教育，希望通过国际理解教育培养能够活跃于国际舞台、受人信赖的为世界做出贡献的日本人。国际理解教育作为加强国家竞争力的重要手段，不仅仅是为了理解、沟通与合作，同时也是为了参与并赢得国际竞争。

应当注意到，日本提出的全球化人才培养战略既有相当的未雨绸缪、谋划破解难题、应对即将出现的挑战的成分；也直面长期以来存在的一些问题，如协调、沟通能力不足，缺乏灵活性和挑战精神，对不同文化的理解和本民族文化认同感不够等。这一战略体现出的强烈的忧患意识，对正处在高等教育改革发展重要时期的中国来讲，有他山之石的积极的借鉴参考作用。

二、猎头策略：高度人才引进计划

日本政府始终把吸收外国高层次人才，作为国家中长期战略。1992—1999年，从不到5000人，发展到超过1万人。包括增加引进中国IT专家的途径，如留学生的日本就职，日本企业的直接采用，通过企业内部调转工作在日本企业就职、研修等。2003年，《通商白皮书》强调，日本大力引进外国的IT专家，其实就是在国际市场的最前线争夺人才。

2000年8月，森喜朗首相访问印度，提出日印IT合作推进计划。10月，经济产业大臣平沼提出亚洲IT技能标准化倡议，在不同的国家，实现相互认证，以方便高层次人才能够自由流动。

2007年10月1日，新《雇佣对策法》生效，明确将促进具备高级专业知识和技术的外国人在日本就业，提升到国家战略级别。还规定，雇主有义务改善雇佣管理，使海外人才获得适当的受聘机会，并能够发挥自己的能力。同时也提出了一些具体要求，比如，雇主必须对外籍高层次人才进行日语教育，帮助他们加深对日本生活习惯、文化、风俗等的理解。

三、跨国企业：人才现地化计划

日本清醒地认识到，在人才、产品、资金、信息等经营资源之中，最重要的要素是人才。实现人才资源现地化，优点甚多：可弥补派遣人才不足，削减派遣费用成本，推进现地人才的录用和安定，提高现地人才的劳动欲望，充分利用现地人才的知识和技能等。

2013年1月，《日本经济新闻》调查显示，日本在海外加工生产的企业比例，在2012年度达到最高，为68.0%。预计到2017年这一比例将达到71.1%，占全部企业的7成以上。排在第一位的理由是"当地需求旺盛"，占45.5%；排在第二位的理由是"人工费用便宜"，回答比例超过23.1%。

不久，日本新华侨报网披露，随着海外新兴市场国家崛起，加上国内市场持续低迷，日本企业纷纷看好海外市场，加大了在海外的投资生产。2012年，日本内阁府调查显示，79%的企业在国外生产，创过去最高纪录，加剧日本国内的产业空洞化。

内阁府以东京、大阪、名古屋的各证券交易所上市企业为对象，进行调查。与20年前的1992年相比，日本企业到国外加工生产的比例，上升了24.7个百分点，国内产业的空洞化加速比较明显。日本企业在国外生产的商品，被反向出口到日本的比率为19.8%，创历史新低。以海外生产基地为据点、在新兴国家市场开展销售，日本企业进军新兴国家市场的战略意图，非常明显。

为此，日本企业积极推动海外优秀人才现地化计划，主要策略和方法包括：

（一）跨国企业的经营现地化策略

如在泰国，日企公司的人才资源现地化，进展很快。通过不断提拔现地人作为责任者，重要职位的现地人比例增长迅速。2008年、2009年的调查发现，从管理到生产、机械操作管理等12个职务为对象进行了调查，"库存管理"和"品质管理"都在80%以上，在"高层管理职务"指标，泰籍人的比例是23%。被调查的日企公司中，泰籍首席执行官占5%，中层管理人员则高达80%。这些表明了日企公司控制人在泰国子公司的管理权限转让方面，抱着积极而务实的心态。

（二）中国人才现地化策略

南通市地理位置优越，吸引众多外企。其中，日资企业超过550家。2000年的联合调查发现，鉴于日本人派遣的成本较高，日资企业多倾向于实现人才现地化。为推进人才现地化，多数企业每年都提供一定的名额，让当地的优秀员工到日本研修。

还有一些企业在重大经营管理决策之际，会安排中方人员参与。中方担任总经理的日资企业超过80家，约占企业总数的15%。这也证明，南通市日企人力资源的现地化程度，的确不低。

（三）日企的中国白领现地化战略

在中国白领人才管理过程中，日本企业经常面对的最大问题"雇佣不到人"和"辞职"。企业领导层最终发现，对中国白领来说，在工资水平相近的前提下，越有名气的企业，越是具有吸引力。为此，日本企业针对中国白领人才战略，提出5个要点，并在中国内地试行推广。

第一，制定经营现地化政策。如果中国白领觉得能胜任更高级的工作，或者是感到升职有阻碍，就会主动离职。因此，非常有必要实现人才当地化，培养当地人才，并授予实权，委以重任。

第二，建设能够提高企业魅力的人事制度。包括报酬、晋升、业绩评价、人才培养以及激励制度等。其中，要激发中国白领参加多种技能提升培训的积极性，配备能够激活个性化的人才培养体系。对于特别优秀的，要采取脱产进修的方法，进行培养。

第三，宣传企业的经营理念和文化。

第四，活学活用日本的经营特质。

第五，发挥日本总公司的作用。

四、移民产业：减压与培育并重

吴占军（2014）认为，19世纪末"黄祸论"的流布，与20世纪初排日风潮的高涨，日本政府充分发挥东亚地区的地缘优势，积极利用与西方列强的同盟或协约关系，最大可能地在移民问题上，保障日本移民在接收国的各项权益，并积极使移民政策合理化。

"二战"以来，日本企业的扩张，招致南美各国的"排日运动"。但是，在南美洲，尤其是日本向巴西移民出现繁荣景象。到2015年，按照日本的海外移民数量统计，依次是巴西、美国、秘鲁、加拿大、阿根廷。

国际格局的变动，尤其是远东地区的日美关系，对近代日本海外移民模式产生了深远影响。当前，日本政府的移民政策与移民活动的管理日趋合理化。

在移民教育方针上，向国民进行国际知识的普及、对移民接收国的总体情况进行宣传、设立移民教育机构等。

在海外移住扶植方针上，补贴海外移民前的准备金、简化移民办理手续、增设港口的移民临时住所、改善移民募集方法等。

在统合民间移民公司和移民相关团体方面，整合改造移民公司、增加职业介绍的机构、整合改造海外协会及相关团体。

在移民资质的选择上,严禁不适合移民的劳动者出国、出国前做严格的身体检查、考虑移民家庭因素等。

在移民输送环节,改善移民运输船只的卫生状况、实施移民保险制度、创设移民监督官制度、设置移民纠纷的调停机构等。

另外,在海外移民相关产业,如金融机构的扶植及移民公益设施如收容所等设置方面,都做了日趋完善的制度规定。

针对接收国的现地管理及与移民接收国之间的关系,也做了较为详细的制度保证。

在促进经济关系上,促进与移入国的贸易关系、促进海外移民创办企业、在移入国设立金融机构、协助移民收益金的资本化和移住地投资等。

在海外居住及土地政策方面,鼓励农业适用地的调查和试种,扶植土地"特许权(尤指由政府或雇主给予的)"的获得,扶植拓殖公司的设立和发展,斡旋农作物市场及贩卖,扶植农业团体等。

五、信息产业:E-Japan 重点计划

E-Japan 的目标,是建设世界最高水平的信息通信,培养一大批具有国际水平的优秀人才,使得日本成为世界 IT 行业最先进的国家之一。

E-Japan 的主要内容包括:第一,推进构造改革,创造新价值的社会;第二,通过灵活运用 IT 的价值,能方便、安心地生活,制造知性的感动,个人能力可以得到最大发挥的社会;第三,通过构建 IT 作为中心的全面合作关系,积极开展新的国际合作关系。

"E-Japan 战略 2001"在实施过程中,积极动用政府和民众的力量,加大了通信基础设施建设,整顿了电子商务交易市场。

"E-Japan 2002 计划"的 5 个工作重点,就包括"强化教育信息化及人才培养"和"强化国际组织"两项内容,并把"引进高层次外国人才"列为重要的考核指标。为了在电子政府、医疗、教育领域等 IT 的利用方面,让国民真切感受到安心,以及真正 IT 产业的便利性,还制定了"IT 政策方案—2005"。旨在强化行政服务、医疗、教育等领域,特别是人才选拔、培养和使用方面的制度建设。

六、教育产业:大学国际化战略

赵晋平、单谷(2014)研究指出,日本所面临的日益严重的人口老龄化及人口减少问题,客观上决定除了加大国内人才的国际化步伐之外,还需要吸纳更多的海外人才。

（一）基本内容

日本的国际化人才战略，实质上是以促进国内人才的国际化和大力吸纳海外人才为路径。这些战略，均具有共同和明显的特征，就是大学始终作为培养国际化人才的核心主体。

1. 新成长战略

2010年6月，日本内阁公布"新成长战略"。该战略从经济、科技、金融、旅游、就业和人才等方面，指明日本到2020年的发展路径，同时，将包括人才战略在内的六大战略，作为日本今后发展的重点。其中，人才战略时刻将国际化作为目标。而同步出台的"新成长战略路线图"针对如何培养国际化人才，提出了一系列具体的意见和建议，从政府层面强调了培养国际化人才的重要性，为制定国际化人才战略指明了大方向。

2. 国际化人才培养推进与审议

2010年5月，日本政府设置"国际化人才培养推进委员会"，委员包括内阁官房长官、国家战略担当大臣、外务大臣、文部科学大臣、厚生劳动大臣和经济产业大臣。"国际化人才培养推进委员会"在广泛听取大学和企业相关人员意见的基础上，于2012年6月公布了名为《国际化人才培养战略》的最终审议报告。报告指出，日本目前主要存在以下问题：学生赴海外留学人数大幅减少、公司员工不愿意到海外工作等。并强调为应对人口减少和社会老龄化问题，加上日本经济灾后重建的需要，亟须培养更多富于创造性的青年才俊。

报告进一步指出了国际化人才需要具备的内涵，即除了需要具备语言能力和沟通能力之外，还必须具有主体性、积极性、挑战性、协调性、柔软性、责任感和使命感，以及对海外文化的理解能力。为达到上述目标，该战略提出日本必须举全社会之力，只有政府、大学、企业和家庭共同行动，全面改善社会机制，才可能真正培养出国际化人才。具体措施包括强化英语教育、推动高中生赴海外留学、改善和充实大学考试制度、确立国际通用的大学教育制度、战略性推进留学生交流、实施秋季入学制度、加强企业和大学的衔接并在就业和培训上提供支持等。

3. 促进产学合作

在国际化人才培养方面，文部科学省起着核心作用。由文部科学省担任事务局的"产学合作推进国际化人才培养委员会"设置于2010年12月，其委员主要来自于大学和企业。设置该委员会的目的，在于通过强化产业界、大学和政府相关部门间的合作，推进国际化人才的培养。委员会主要就国际化人才培养的模式、"全球30计划"、大学的世界展开力强化事业等议题，进行具体审议。

经过数次审议，该委员会于 2011 年 3 月公布了《产学合作培养国际化人才战略》报告。报告提出为了培养国际化人才，大学必须面向世界开放，同时推进和健全日本人到海外留学以及接纳外国留学生的相关体制。此外，只有包括产学官在内的全社会，均致力于大学国际化和培养国际化人才，才能实现包括教育在内的社会整体环境的国际化。报告分别对政府、企业和大学的作用做了以下阐述：

第一，政府的作用。开展高等教育外交、创造和完善产学官合作的环境、推进全球化事业、加强基础教育和高等教育的衔接和合作。

第二，企业的作用。改善企业的就业环境（更改企业招聘时间、明确企业所需人才标准、为外籍员工提供升职空间等）、资助日本学生出国留学和海外学生到日本留学、为大学提供支持和帮助。

第三，大学的作用。向世界提供具有魅力的高等教育环境、实现大学自身的国际化（招收优秀的外籍教师、实施 9 月入学制度、加强外语教学、与海外大学合作办学等）、推动日本学生的海外留学、招收优秀的海外留学生、为其他国家高等教育的发展提供帮助。

通过以上一系列重要政策和战略的出台，可以看出，在国际化人才的推进体制上，日本在强调产、学、官之间协同性的同时，国际化人才战略，实质上是以大学为核心实施机构来完成的。

（二）实施路径

培养具备坚实基础和专业知识的人才及通过卓越的研究，来创造和发展知识是大学的职责。在知识全球化的进程中，学生和研究人员的国际化流动，变得更加活跃。日本的国际化人才战略，主要是以大学为载体，并通过大学的国际化战略来实现。

1. 设置一元化国际战略部门

高等教育的国际化，首先是思想观念的国际化。而国际化办学理念的制定和实施，需要学校设置能够进行一元化管理的国际战略部门。长期以来，日本各大学，除国际交流处外，还设有国际交流委员会。因为院（系）的教授会在学校拥有自主权，国际交流委员会只负责咨询，而具体的表决，必须取得各院（系）教授会的同意方可。这种机制，不仅使学校的各种国际事务，在实施和具体操作上严重滞缓，而且院（系）分隔和相互沟通上的欠缺，容易造成学校缺乏统一的国际战略，因此，这种机制的变革，势在必行。

2005—2010 年，实施的"大学国际战略本部强化事业"在日本全国选定20所大学，通过政府的资助和学校的自主性变革，这些大学的国际部门，从名称和实质上都发生了很大的转变。

"大学国际战略本部强化事业"的实施，北海道大学、东北大学、东京大学、早稻田大学等20所大学的国际部门，运作方式和职能发生了根本的改变，而且影响和衍生到其他大学，使日本大学的国际部门发生了巨大的变化。其中，东京大学、京都大学等8所高校，在"大学国际战略本部强化事业"实施过程中，顺利入选"全球30计划"。一元化国际战略部门的建设，正不断得到进一步加强，在机制上提供保障大学国际化战略的制定和实施。

2. 实现大学自身的国际化

在大学校园里，要构建培养和吸引具有国际视野人才的实践环境，必须实现大学自身的国际化，使大学校园充满国际化的学术氛围。大学自身的国际化，包括教师和学生的国际交流、加强外语教学、与海外大学合作办学等多种措施。

首先，日本高校的正式在编外籍教师占整体在编教师比例，从2008年的3.46%，逐步增长到2013年的3.96%。而入选"全球30计划"的13所大学的平均外籍教师比例，则达到7.3%，远远高于全国平均水平。此外，以学生的国际交流为例，入选"全球30计划"13所大学的国际学生所占比例，均呈现大幅度的增长，2013年多集中在10%左右。如东京大学为10.36%、筑波大学为10.62%。而单从研究生阶段来看，各校国际学生所占比例则更高，如东京大学为18.59%、筑波大学为18.2%。

某种程度上，高等教育的国际化，削弱大学的地域性和民族性。但是，大学国际化的最终目的，并不在于建立世界范围内统一的模式；而是相反，应当以不同国家和不同文化的存在为前提。因此，大学之间的差异性，是大学建立合作关系，吸引人才的重要基础。

尽管如此，大学间差异性的载体，仍需要借助于语言工具。日本大学意识到，要想进一步从世界各国吸引优秀的学生，语言问题无疑正成为主要障碍。因此，为了促进国际学生的流动，日本正在努力拓展英语课程项目的设置。2013年，用英语取得学位的学科达到156个学科。既为不会日语的海外学生到日本留学，提供有力的支撑，同时也为日本学生将来到海外留学，创造了环境。

此外，需要实现教育合作的国际化。其中，包括充分利用国际教学资源、和海外大学和研究机构建立合作关系。互派学生和教师进行交流和学习，乃至双方共同设立联合学院以及结成学校战略联盟。使若干学科与海外的一流大学，或研究机构，建立实质性的战略合作关系。如早稻田大学和北京大学设立了环保方面的联合研究生院等。

同时，建立内部学分转换体系，在本科和研究生教育的基础上，创立一种简化的、可转换的和可比较的学位体系，从而促进最广泛的学习流动。在签署交流项目时，就学分的互认达成一致，从而积极构建标准化的高等教育认证制度。

3. 设置海外事务所

在海外设置事务所，成为日本大学国际战略的重要一环。据文部科学省2013年的统计结果，日本各大学共在海外开设有431所事务所。这些海外事务所主要集中在中国、英国、美国和东南亚。主要目的包括：加大学校宣传，加深海外对自己学校的认识和了解；促进海外学生留学日本；促进学校和海外大学间的教育研究合作；加强特定研究领域的合作等。

为了加大海外资源共享，文部科学省在入选"全球30计划"指定9个事务所，供所有的大学使用，加快国际化步伐，减少不必要的开支。

4. 加强和产业界的密切合作

日本每年定期召开的"产学合作论坛"，是"全球30计划"入选大学和产业界开展合作的一个重要平台。会议期间，产业界、大学和政府的相关人员，会围绕大学国际化的现状和问题、企业招收国际化人才的现状和需求、产业界和大学合作的方式等问题，开展深入探讨。会议成果将直接反映到双方下一年的年度计划中，大学会根据产业界的需求对国际化战略进行调整，同时，产业界也会在招聘计划和时间上和大学的国际化战略相呼应。

产业界会对大学国际化战略的实施，提供资金帮助。为促进日本学生到海外留学，日本经济团体联合会设置"经团联全球化人才培养奖学金"，每年资助入选"全球30计划"13所大学的30名学生到海外留学。日本经济团体联合会还以留学回国的学生为对象，组织企业开设专场招聘会，为学生留学解决担心就业问题的后顾之忧。

为了让学生在校期间所学内容和企业的需求接轨，日本经济团体联合会和大学共同开设教学课程，并派遣企业专家，就企业的全球化理念、全球化活动内容、所需国际化人才的素质等给学生授课。

七、文化产业：人间国宝制度

非物质文化遗产概念，最早是日本提出来的"无形文化财"。历经60多年的完善，日本倡导和建立的"人间国宝"制度，对传统文化及工艺的传承和保护，在全世界产生了深远影响。

1950年，《文化财保护法》明确界定"有形文化财""无形文化财""民俗文化财""史迹名胜天然纪念物"等类别。其中，"无形文化财"分成演剧、音乐和工艺技术3类。"重要无形文化财"的传代人、继承人、最优者，被称为"无形的国宝""活的文物"，即"人间国宝"。

重视历史渊源。明治维新时期，工匠月山贞一迫于"禁刀令"，成为帝室技艺员。此后，受命打造明治、大正、裕仁天皇以及高阶陆、海军将官佩刀，进而奠定权威世家地位。1971年，荣获锻刀界最高荣誉，遂被认定为"人间国宝"。

行业抢救意向明确。比如"讲谈"（类似于中国古代的说书艺术），兴起于300多年以前，是正统语言艺术不可或缺的部分。如今，知名的"说书人"不到70人。于是，讲谈协会会长龙斋贞水四代传人，旋即被优先认定，反映政府"花开一隅，香洒四方"的期望。

《文化财保护法》规定，政府部分承担"文化财""重要文化财"的保存、记录和后继者的培养等经费。"重要文化财"分为"综合认定""持有团体认定"和"个别认定"3种。鉴于"重要无形文化财"是"无形文化财"的最高级别，日本文部科学大臣受命，负责认定和解除认定的权限和程序，同时明确传承人的权利、责任和义务。

20世纪90年代，日本经济长期低迷，文化产业始得重视。1995年，确立文化立国方略。从2000年起，建立文化产业年度统计制度。2001年12月，《文化艺术振兴基本法》提出振兴构成文化核心概念，明确国家及地方政府的责任，并划定基本政策和方法。

日本政府创新"产官学"模式，即政府提供法律保障和政策支持，学术和研究机构负责提供市场预测、发展前景等信息支持，企业通过与政府和研究机构合作，三方共同谋求文化产业发展。

"人间国宝"的申报程序和评议程序比较简便。文化厅咨询文化财专门调查会接受各种推荐，同时受理个人申报，并进行筛选和初评。文化厅文化审议会复议。提交文部科学大臣审定、批准，再颁发认定书。难得的是，政府注重传承效应，采取可持续发展思路，规定身怀绝技的候选人，不管社会地位多么高，如果不收弟子、艺不外传，也不能当选。

比如，日本"狂言"是兴起于民间，穿插剧目之间表演的即兴简短的笑剧。小道具眼花缭乱，人物对白十分滑稽，传统俚语引得观众大笑。当时，联合国世界遗产委员会提出保护意向，日本政府随即纳入"文化财产"之列。1989年，大藏流名砵四世茂山千作被认定，2007年，他成为狂言界第一位被授予文化勋章的人。

一旦认定"人间国宝"，国家补助金每年资助 200 万日元，用于当选者录制保存艺术资料以及公开的展览、出版与宣传、传习技艺、培养传人，改善生活和从艺条件，还给予税收优惠政策。

1955 年，"人间国宝"第一批名单公布。传统艺术的杰出代表"京舞"井上八千代第四代传人，赫然在列。此后，门类不断细化、数量逐渐增加。如 1971 年"能"、1977 年"文乐"、1989 年"狂言"、1992 年"歌舞伎"、1997 年"相声"相继入选。由于评议全面、审核严格，直至 2004 年的 49 年间，仅有 145 人当选"人间国宝"。2013 年，包括艺能 8 种、工艺 10 种在内的 18 种子类，113 名仍然在册。

工艺技术类"人间国宝"，年事已高、作品稀少，名人效应明显。保留和升值效应比较明显，收藏价格不断上涨，甚至接近古董行情。这些，无疑大大增强了"人间国宝"的责任心，同时也获得应有的市场溢价回报。

基于猎头的理论实践，特别是拥有大量"重要无形文化财"的发展中国家角度来看，"人间国宝"制度仍然需要改进。

首先，考量认定过程。比如，认定艺能表演类的候选人，资历、名气和个人的品格，甚至相貌身高因素所占的比重，远远大于行业认同的技能。过度的商业化造成错误倾向，形成新的损害。"综合认定"标准明显高于"个别认定"，不利于搜寻游离型的濒危人才。在普及原则和个人特性上，既要多方权衡，又要具有针对性的发掘政策。

其次，引入代系竞争。歌舞伎是日本独有戏剧，也是最重要的传统艺术之一。"女形"一角，与中国戏剧中的"男旦"相当。第七代尾上梅幸、第六代中村歌右卫门和第四代中村雀右卫门，都被认定。

早在 1919 年，25 岁的梅兰芳首次访日。中村雀右卫门的养父中岛笑太郎指出，梅兰芳的面形虽然美，但是，两腮不够丰满。于是，就教梅兰芳将棉花团塞进嘴里，令两腮显得丰满，还慷慨地介绍画眉毛、画眼窝等小窍门。对此，梅兰芳十分感动。而今，庞大的"女形"系列，繁衍 5 个主力流派、11 个类别、260 多个剧本。事实上，造成同业竞争加剧，难以甄别全面型的最优者。

再次，厘清战术层次。比如，松田权六、寺井直次、大场松鱼等 6 人，早期入选漆艺"人间国宝"。随之，高野松山、黑田辰秋等 16 位也被认定。这使得行业过于细分。可用多等级、预备役的方法进行管理，便于遴选最优者，形成次级接班人梯次态势。

最后，改良定额制度。通常，只有前任去世、后辈补缺。如果同一种艺能存在不同流派，只能轮班坐庄。"人间国宝"的真实水平是否最高、最顶级，难以权威鉴定。专家评议、业内推荐和媒体投票相结合，甚至举行外国专业人士听证会，显得很必要。

"人间国宝"坚守优中择优、宁缺毋滥的基本原则，敢于探索、不断创新。各项法律不断完善，执行者认真实施。朝野上下均予以肯定，公信力和权威性遂被认同。这些，对于非物质文化众多的发展中国家和落后国家来说，有着宝贵的借鉴、参考和复制价值。

八、制造产业：机器人新战略

2015年1月，日本国家机器人革命推进小组发布"机器人新战略"，准备通过实施五年行动计划和六大重要举措，达成三大战略目标，促使日本率先实现机器人革命，提升日本制造业的国际竞争力，获取大数据时代的全球化竞争优势。

（一）时代背景

卢月品（2016）研究指出，"机器人新战略"的出台，有着深刻的全球背景，渗透着日本政府、高校和企业的反省和探索。

1. 全球机器人产业规模快速扩大

2014年，全球工业机器人销量为22.5万台，比2013年增长27%。2005—2014近10年间，全球新装工业机器人年均增速约为14%。到2025年，工业机器人全球装机量将达到1500万～2500万台，年均增速为25%～30%，每年将产生0.6万亿～1.2万亿美元的经济影响；医疗类、增强人体机能类和家用类等服务机器人每年将产生1.1万亿～3.3万亿美元的经济影响。

2. 多国把机器人产业作为促增长的重要抓手

第一，美国。美国政府于2011年正式启动"先进制造业伙伴计划1.0"，计划投入7000万美元支持新一代机器人研发，重点发展工业、医疗、宇航机器人等。2014年又启动"先进制造业伙伴计划2.0"，瞄准1.0计划制定的目标，提出了三大战略措施。2012年制定了"美国先进制造业国家战略计划"，提出要发展包括机器人在内的先进智能制造技术，力图抢占全球先进制造业制高点。

第二，韩国。2014年韩国发布了第二个智能机器人开发五年计划，目标是到2018年，不断扩大机器人产业市场规模，从当前的22亿美元增加到79亿美元，机器人公司数量从402家增加到600家。

第三，欧盟。2014年欧委会和欧洲机器人协会下属的180个公司及研发机构，共同启动全球最大的民用机器人研发计划"SPARC"。计划到2020年，欧委会投资7亿欧元，协会投资21亿欧元，共同推动机器人研发。英国2014年发布机器人战略"RAS2020"，目的是通过发展使其机器人产业，能够和全球领先的国家竞争，到2025年产值达到1200亿美元，全球市场份额达到10%。

3. 日本迫切需要继续推进机器人产业

日本已经快速步入出生率低、老龄化社会，2013年日本65岁以上老年人口超过3190万人，占总人口的25.1%，导致劳动人口减少、社会保障费用支出过大等社会问题。此外，日本还面临机器人大国地位需要巩固、工业国际竞争力下降、自然灾害频发、社会基础设施老化等问题。

（二）战略思考

机器人革命的发展趋势：①自主化，指机器人从被操纵作业，向自主学习、自主作业方向发展。②信息化，指机器人从被单向控制，向自己存储、自己应用数据方向发展，像计算机、手机一样替代其他设备成为信息终端。③网络化，指机器人从独立个体，向相互联网、协同合作方向发展。

机器人革命的综合价值。一是随着传感器、人工智能等技术进步，汽车、家电、手机、住宅等以往并未定义成机器人的物体，也将机器人化；二是从工厂到日常生活，机器人将得到广泛应用；三是通过强化制造与服务领域机器人的国际竞争力，解决社会问题，产生新附加值，使人民生活更加便利、社会更加富有。

机器人革命的发展方向。日本认为，一是易用性。在通用平台下，能够满足多种需求的模块化机器人，将被大规模应用。以前机器人应用的主要领域，是汽车、电子制造产业等，未来机器人将更多地应用于食品、化妆品、医药等产业，以及更广泛的制造领域、服务领域和中小企业。为此，未来要研发体积更小、应用更广泛、性价比较高的机器人。二是在机器人现有应用领域，要发展能够满足柔性制造的频繁切换、工作部件简便的机器人。三是机器人供应商、系统集成商和用户之间的关系要重新调整。四是研制世界领先的自主化、信息化和网络化的机器人。五是机器人概念将发生变化。以往机器人要具备传感器、智能控制系统、驱动系统等三个要素，未来机器人可能仅有基于人工智能技术的智能/控制系统。

（三）三大战略目标

主要包括：一是使日本成为世界机器人的创新基地；二是使日本的机

器人应用广度世界第一;三是使日本迈向领先世界的机器人新时代。到2020年,要最大限度应用各种政策,扩大机器人研发投资,推进1000亿日元规模的机器人扶持项目。

（四）重要举措

1. 一体化推进创新环境建设

成立"机器人革命促进会",负责产学政合作,以及用户与厂商的对接、相关信息的采集与发布;起草日美自然灾害应对机器人共同开发的国际合作方案和国际标准化战略;制定管理制度改革提案和数据安全规则。同时,建设各种前沿机器人技术的实验环境,为未来形成创新基地创造条件。与日本科技创新推进小组合作,制定科技创新整体战略。

2. 加强人才队伍建设

通过系统集成商牵头运作实际项目和运用职业培训、职业资格制度,来培育机器人系统集成、软件等技术人才;加大培养机器人生产线设计和应用人才;立足于中长期视角,制定大学和研究机构相关人才的培育;通过初、中等教育以及科技馆等社会设施,广泛普及机器人知识,让人们学会在日常生活中如何与机器人相处,理解机器人的工作原理,形成与机器人共同工作和生活的机器人文化。

3. 关注下一代技术和标准

推进人工智能、模式识别、机构、驱动、控制、操作系统和中间件等方面的下一代技术研发。同时,还要关注没有被现有机器人技术体系所纳入的领域中的创新。争取国际标准,并以此为依据来推进技术的实用化。

4. 制定机器人应用领域的战略规划

制定到2020年制造业、服务业、医疗护理、基础设施、自然灾害应对、工程建设和农业等机器人应用领域,未来5年的发展重点和目标,并逐项落实。此外,还有很多潜在的机器人应用领域,如娱乐和宇航领域等,未来也要制定相关行动计划。

5. 推进机器人的应用

一是以系统集成为主,推进机器人的安装应用。二是鼓励各类企业参与,除了现有机器人厂商,中小企业、高科技企业和信息技术企业,都可参与到机器人产业之中。三是机器人被广泛应用到社会的管理制度改革。"机器人革命促进会"与日本制度改革推进小组合作制定人类与机器人协同工作所需的新规则。

6. 确定数据驱动型社会的竞争策略

未来机器人将成为获取数据的关键设备,实现日本机器人随处可见,搭建从现实社会获取数据的平台，使日本获取大数据时代的全球化竞争优势。

(五) 五年发展计划

一是完成八项重点任务：成立机器人革命促进会、发展面向下一代技术、实施全球标准化战略、机器人现场测试环境建设、加强人才储备、推进制度改革、加大扶持力度和考虑举办机器人奥运会。

二是制定了制造业、服务业、医疗护理业、基础设施、自然灾害应对、工程建设、农业、林业、渔业和食品工业等应用领域未来5年的发展重点和预期目标。

九、猎头产业：亚洲引领计划

日本面对汹涌而来的国际猎头，立足国情、因地制宜，敏锐地捕捉外资猎头的不适，充分利用政府规制、企业制度和国民性格，兼顾东西方的文化特点，精心呵护本土的行业成长，严厉控制市场利润的外流，迫使外资猎头成为可挑选的新渠道，甚至是本土猎头的补丁。

(一) 行业概况

20世纪80年代以来，全球，尤其是亚洲地区，人力资源服务业发展规模和水平不断提升。服务领域不再局限于早期的招聘服务、人事代理等，培训服务、劳务派遣、就业指导、人才测评、管理咨询和人力资源服务外包等纷纷出现，形成通畅而齐全的产业链。

1. 市场特点

日本作为亚太地区最重要的人力资源服务业之一，市场有着比较独有的特殊性。主要包括两个层面。

一是劳动力市场的特殊性。与全球相比，日本劳动力市场以临时工为主导，就业市场开始转向兼职和低薪岗位。2005年日本厚生劳动省调研表明，终生雇佣制的传统正走向崩溃，兼职岗位数量迅速增长，形成2000万临时工（派遣员工与兼职工）组成的下级阶层，超过全体劳动者的30%。女性兼职就业现象普遍，比例不断扩大，且工资比男性更低，导致市场薪酬呈现下降趋势。更重要的是，许多企业不再信奉高成本的终身雇佣，改向采取雇佣派遣方式，导致劳务派遣数量激增。

二是人力资源服务业盈利模式的特殊性。即行业始终运行在政府规制和市场调节构筑的双重轨道。1980年，日本出台《劳务派遣法》以来，逐渐放宽劳务派遣的限制。2013年10月，宣布延迟关键劳动力市场放松管制。其后的 12 月，日本厚生劳动省经过对劳务派遣制度的修订后，发布了无期雇佣、派遣期间无限制的新规定。这些修订与调整，迅速刺激劳务派遣公司的成长，旨在提高劳动力的流动性和交互率。

"二战"以来，日本企业积极向欧美地区学习，充分消化和汲取外国经验，演变成独特的"神器"：终身雇佣制、年功序列制和企业工会制，成为经济腾飞的重要推动力。雇员们只要保持高度的忠诚、持续的敬业，就不用担心解雇；但是，长期不到 2% 的人才流动率，已经处于低下水准，严重制约人才的全面发展，加之，员工们的普遍长寿，离退休人员群体不断扩大，企业负担日益加重，也就成为政府和企业头疼不已的难题。20 世纪七八十年代，一度强制关联企业之间，岗位任职满期的员工，必须按照一定的比例进行交流任职（类似人才租赁或者停薪留职），效果甚微。

美国在"二战"期间实行的，已经过时的人才派遣制度，迅速被引进和翻新到日本。这不是颠覆，而是地道的创新。传统雇佣制度附属的高昂成本，迅速释放到人力资源市场，不再交由企业独力承担和消化。如此，人才流动趋于正常，企业负担逐步减轻。人力资源外包、人才派遣/租赁/安置、人力资源管理软件迅猛崛起，成为人力资源服务业的主营业务，并拓展到海外企业。

2. 行业规模

行业规模在日语中称作"体量"。Market Line 分析，在 2010—2015 年，全球人力资源服务行业的体量，每年都有将近 5% 的增长率。2016 年，或达到 4540 亿美元。2014 财年，德科集团（Adecco）营业收入约 259 亿美元。保守计算，2015 年，全球体量不低于 3700 亿美元（临时工规模约 2560 亿美元，所占比例近 70%），其中，中国大陆体量为 740 亿～925 亿美元。

Staffing Industry Analysts 发布的《2013 与 2014 全球最大的人力资源服务供应商 100 强》显示，上榜的日本企业共计 11 家。Global Industry Analyst 分析，2015 年，人力资源外包（HRO）行业体量，已经达到 1620 亿美元。日本成为欧洲及北美以外的，市场份额最高的国家。

瑞可利集团（Recruit Holdings）是日本人力资源产业的霸主，但是，并非一枝独秀。例如，第三大人力资源服务商 Pasona，成立于 1976 年，在全球 11 个地区有 35 个分支机构，包括中国、新加坡、印度尼西亚、越南、印度等。Pasona 更注重日本本土市场的发展，主要提供人力资源解决方案和提供临时员工派遣、人力资源咨询、企业招聘、职业外包、员工生活解决方案、知识共享等服务。2013年7月，Pasona兼并本土的提供人才派遣与安置服务的供应商JACCSCo Ltd，2014年9月，与任仕达（Randstad）争分食松下的旗下子公司Panasonic Business Services。从全球业务营收来看，Pasona北美地区的营业收入，已经占到全球的40%～50%。

3. 齐心效应

日本的人才派遣，不同于美国、英国的高度市场化，也不同于法国、德国、瑞士的协会主导管理，更不同于印度的双轨运行体制，而是与韩国一样，属于政府规制型。

20世纪80年代以来，鉴于跨国猎头的肆无忌惮，日本政府陆续出台政策和法规，打出针对性的组合拳，指导本土的人力资源服务行业，牢牢占据70%以上的市场份额。行业协会通过划分企业、非营利组织，有效协调和处理竞争关系。海外扩张的日资企业，优先依靠而不是弃用本土猎头，几成惯例。加之，证券市场逐步青睐新兴的人力资源市场，投资者始有兴趣。

2014年10—12月，日本的瑞可利、Interworks、Techno Pro Holdings、MRT Inc等人力资源服务商，先后挂牌、集中上市。这种前所未有的盛况，实属全球罕见。

至少，在人力资源领域不存在所谓的"失去的10年"或者"衰退的20年"之说；刚刚相反，日本的人力资源行业，历经10多年的探索与创新，浴火重生、成功转型。

4. 较量东瀛

到2010年，北美、亚太地区，逐渐取代欧洲，成为全球人力资源行业竞争的新指向。M&A International《2013年人力资源服务行业兼并与收购调研报告》显示，2010年1月—2013年3月，全球人力资源行业发生387次并购事件，总价值超过61亿美元。数量方面，欧洲（57%）、北美（30%）与亚太区（11%）占前三甲。交易金额方面，北美区（46%），亚太区（30%）名列冠亚军。行业细分方面，综合型人力资源服务机构占54.7%，专业雇佣公司为31.2%，高管寻猎机构为14.2%。

一是瑞士德科集团，在其发展史上，收购次数较少。但是，拓展日本市场的策略十分明显。

2012年，收购总部位于日本的专业人才服务公司VSN Inc.，从而在日本专业人才招聘的市场份额获得倍增。2013财年报告，来自日本市场的营业收入，占德科集团全球总营收的13%，但是，同比下降10%、运营利润下降9%。

尽管业绩不理想，但是，这并不影响进军日本市场的战略布局。2014年5月，德科集团旗下全资子公司 Spring Professional，正式在日本运营。通过 Spring 资讯技术和 Spring 工程品牌开展业务，聚焦 IT 和工程领域的中高层管理与专业人才招募。

二是荷兰任仕达集团，在日本的战略布局仅次于美国，主要提供白领、蓝领人才服务业务、外包、人才租赁与安置服务。2004年，荷兰任仕达与日本猎头合作。2006年，正式进入日本市场，开设东京办事处。2009年，全资收购日本第6、在88个城市拥有1000多名员工的 Fuji Staff。报表合并之后的年收入，高达13亿欧元。2014年9月，任仕达收购位列2014全球人力资源服务机构第61位、松下旗下人才服务子公司 Panasonic Excel Staff。

三是美国万宝盛华（Manpower Group），重点还在于中国市场。到2016年年初，仍然无法抽身中国市场，只是在日本建成"桥头堡"。

四是英国华德士猎头（Robert Walters），主营人才测试，在全球23个国家，开设47个办事处。2000年，进入日本市场，很快成为最受信赖的专业人员招聘服务商。2013年8月，组建新能源及基础设施业务服务的专业招聘团队，核心任务放在细分市场的资深专才与跨国公司，以及与日本公司的发展结合。

五是英国瀚纳仕集团（Harvey Nash），贵族风度、严谨刻板，位列全球人力资源服务机构第26位。2014年8月，收购日本本土的猎头公司 Beaumont KK，借以加强市场影响力。

六是澳大利亚的 Ambition Group，也积极参与。2014年年初，在东京正式设立办事处，涉及日本的跨国企业招聘科技、财会行业的专业人才等业务。

（二）瑞可利

欧美猎头浮出水面。1984年，洛杉矶奥运会的成功举办，扭转了奥运会持续亏损的局面。美国猎头公司光辉国际（Korn/Ferry）推荐的组委会主席彼得·尤伯罗斯（Peter Ueberroth），成为奥运会历史上著名的功臣，入选《时代周刊》年度人物。现代猎头被公众认知。

须不知，在东方，风云再起。1989年，年轻的日本猎头，青出于蓝而胜于蓝，搅得朝野天昏地暗、乌烟瘴气，史称"利库路特丑闻事件"。

1. 发展概况

1960年3月，东京大学本科毕业生江副浩正，在东京都千代田区创立利库路特公司（Recruit），主要是为大学生提供就业情报。后又成立"大学广告公司"。1963 年,改为"利库路特中心"。1974 年,涉足地产业,创办利库路特宇宙公司。1981 年,利库路特总部大楼在东京著名的闹市区银座落成。

雄心勃勃的江副浩正,陡然膨胀。他主动结识、贿赂日本电信公司总裁真藤恒、前首相中曾根康弘等人,逐渐进入政界。此后,他的名气很大、影响很大。

日本记者开始关注这个所谓的政治明星。1988 年 6 月,《朝日新闻》全文发表记者的调查报告。日本社会震惊。到 1989 年 5 月调查结束,检察当局传讯 3800 人次,搜查了 80 余处,查明 7000 余人卷入案件,其中,包括 40 多名国会议员。

民众先是惊愕不已,难以置信;继而,便是怒不可遏,群起攻之。大藏相宫泽喜一、法务相长谷川峻、经企厅长官原田宪、首相竹下登、民社党委员长本三郎和公明党委员长矢野绚等 50 余位社会名流被迫辞职,江副浩正、真藤恒、加藤孝高石邦男等 14 人相继被捕,长官藤波孝生、池田克等 17 人被起诉。

这场风波,引发政坛地震。1989 年 4 月,首相竹下登被迫宣布辞职。1989 年 6 月,宇野宗佑走马上任。不到 1 个月,被迫辞职。这就是"1 个猎头公司,搞垮 2 个内阁"的由来。

急速成长的利库路特,遭此重创、陷入困境。1992 年,从事就业指导的广告公司被迫出售,转入 DAIEI 旗下。2000 年,利库路特集团偿清所有的负债,又把广告公司赎买回来,开始从纸媒体,转向通过因特网为平台、以数据交换为业务的人才网站。这时,日本经济泡沫还没有完全消退。为了节省成本,许多企业开始裁减人员,倾向雇佣派遣员工。公司的平面媒体业务、临时派遣业务和在线招聘业务,生意兴隆。

2005 年,收购以静冈县为根据地的 Centre 人才公司。2006 年,收购三洋电机的子公司三洋 Human Network,排在日本派遣行业的第 5 位。

2007 年,出资 1700 亿日元的高价,收购日本最大的猎头公司仕达富集团(Staff Service Holdings),一举成为派遣行业的龙头企业。先前,利库路特主要是面向大都市的企业,擅长做一般文员、技术员的派遣。而仕达富不同,在全国各个都道府县都有网点,从文员职位到技术人员、制造业、护理等,几乎涵盖各个领域。这次收购,直接促成利库路特获得不可动摇的市场垄断优势。

2012 年 10 月,在全球 16 个国家、拥有 109 个分支机构、25000 多名员工的利库路特,更名瑞可利集团(Recruit Holdings),着手调整组织架构、推动全球布局。业务覆盖人力资源、房产、汽车、婚庆、教育、旅行、餐饮、美容美发等 10 个领域。2013 财年，营业收入 1.191 兆日元，约合 121.95 亿美元。税前利润率，更是高达 15.2%，而全球规模最大的瑞士德科集团，仅 5% 左右。

2014 年 10 月，瑞可利在东京证券交易所公开上市，IPO 规模为 20 亿美元，市值 1300 亿人民币，相当万科集团（市值 1056 亿人民币）和顺丰速运（估值 300 亿人民币）的总和。

2015 年，全球人力资源市场的公司份额，瑞士的德科集团、美国的万宝盛华、荷兰的任仕达、日本的瑞可利，分别占 6.5%、3%、2%、1.5%，合计 13%。

2. 盈利模式

瑞可利提供的人力资源服务，包含在线招聘、临时派遣以及长期雇员（中高级人才搜寻、RPO、招聘咨询等），业务包含 3 个板块：人才信息（IIR Media）、市场信息（Marketing Media）以及人才外包（Staffing），比重分别是 22%、27% 和 51%，贡献的利润分别是 36%、47% 和 17%。

相比中国大陆的人才派遣行业，日本的商业模式，具有强劲的核心竞争力，主要体现在以下 3 个方面。

其一，平台匹配。瑞可利凭借卓越的人才评鉴技术，同时向求职者提供个人咨询（Career Adviser，CA），向招聘企业提供招聘咨询（Recruit Adviser，RA）。

应当说，这是包含职业测评、岗位介绍、人才中介、人才派遣、猎头的信息丰富、技术混杂的交互平台。但是，瑞可利能够高效汇总，并科学分析应聘者、招聘方的需求信息，通过互联网技术实现模糊匹配，进而节省大量的人力和物力，快速筛选、精准匹配，同时向双方提供资讯，收取合理的费用。主要包括：通过测量技术与人岗匹配，获得精准数据；按照招聘的交付结果收费，无交付不收费，从而提高客户粘性；对于同一群体，是否能够深度挖掘信息，并变现；推进规模化，实现日本市场的绝对垄断；等等。

这种盈利模式，并不罕见。百度、亚马逊、阿里巴巴、当当网……都是如此。但是，移植到人力资源市场，就变得可观。中国大陆的前程无忧（51 job）、中华英才网、智联招聘、人才热线等，基于社交平台的猎聘、猎上、拉勾，以及专注匹配技术的测聘网、内推网，规模庞大、数据更多，彼此几无关联，模糊匹配稀烂，遂变成个人简历、招聘信息的买卖场所。

其二，市场分析。1960年，首先切入大学生群体。此后，通过收集最初求职者的信息，主动长期跟踪服务，评估整个消费市场，预测行情的中位值，并展开趋向研究，向众多的企业和机构提供决策分析。

这种原点化的个人跟踪服务，以及衍生的市场决策分析，如同人力资源市场的风向标，指导应聘者、招聘方及时调整对策，扩大和加深市场细分，寻求职位的新生支点。

也有分析人士指出，品牌化和专业化，在瑞可利的成功路上，功不可没。Recruit根据求职者的性别、年龄、职业阶段、行业等细分若干服务，并将服务以独立的品牌进行运作，小而专，使整个集团业务能迅速满足市场的灵活变化。

其三，创业孵化。瑞可利的投资领域，主要包括：众包/经济共享、FinTech、EduTech、医疗保健、人才领域、生活服务领域等。

2006年，成立CVC，投资54家有助于自身业务发展或于自身业务有互利协同效应的公司，总额达90亿日元。

2014年5月，成立投资总额45亿日元的CVC RGIP。2014年10月成立了投资总额50亿日元的RSP6号基金。11月，与英菲尼迪投资公司，成为风险投资合作伙伴。

2016年1月，设立投资总额23.6亿日元的HR Tech Fund，专门用于投资海外拥有革命性技术的人才相关初创团队。

其四，快速收购。基于人口数据统计和提高生产力的持续需求，日本就业市场的前景被长期看好。同时，也成为了新兴的人力资源服务商巨头，激烈竞争和合力搏杀的新阵地。

瑞可利集团起步于人才中介，进而扩张到人才促销，借道进入劳务派遣。所有的求职者，统一派遣到旗下的企业；雇佣事务结束，重新返回数据中心，等待新的派遣。如此，集团总部始终拥有巨量的现金。于是，掌握在此基础上，凡是涉及的人力资源企业，只要独立经营正常，或者业务发生关联，或者处于创业阶段，都可能成为合资或者收购的理想对象。

聂有诚、张锦荣、周春燕（2016）调研指出，瑞可利集团旗下或控股或投资的企业，涉猎极其广泛：前程无忧的最大股东；全球最大的招聘信息搜索引擎Indeed的母公司；收购印度最大的猎头公司Nu Grid Consulting；旗下拥有知名劳务派遣公司Advantage Resourcing、Staffmark控股和CSI公司等；曾投资58同城；曾与人人公司合作；旗下拥有胡椒蓓蓓、日本最大的订房网站Jalan；等等。

3. 全球搏杀

日本的人力资源行业，受益多方的合力。国内市场，政府积极干预、处处保护；行业之间，协会主动管制和协调，纷争很少；海外扩张的日资企业，招聘和测评支出，多数截留在本土公司，且不断增长。相比欧美，日本猎头更加狂傲，更加疯狂。

2006年，瑞可利集团的股东、美国风险资本公司DCM创始人赵克仁（David K. Chao），按照每股13美元的价格，抛出840万股前程无忧（51JOB，NASDAQ：JOBS）的股票，占股票总数的15%。须知，前程无忧的总部位于上海、是中国规模最大的招聘网站，2004年9月率先在美国纳斯达克上市，系中国人力资源行业上市第一股。到2011年3月31日，瑞可利集团持有比例达41.2%，成为前程无忧的最大股东。2016年年初，前程无忧市值维持17亿美元以上。

2007年，瑞可利成立RGF HR Agent公司，主要是为日本企业在其他市场寻找候选人。此后，先后在中国、新加坡、印度和越南等地运营。

2009年，总部位于香港、时称亚洲第一的伯乐猎头（Bó Lè Associates）14.3%的股份，被瑞可利收购。双方合作成立联合品牌英智（B-Recruit），专注于亚洲人才市场，提供中高级专业人才搜寻（经理至总监级别）及企业大规模招聘解决方案，业务覆盖中国9个主要城市。还在亚太地区设27家分支机构，提供中基层管理人员和专家职位的甄选服务。2013年，瑞可利再次出手，一举收购伯乐猎头、B-Recruit，成为Recruit公司旗下RGF的全资子公司。

2010年6月，收购成立于1994年、总部位于美国的人力资源服务公司CSI。后者，专门为文秘和IT等行业人才提供雇员服务，旗下拥有3大品牌：CSI Professional（行政、高管和医疗保健）、CSI Tech（IT派遣和解决方案）和CSI Healthcare IT（大型医疗保健机构的eHR应用解决方案）。

2011年10月，收购美国Staff mark公司，成交额约2.95亿美元。后者是全球知名的雇员服务机构，每周为4万多名雇员提供招聘和薪酬服务，300多个分支机构遍布美国32个州。

2012年1月，斥资4.1亿美元，一举收购Advantage Resourcing的美国及英国业务，完善全球布局。后者为长期雇员和临时员工提供相关人力资源服务，包括招聘流程外包以及MSP服务。服务范围覆盖工程、IT、财务与会计、文秘行业以及轻工业。

当年9月，为了加强全球市场竞争力，增加在线招聘业务，收购北美地区最著名的职业网站Indeed.com，交易价格接近10亿美元。后者是北美地区流量极大的职业网站，创建于 2004 年，服务于 50 多个国家，使用的语言种类已经超过 26 种，每月独立访问用户数量已经超过 8000 万。

2013 年 8 月，出资 10 多亿日元，收购印度最大的猎头公司 Nu Grid Consulting，改名 RGF Executive Search。后者是综合招聘服务供应商，旗下 Stanton Chase、Nu Grid 及 Orane，都为客户提供高管人才服务，分别在孟买、德里、班加罗尔、金奈、海得拉巴、普纳、加尔各答等城市设有办事处，一直为制造业、医疗、IT、基础设施、房地产等行业提供猎头服务。

随之，日本招聘解决方案供应商 En–Japan 宣布，收购印度 New Era India Consultancy，作为全资子公司运营。数据显示，中日政治局势日趋紧张，加之中国愈发高涨的劳动力成本，因此中国失去作为日本猎头投资发展的首选地，跌至第 4 位。又及，截至 2013 年年初，1072 家日本企业，已经进入印度市场。

2013 年 9 月，出资 4 亿美元，收购 Freelancer.com。后者的用户多达 800 万人次，遍布 200 多个国家和地区。业内指出，在欧美成熟市场，瑞可利的收购策略与亚洲市场不同。根据 Staffing Industry 的分析，美国临时雇佣市场总额为 1060 亿美元，2013 年增长了 6%。在经济不景气时期的临时雇佣业务，甚至成为欧洲很多大型人力资源服务机构渡过难关的主要力量。2014 年 4 月，RGF 进军泰国，提供长期雇员雇佣服务。

2014 财年，瑞可利集团的员工人数 31841 人、公司数 162 家、财年销售额 1 兆 2999 亿日元。2015 财年，瑞可利集团通过疯狂的 M&A（企业并购），规模迅速扩大，员工人数 38451 人、公司数 287 家。相比 2015 年，增加 6000 多人，多出 125 家公司。

2015 年 9 月，瑞可利集团和 IVP，出资 600 万美元投向仟寻移动招聘公司（MoSeeker）。2016 年 10 月，又与社保通达成战略合作。

峰岸真澄社长宣布，瑞可利的目标，是到 2020 年成为"人力资源领域世界第一"。2030 年，成为"人力资源、促销领域世界第一"。事实上，对于日本猎头，世界上是没有什么不敢想象、没有什么不能做到的；至少，口头如此。

参 考 文 献

[1] OECD. OECD对日劳动报告书 [M]. 劳动省译. 日本劳动协会, 1972.
[2] 永田广志. 日本哲学思想史 [M]. 北京: 商务印书馆, 1978.
[3] 绪方富雄. 兰学事始 [J]. 岩波文库, 1988 (3): 42.
[4] 池步洲. 日本遣唐使简史 [M]. 上海: 上海社会科学院出版社, 1983.
[5] 高野长英. 蛮社遭厄小记 [J]. 日本思想大系 55: 103.
[6] 茂在寅男, 田中健夫, 西屿定生, 石井正敏. 遣唐使研究及史料 [M]. 东京: 东海大学出版会, 1987.
[7] 日本文化厅. 日本的文化和文化行政 [M]. 东京: 行政股份有限公司, 1988.
[8] 李宝珍. 兰学在日本的传播与影响 [J]. 日本学刊, 1991 (2).
[9] 日本文化厅. 以创造新的文化立国为目标 [M]. 东京: 行政股份有限公司, 1999.
[10] 东野治之. 遣唐使船 [Z]. 日本朝日新闻社, 1999.
[11] 杉本勋. 日本科学史 [M]. 郑彭年, 译. 北京: 商务印书馆, 1999.
[12] 青木仓彦, 奥野正宽. 经济体制的比较制度分析 [M]. 北京: 中国发展出版社, 1999.
[13] 王洛林, 余永定, 李薇. 20世纪90年代的日本经济 [J]. 世界经济, 2001 (10).
[14] 川村垣明. 文化遗产政策概论 [M]. 东京: 东海大学出版会, 2002.
[15] IT战略本部. e-Japan重点计划2003 [Z]. 2003.
[16] 向云驹. 人类口头和非物质文化遗产 [M]. 银川: 宁夏人民出版社, 2004.
[17] IT战略本部. IT政策包装2005 [Z]. 2005.
[18] 文部科学省. e-Japan以达成战略目标为导向 [Z]. 2005.
[19] 大久保顺一. 服务团队人才派遣业界的新秀 [Z]. 早稻田大学商学

部井上研究室事例，2005．

[20] 熊沛彪．近现代日本霸权战略[M]．北京：社会科学文献出版社，2005．

[21] 张世响．日本对中国文化的接受[D]．济南：山东大学博士学位论文，2006．

[22] 汪高鑫，程仁桃．东亚三国关系史[M]．北京：北京工业大学出版社，2006．

[23] 文化审议会答申．重要无形文化遗产关系[Z]．2006．

[24] 武田里子．日本留学生政策的历史性变迁——从对外援助到地球市民的形成[J]．日本大学研究生院综合社会情报研究科期刊，2006（7）：77-88．

[25] 经济产业省九州经济产业局．海外高层次人材活用事例集[Z]．2006．

[26] 日本经济团体联合会（社）．日本企业在中国的白领人才战略——优秀人才的确保和固定才是成功的关键[Z]．2006．

[27] 周星，周超．日本文化遗产的分类体系及其保护制度[J]．文化遗产，2007．

[28] 安田聪子．外国高层次人材的全球转移和革新[J]．中小企业综合研究，2007（3）．

[29] 宋斌．中国猎头产业规制研究[D]．武汉：中南财经政法大学博士硕士论文库，2007（5）．

[30] 中村贤二郎．简明文物保护制度解说[M]．东京：行政股份有限公司，2007．

[31] 程贤文，张婷婷．日本的猎头产业[J]．国际人才交流，2008（3）．

[32] 张玉来．"神器"的黯然：日本终身雇佣制改革[J]．现代日本经济，2008（1）．

[33] 王兵．兰学的传播发展及其对明治维新的影响[D]．湖南师范大学硕士学位论文，2008（5）．

[34] High-Tech Japan Running Out of Engineers[J]．The New York Times，2008（5）．

[35] 外国人材交流议员联盟．人材开国！日本移民政策的提议[Z]．2008．

[36] 王挺．日本吸引海外人才的政策与措施[J]．全球科技经济瞭望，2009（5）．

[37] 玉玺. 日本五大"政治家族"［N］. 广州日报, 2009-08-31.
[38] 宋斌. 政府猎头［M］. 广州: 暨南大学出版社, 2010.
[39] 古井仁. 日本跨国公司的经营本土化——研修体系与业绩［J］. 国际关系期刊, 2010.
[40] 武国友. 柳条湖枪声: "九一八"事变始末［M］. 长春: 吉林文史出版社, 2011.
[41] 李书源, 王明伟. 东北抗战实录［M］. 长春: 长春出版社, 2011.
[42] 宋斌, 裔锦声. 追赶与超越——资深猎头专家对话录［J］. 国际人才交流, 2012 (3).
[43] 神林龙. 为何国家实行职业介绍［J］. 日本劳动研究杂志, 2012 (10).
[44] 宋斌, 林珠妹. 快速高效的日本猎头机构［J］. 国际人才交流, 2013 (3).
[45] 李春生, 白刚. 日本全球化人才培养战略及启示［J］. 中国高等教育, 2013 (7).
[46] 宋斌, 赵行易. 人间国宝: 日本非物质文化遗产保护［J］. 国际人才交流, 2014 (7).
[47] 赵晋平, 单谷. 日本的大学国际化人才战略分析［J］. 中国高教研究, 2014 (10).
[48] 张铃文. 世界顶级猎头网站建设方略: 中、美、日之比较研究［J］. 价值管理, 2015 (9).
[49] 文部科学省. 科学技术白书［Z］. 2015.
[50] 卢月品. 日本机器人新战略透析［N］. 中国工业报, 2016.

后 记

早在280年,西晋陈寿所著的《三国志·魏志》中,就有《倭人传》。及降,隋朝《隋书》,唐朝《鹤林玉露》,宋朝《宋书》,明朝薛俊《日本考略》和李言恭、郝杰《日本考》,清朝《海国图志》(1842—1852年)和黄遵宪《日本国志》(1895年),民国时期戴季陶《日本论》(1928年)、蒋百里《国防论》(1937年)……或近或远,都是可圈可点的上乘之作。

鸦片战争以来,清朝统治的中国、幕府统治的日本,先后遭到欧美殖民国的入侵。救亡图存、变法图强,成为共同选择。1861年,清朝的洋务运动艰难兴起,日本还在幕府时代昏睡。1871年12月,明治政府派遣岩仓使团考察欧美国家。1872年8月,中国留美幼童启程,前往美国。这时,双方的差距并不大。

日本率先实现近代化。甲午战争,清朝战败。清朝政权执意自保、丧权辱国。留学浪潮遂起。尤以日本为盛,人数最多,涉及面最广,影响力最大。许多常见的专业名词,都是日语转译的。

及至现代,中日的人力资源发展,景象迥异。1981年,仕达富公司创立。1993年,泰来猎头成立。就时间而言,前期的差距也不大。2014年8月,智通人才登录新三板。10月,瑞可利在东京证券交易所上市。相差不久,却是霄壤之别。2016年,日本猎头的整体水准,依然领先中国猎头10~15年。特别是,游刃有余的政府规制、严整系统的行业管理、精致缜密的战术规范,都是亚洲,乃至全世界猎头的典范。

5年以来,在构思与撰写期间,林珠妹、殷帅、赵行易、黄文雅、陈嘉倩、范丽珍、林烨、任瑞、郭择佳、解传博等,参与文献的搜集、整理和考证,一并致谢。特别感谢程贤文(西藏)、聂有诚(深圳)、张锦荣(上海)、周春燕、王敏(宁波),始终坚持跟踪研究,多有实地调研。

2017年,开始出版国别史,先是《中国猎头史》,再是《日本猎头史》,后有《美国猎头史》和《德国猎头史》。撰写本书,主旨有三。一是基于现代猎头的专业角度,承继日本研究的既有脉络,探讨日本猎头的历程和规律；二是揭示日本猎头的兴衰成败，审视根植国家治理的人才痼疾；三是日本猎头处于世界先进之列，值得中国猎头借鉴与警醒。

  时过境迁、今非昔比。依然记得1953年9月，周恩来总理会见日本拥护和平委员会主席大山郁夫的时候，坚定地说道，"……我相信，日本爱好和平的人民，将会记取这一历史教训，不再让日本重新军国主义化和重新对外侵略，以免日本重新蒙受比过去和现在更加深重的灾难……"

  谨以为记。

宋　斌
2017年5月于广州